地势坤，君子以厚德载物。

论语今注今译

王云五 主编
毛子水 注译

论语
今注今译

中国友谊出版公司

图书在版编目（CIP）数据

论语今注今译 / 王云五主编；毛子水注译. -- 北京：中国友谊出版公司, 2021.9

ISBN 978-7-5057-5157-6

Ⅰ. ①论… Ⅱ. ①王… ②毛… Ⅲ. ①儒家②《论语》—注释③《论语》—译文 Ⅳ. ①B222.2

中国版本图书馆CIP数据核字（2021）第044016号

书名 论语今注今译
作者 王云五主编　毛子水注译
出版 中国友谊出版公司
发行 中国友谊出版公司
经销 新华书店
印刷 河北鹏润印刷有限公司
规格 880×1230毫米　32开
12印张　279千字
版次 2021年10月第1版
印次 2021年10月第1次印刷
书号 ISBN 978-7-5057-5157-6
定价 45.00元
地址 北京市朝阳区西坝河南里17号楼
邮编 100028
电话 （010）64678009

编纂古籍今注今译序

由于语言文字习俗之演变，古代文字原为通俗者，在今日颇多不可解。以故，读古书者，尤以在具有数千年文化之我国中，往往苦其文义之难通。余为协助现代青年对古书之阅读，在距今四十余年前，曾为本馆创编《学生国学丛书》数十种，其凡例如下：

一、中学以上语文功课，重在课外阅读，自力攻求；教师则为之指导焉耳。唯重篇巨帙，释解纷繁，得失互见，将使学生披沙而得金，贯散以成统，殊非时力所许；是有需乎经过整理之书篇矣。本馆鉴此，遂有《学生国学丛书》之辑。

二、本丛书所收，均重要著作，略举大凡：经部如诗、礼、春秋；史部如史、汉、五代；子部如庄、孟、荀、韩，并皆列入；文辞则上溯汉、魏，下迄五代；诗歌则陶、谢、李、杜，均有单本；词则多采五代、两宋；曲则撷取元、明大家；传奇、小说，亦选其英。

三、诸书选辑各篇，以足以表见其书，其作家之思想精神、文学技术者为准；其无关宏旨者，概从删削。所选之篇类不省节，以免割裂之病。

四、诸书均为分段落，作句读，以便省览。

五、诸书均有注释；古籍异释纷如，即采其较长者。

六、诸书卷首，均有新序，述作者生平，本书概要。凡所以示学生研究门径者，不厌其详。

然而此一丛书，仅各选辑全书之若干片段，犹之尝其一脔，而未窥全豹。及一九六四年，余谢政后重主本馆，适编译馆有《资治通鉴今注》之编纂，甫出版三册，以经费及流通两方面，均有借助于出版家之必要，商之于余，以其系就全书详注，足以弥补余四十年前编纂《学生国学丛书》之阙，遂予接受。甫岁余，而全书十有五册，千余万言，已全部问世矣。

余又以《资治通鉴今注》，虽较《学生国学丛书》已进一步，然因若干古籍，文义晦涩，今注以外，能有今译，则相互为用，今注可明个别意义，今译更有助于通达大体，宁非更进一步欤？

几经考虑，乃于一九六七年秋决定编纂经部今注今译第一集十种，其凡例如下：

一、经部今注今译第一集，暂定十种[1]，其书名及白文[2]字数如下：

《诗经》	三九一二四字
《尚书》	二五七〇〇字
《周易》	二四二〇七字
《周礼》	四五八〇六字
《礼记》	九九〇二〇字
《春秋左氏传》	一九六八四五字
《大学》	一七四七字

1 编者注：因版权问题，此次简体中文新版本中缺少《周礼今注今译》一书。另外，《大学今注今译》《中庸今注今译》两本合为一本《大学中庸今注今译》。

2 编者注：白文指书的正文部分，亦指不附注释的书。

《中庸》　　　　　　　三五四五字

《论语》　　　　　　一二七〇〇字

《孟子》　　　　　　三四六八五字

以上白文共四八三三七九字。

二、今注仿《资治通鉴今注》体例，除对单字词语详加注释外，地名必注今名，年份兼注公元，衣冠文物莫不详释，必要时并附古今比较地图与衣冠文物图案。

三、全书白文四十七万余字，今注假定占白文百分之七十，今译等于白文百分之一百三十，合计白文连注译约为一百四十余万言。

本馆所任之古籍今注今译，经慎选专家定约从事，阅时最久者将及两年，较短者不下一年，则以属稿诸君，无不敬恭将事，求备求详；迄今只有《尚书》及《礼记》两种交稿，所有注译字数，均超出原预算甚多，以《礼记》一书言，竟超过倍数以上。兹当第一种之《尚书今注今译》排印完成，问世有日，谨述缘起及经过如上。

王云五

一九六九年九月二十五日

序

《论语》是中国的第一书，为世人所共同承认的。我记得英国近代一位文学家威尔斯（H.G.Wells）曾把《论语》列为世界十大书之一。他的选取，当然有他的标准；可惜我们不知道他详细的意思。三百年前，日本一位学者伊藤仁斋（一六二七至一七〇五）在他所撰的《论语古义》的首页刻有“最上至极，宇宙第一”八个字。他这个“第一”，当是就孔子所讲的道理而言。想起伊藤仁斋的年代，我们自然可以说他的见解是很公正的。

但若专就人文方面的道理讲，即在现代，我们还可以赞同伊藤先生的意思。近世西方所称的“金律”（Golden Rule），乃指《马太福音》七章十二节或《路加福音》六章三十一节而言。这就是孔子所以为“终身可行”的“恕”。我们很正当地可以把恕道看作人类行为道德的基础。世界上文明民族的先哲，很多都曾说过恕道，但原始记载恕道的话而现在尚存的书，则实以《论语》为最古。希腊的柏拉图和亚里士多德的著作中都有义同“金律”的话，但他们所处的年代都后于孔子。如果我们要凭这一点说《论语》是现代世界上人文范围内的第一书，自然可以说得通。

但我以为，我们若把孔子生平的志虑作为选取这个“第一书”的依据，理由似更为正大。《论语》中曾记了孔子一句话：“朝闻道，夕死可矣！”这个“道”字，不是“吾道一以贯之”的“道”，乃是“鲁一变，至于道”的“道”；它含有“天下有道”全句的意义。（孔子所说的“天下有道”，意思极近于后人所说的“天下太平”。）孔子一生栖栖，心中所期望的只是“天下太平”。到了年老，禁不住吐露心声：“我若有一天听到‘天下太平了’，我便什么时候死去也愿意！”我们从这句话可以想到孔子的全副精力。世界各民族古代的圣哲中，有这样忧世忧民的志怀流露出来的，就我所知，以孔子这句话最为显著。《论语》确是世界上宣扬仁爱的首部经典；从人文的立场讲，自应为“第一书”。

这本《论语今注今译》于一九七五年出版。九年来虽重印过几次，但内容并没有很大的变动。去年秋天，出版者要将这书重新排印，嘱我加以修改。我因而自行校订一遍。除改正错字外，有许多章节的注文和译文乃是重写的。我在衰老的年龄中，得有机会改正这书里的误谬，使之更适于学子阅读，颇为欣喜；而这一生能为这样一本书尽点心力，亦自庆幸。

我觉得这书中还有许多不妥当的地方。并世学人如肯不吝指教，使我得以减少这本书中的错误，乃是我所企望的！

毛子水

一九八四年四月二十五日

自 序

“中华文化复兴运动推行委员会”所计划出版的“古籍今注今译丛刊”第一批里面列有《论语》。由于受到陈百年先生和王云五先生的鼓励，我于六年前便答应负责这部书的编纂。

我最初的目的，是要用最浅显的注释作一部《论语》读本。后来想起，《论语》乃是两千多年来我们中国每个读书人必读的书；现在我们所有的书铺，差不多都有这部书的通俗注本；因此，我改变最初的目的：我要把这部书的读者的悟解力设想得高一点。这可分两层来说：一、我这部书的注释，乃是为对古代经典已略知门径而且有相当的思辨力的人而作的；二、我这部书的注释，于文字训诂外，对思想史有关的典故，亦择要引述。这样一个主张或不致和“中华文化复兴运动推行委员会”所计划的丛刊的旨趣相违背吧！

二十多年前，当我初在台湾大学讲授《论语》时，我以为《论语》这部书，从汉代以来经过许多学者的训释，需要我们作新解的地方当不会多。但讲授不久，即觉得现在通行的注本，没有把旧时许多误解匡正，而旧时若干通达的义训，反而废置不用；至于《论语》经文应重行订定的地方，似亦不少：这使我有重新校注《论语》的志虑。十年前我接受“中华教育文化基金董事会”所设置的“胡适纪念讲座”，亦是为了完成这件事情。我所写的《论语》讲稿，本以《论语校注》为名；现在这部书里的“今注”，可以说是节录《论语校注》而成的。

这部《论语今注今译》的初稿，是由台大中文系讲师宋淑萍女士代我编撰的；我只略作更改。最后的清稿，则是由张菊英女士所校缮的；间亦有需要斟酌损益的地方。这两位的赞助，我是十分感谢的。

一九五八年我草成《〈论语〉里几处衍文的测议》时，曾蒙胡适之先生予以严格的批评。现在胡先生过世已十余年，这部《论语新注》已不能得到他的教正，我心里难免惆怅。

俞大维先生知道我从事《论语》的注释，便将他所有而我所没有的关于《论语》的书给了我，并且提示若干对于写作这书的意见。我生平在学问上受到他的益处，自不止在《论语》；但即就《论语》讲，我亦有一个难以忘记的故事。往昔同在柏林时，有一天他对我说，《论语·阳货》篇的“匏瓜”，以讲作星名为合：匏瓜记于《史记·天官书》；周诗已有箕斗，春秋时当已有匏瓜的星名了。我虽在大学时即知道皇疏有星名的“一通”，但只当异闻。现在听到俞君的话，觉得“择善而从”的重要。这件事严重影响了我后来读书时对先哲学说取舍的态度，所以五十余年来仍未忘记。

近几年来，吴大猷先生每次从美回来，一见面必问起我的《论语》。他平常写作的敏捷，是我所衷心敬服的；他关心我《论语》的工作，对我自然是极恳挚的劝勉。张菊英女士于今年春天和我结婚以后，于烦劳的家务外，又帮我阅读校样，使这书得以免去好几处严重的错误，这是我所特别感激的。

毛子水

一九七五年十月二日

《论语今注今译》凡例

一、这部书所用的《论语》经文，大体上是以汉唐石经为主而校以元翻廖本、邢疏本、皇疏本、正平本以及释文本和朱氏集注本的。这些本子里的经文和这部书所用的经文有不同的地方，除非极不重要，否则都已在注释中记明。

二、若传世经文显然有错误而历来学者有极合理的校议的，我们必于注中记出。（《朱子集注》记刘安世所见“他论”述而篇“加我数年”章的“五、十”作“卒”；金履祥以为当刘安世时，古来民间传写本或尚有存在的。在我们现在想起来，金氏的推测，似难符合事实。刘氏所见，或由于一个学者或一个抄写者的臆改，不见得真是“古本”。但以“五、十”为“卒”字的误分，虽然证据不充足，实是一个很有意义的想法。朱子记下这个“异读”，是有理由的。）若前人校议所不及而为我们所见到的，亦必于注中记出。

三、这部书的解释名为“今注”，乃是因为所用的解释都是现在所认为最讲得通的。旧时解释有合这个标准的，便直用旧解的原文。凡引用前人的文字，有删节而没有改动；偶有加字以连接文义的，则字外用〔 〕为记。若采用的旧解文义太晦，读者参看“今译”，当可明了。若没有合用的旧解，则所用的新解必是现代的语体文。

四、集解和集注若义训相同而都可采用，通常采用集解；若集解文义太不明晰，便采用集注。

五、书中引用何晏等的《论语集解》，原有姓氏的，悉标原氏，如“包曰”“郑曰”“王曰”“孔曰”等是；这些标记上，不再加“集解”二字。如原为何晏等所自注，则引文上只标“集解”二字。引皇侃《论语义疏》的，则标“皇疏”二字；引邢昺《论语注疏解经》的，则标“邢疏”二字；引朱熹《论语集注》的，则标“集注”二字（但有时亦称之为“朱注”）；引刘宝楠、刘恭冕父子的《论语正义》的，则标“刘疏”二字。其余引文，则标明书名或著者姓名，或两样并举。但若于引《礼记》后即引郑玄的《礼记注》，则只标“郑注”；于引《说文解字》后即引段玉裁的《说文解字注》，则只标“段注”。余例推。

六、书中所引的《集解》，是据“天禄琳琅丛书”印行的元翻廖本、学艺社影印的宋刊邢疏本、日本正平版刊行会印行的正平本或怀德堂印行的皇疏本的；《集注》则用吴志忠的刻本；“刘疏”则用同治丙寅的原刊本。其他所引，都用现时所能得的最可靠的版本。

七、所有可以了解的经文，注释后另附语体的译文。如经文为我们现在所不能全懂或懂不得七八分的，则译文从阙。

目录

卷一 学而

子曰[1]："学而时习之[2]，不亦说乎[3]！有朋自远方来[4]，不亦乐[5]乎！人不知而不愠[6]，不亦君子乎！"

今注

1 马曰："子者男子通称也；谓孔子也。"按：《谷梁·宣公十年传》："其曰'子'，尊之也。"《诗·大车》笺："子者，称所尊敬之辞。"《论语》里这个"子"字，乃是孔子弟子对孔子专用的尊称。

2 这里的"学"字，是就学修己的道理和学济世利人的知识而言的。"时"，是适当、适宜的时候。"习"，通常有温习、实习两种意思。温习似乎偏重于书本上的知识；实习则可兼行为和事务讲。（我们在译文中用"实行"一词。）"之"，就所学得的知识言。

3 "亦"字平常有"承上"的意思；这里的"亦"，乃是一个加重语气的助词。"说"，音悦。（《论语》里"说"字有二音。说乐的说，注中音悦；说话的说，读失热切，注中例不音。皇疏本《论语》，说乐的说多作悦；正平本《论语》，说亦有作悦的。）

4 臧庸《拜经日记》："《白虎通·辟雍》篇：师弟子之道有三。《论语》曰，朋友自远方来。朋友之道也。又《易·蹇》正义、《周礼·司谏》疏并引郑康成此注云，同门曰‘朋’；同志曰‘友’。考班孟坚引用《鲁论》；包、郑所注亦《鲁论》；然则《鲁论》旧本作‘朋友自远方来’。陆氏所见本有作‘友’，正与班、郑等合；特‘友’字当在朋下。”按：臧说固有理据，但“有朋”句似是《论语》最早的原文；做朋友或友朋的，当由于传写者的改变。

5　乐音洛。(《论语》里乐有三音。礼乐或音乐的乐音“岳”；喜乐的乐音“洛”；训爱好的乐则音“五教切”。乐音岳注中例不出音；音洛和音五教切则各注出。）孔子生平，以“学不厌而教不倦”自许。以“学而时习”为可悦，乃“学不厌”的气象；以“朋友自远方来”为可乐，乃“教不倦”的气象。

6　“人不知”，意思和“不见知于人”相同。愠，是怨恨的意思。“人不知而不愠”，好像已到了“不怨天、不尤人”的境界了。

今译

孔子说：“学得一种知识而能够应时实行，这岂不是很可喜悦的吗！有弟子从远方来，这岂不是很可快乐的吗！即使不见知于人而心里毫不怨恨，这岂不是一个君子吗！”

有子曰[1]：“其为人也孝弟而好犯上者[2]，鲜矣[3]；不好犯上而好作乱者，未之有也[4]。君子务本[5]；本立而道生。孝弟也者，其为仁之本与[6]！”

今注

1　《史记·仲尼弟子列传》：“有若，少孔子四十三岁。”《论语》里记载孔子的弟子，通常都称字，如“子贡”或“颜渊”（字上加氏）等；只有“有若”和“曾参”称“子”，如“有子”“曾子”。宋程颐以为，《论语》书成于有子、曾子的门人，所以《论语》里独称这二人为子。这似是一种可信的说法。

2 孝是孝顺父母；弟是尊敬兄长。“弟”字的通常意思为兄弟的“弟”，引申为“尊敬兄长”的意思。这个意思后来有一个专字“悌”；但古书里用“弟”字作“尊敬兄长”讲的很多。兄弟的“弟”上声，注中不注音；“孝弟”的“弟”去声，注中音悌。好，喜好；呼报切。犯，干犯、冒犯；上，通常指君父和在高位的人。

3 鲜，意同少；仙善切。（鲜本是一种鱼的名字；但多借用为鲜洁、鲜少字。“鲜洁”字音“仙”，《论语》中没有；“鲜少”字则注中音出。）

4 “未之有也”的“之”，是“有”的受词。（中国古代文法，如动词随有弗词，则受词便放在动词的前面。）

5 “务”字是“专用心力于……”的意思。本，意为基本或根本（的事情）。

6 仁，是指仁爱的行为，是人生最高的德行；这里的“为仁”，是指“行仁道”。（宋陈善的《扪虱新语》以这个“仁”为“人”的假借字。明王恕的《石渠意见》亦说“仁当作人”。这种讲法，似亦可通。但我们从上文的“道”字想起来，作“仁”似较合。）（与本训党与；古书里多用为感叹或疑问的语词，或用作参与字。作语词音“余”，参与字音“预”；注中都音“明”；党与字不音。说《文有》欤字，训“安气也”，似是语词“正字”，但古书仍多用“与”。）

今译

有子说：“孝顺父母、尊敬兄长而会冒犯君上的人，极为稀少；不会冒犯君上而会作乱的，不曾有过。一个用心于世道的君子，专致力于根本的事情；根本的事情做好了，这个世界就可变成有道的世界了。孝和弟应是仁的根本！”

子曰：“巧言[1]，令色[2]，鲜矣仁[3]！”

今注

1　巧言，是说一个人说话中听。（包咸曰：“巧言，好其言语。”）

2　令色，是说一个人面容和悦。（包咸曰：“令色，善其颜色。”）

3　鲜，仙善切。巧言、令色，并不是坏事。孔子这话，当是要使人知道巧言、令色并不即是仁；仁，重在躬行道德。在诈伪繁多的世界上，如要知道一个人是不是有道德的人，要从他实际的行为来看，不可依他的言语和仪文来评量。

今译

孔子说：“一个人说话中听，容色和悦，不见得就是有道君子！”

曾子曰[1]：“吾日三省吾身[2]：为人谋而不忠乎[3]？与朋友交而不信乎？传[4]，不习乎[5]？”

今注

1　《仲尼弟子列传》：“曾参，南武城人，字子舆；少孔子四十六岁。”

2　《释文》：“省，息井反，视也。郑云，思察己之所行也。”

3　为，于伪切，含有帮助意义。（为训“作为”，平声；注中例不音。）谋，是计议、计划的意思；忠，是尽心力的意思。（《说文》："忠，敬也；尽心曰忠。"）

4　传，直专切。是"以学业传授于弟子"。《集解》："言凡所传事，得无素不讲习而传之乎？"（《集注》："传，谓受之于师。"义似不及《集解》。）

5　这里的"习"字，是熟习的意思。曾子以为，一个人对于他所传授于弟子的学业，是必须熟习的。

今译

曾子说："我每天以三件事情反省我自己：我替人计议事情，有没有尽了心？我对朋友，有没有不诚信的地方？我的传授学业，有没有自己不熟习的地方？"

子曰："道千乘之国[1]：敬事而信[2]；节用而爱人；使民以时[3]。"

今注

1　"道"音"导"。皇本、正平本作导。（《说文》：导，引也。）马曰："道，谓为之政教。"包曰："道，治也。千乘之国者，百里之国也。古者井田，方里为井，十井为乘；百里之国，适千乘也。"[古代兵车一乘（辆），戎马四匹，甲士三人，步卒七十二人，衣炊樵汲厩养共二十五人。]训车辆的乘，实证切；若乘训乘车乘马，则平声，但注中不音。

2　"敬事"：以极大的谨慎行事。

3　"使民以时"：如孟子所谓"不违农时"便是一例。

今译

孔子说："治理一个能出千辆兵车的国家，对事要毫不苟且而对人民要有信用；节省自己的用度而尽力爱护人民；役使人民要在最适当的时候。”

子曰：“弟子[1]，入则孝；出则弟[2]；谨而信[3]；泛爱众而亲仁[4]：行有余力，则以学文[5]。”

今注

1 “弟子”二字通常有两种意义：（1）对于长辈，指年龄幼少为人子为人弟的人讲；（2）对于师长，指受业的“门人”（“学生”）讲。

2 弟，音悌。

3 谨，谨慎；信，诚信。

4 泛，普遍。这里的“仁”，是指“仁人”讲的。

5 文，本是一切文字的通称；这里的“文”，指书本言。[在孔子的时候，一个士人所读的书籍，《诗》（经）和《书》（经）为最要。]“行有余力，则以学文”意为“除学习德行以外，余事便是读书”。（孔子并不是说，学者须先把孝、弟等事做好以后，再用余力去学书本上的知识；孔子是说，学者于学习孝、弟、谨、信、爱众、亲仁这些德行以外，又用力于学习书本上的知识。）实在，躬行学文，两不相妨；修习先后，难以执一。“余力”的话，读者不可以词害意；孔子似只是要说明学者不可因读书而忘却躬行“孝弟……亲仁”的德行。

今译

孔子说：“作为一个学生，在家应当孝顺父母；出外应当恭敬尊长；做事谨慎而说话诚信；普遍地爱众人而特别亲近仁人。

在学习这些德行以外，又用功读书。”

子夏曰[1]：“贤贤易色[2]；事父母能竭其力[3]；事君能致其身[4]；与朋友交，言而有信：虽曰‘未学’，吾必谓之‘学矣’[5]！”

今注

1 《仲尼弟子列传》：“卜商，字子夏；少孔子四十四岁。”

2 宋翔凤《论语说义》以“贤贤易色”为“明夫妇之伦”，可备一说。刘疏：“《汉书·李寻传》引此文；颜师古注：易色，轻略于色，不贵之也。”易音以豉切。（变易的易，以益切，注中例不音。）

3 竭，是竭尽的意思；竭力，即尽力。

4 孔曰：“尽忠节不爱其身。”按：《子张》篇：“士，见危致命。”致身，义同“致命”。

5 按：子夏申明学莫先于德行的意义，所以编《论语》的人把这章放在“弟子入则孝”章的后面。

今译

子夏说：“娶妻能够贵德而轻色；侍奉父母，能竭尽心力；服侍君上，能不爱生命；和朋友交往，诚信不欺；这样的人，即使没有读过什么书，我也把他当作读过书的！”

子曰：“君子不重则不威[1]；学则不固[2]。主忠信[3]；无友不如己者[4]；过则勿惮改[5]。”

今注

1　重，是庄重的意思。威，是威严的意思。

2　《集解》："孔曰：固，蔽也。一曰，言人不能敦重，既无威严，学又不能坚固识其义理。"按：《集解》所记两说，从文理上讲，似以前一说为较合。孔氏解"固"为"蔽"；意为，人有学问，则知识广博而心思不固蔽。但多有学者从后一说，如宋代朱熹即是。

3　毛奇龄和江声都以为"主忠信"以下，当别为一章。《广雅·释诂三》："主，守也。""主忠信"：守住忠信的道理。

4　"无"，古多借用为"毋"；毋是禁止的词，等于现代的"不要"。这句话，多有读者认为不合理。刘疏："不如己者，即不仁之人。"这个讲法，似可使读者打消一些疑虑。孔子曾告诉子贡为仁的方法："居是邦也，事其大夫之贤者；友其士之仁者。"不仁的人，必不能帮助我们为仁；所以不可以交。孔子这句话，乃是从一个人自己进德修业的观点讲的。就平常处世的道理讲，我们对所认识的人，就算他的德行学问不及我们，我们也应该和他为友，以诱他向善。这样交"不如己"的朋友，非特是孔子所不禁，反亦是孔子所赞许的。

5　惮，是惧怕的意思。"学则不固"，疑本作"不学则固"；固，义同陋。如固训坚固，则经文似应作"不学则不固"。

今译

孔子说："一个君子人，如果不庄重就不能使人畏敬；能够求学问就不至于顽固。〔一个人应当〕守住忠信的道理！不要和不如己的人为友！如发觉自己有了过失，不要怕，去改！"

曾子曰："慎终追远[1]，民德归厚矣[2]！"

今注

1 孔曰："慎终者，丧尽其哀；追远者，祭尽其敬。"按：慎终，是谨慎亲长的丧事；追远，是不忘记对祖先的祭祀。

2 归，是趋向的意思。厚，是厚道的意思。

今译

曾子说："我们如果能够慎行亲长的丧礼，不忘记对祖先的祭祀，则风俗便自然会趋向厚道了！"

子禽问于子贡曰[1]："夫子至于是邦也[2]，必闻其政：求之与？抑与之与？[3]"子贡曰："夫子温、良、恭、俭、让以得之；夫子之求之也，其诸异乎人之求之与[4]！"

今注

1 郑曰："子禽，弟子陈亢也。"按：《论语》有"子禽"，有"陈亢"，有"陈子禽"，但《史记·仲尼弟子列传》只有"原亢籍"而没有"陈亢"。《拜经日记》："盖原亢即陈亢；当是名亢、字籍，一字子禽。"《弟子列传》："端木赐，卫人，字子贡；少孔子三十一岁。"汉石经《论语》残碑："子贡"都作"子赣"。（《释文》："贡，本亦作赣；音同。"）

2 "夫子"本是对尊长的敬称。在《论语》里，孔子的门人，通常对孔子当面称"子"，和别人提到孔子则称"夫子"。（孟子的门人对于孟子，则当面背后都称"夫子"。）"是邦"二字，是指所到的邦而言。

3　两句里“之与”的“与”都音余。抑，是个有疑义的连接词，相当于现在的“还是”。《汉石经》中“抑与”作“意予”。

4　“其诸”，是疑问的语词；和现在的“恐怕”和“或者”有相似的语义。《春秋公羊传·桓公六年》解诂：“其诸，辞也。”

今译

子禽向子贡问道：“我们的老师每到一个国家，便和这个国家的政治有关。这种身份，是我们老师去求来的呢，还是人家自愿给他的？”子贡说：“我们的老师是由于温厚、善良、恭敬、俭约、谦让而得到这个地位的。你如果要说是他求来的，那恐怕跟别人的求有点不同吧！”

子曰：“父在观其志[1]；父没观其行[2]。三年无改于父之道，可谓孝矣[3]！”

今注

1　这章是说观察人子孝不孝的方法。这个人子，是指继承父位（包括天子、诸侯和卿大夫）的人，固适用于一切人。“其”，指继承父位的人子。志，指人子的志言。

2　行，下孟切。（德行的“行”去声；行动的“行”读平声而注中不音。）行，是指人子继位以后的行为言。

3　这两句是申说“父没观其行”一句的。钱坫《论语后录》以“父之道”为“父之臣与父之政”，乃是以曾子述孔子称赞孟庄子的话（见《子张》篇）为根据的。（父之道，当然指正道言。不正的道，即父在亦应谏诤阻止，那可等！）

今译

孔子说："要观察一个人子是不是孝，当他父亲在世的时候，只看他的志意怎样；当他父亲故去以后，可从他的行为看。如果这个人能在三年内不改变他父亲生平所行的道，那就可说是孝了！"

有子曰："礼之用，和为贵[1]。先王之道斯为美[2]；小大由之，有所不行[3]。知和而和、不以礼节之，亦不可行也[4]。"

今注

1　和，是在一定范围内，或损或益、斟酌得中的意思。这开头两句，乃全章的大纲。

2　"斯"，指礼。

3　"之"，也是指礼说的。这两句话是说"和为贵"的理由。

4　"节"，是范围或节制的意思。最后三句是说行礼固应以"和为贵"，但"和"又不能出乎"礼"。

今译

有子说："在行礼的时候，以能斟酌得中为最可贵。先代传下来的道理，最好的就是礼；不过我们如果大大小小的事情都要死板地照着礼来做，有时候就行不通，〔所以我们必须用和〕。但若知道和的重要而一味用和，不用礼来节制，那也是不行的。"

有子曰："信近于义[1]，言可复也[2]。恭近于礼[3]，远耻辱也[4]。因不失其亲，亦可宗也[5]。"

今注

1 《集注》：“信，约信也，义者事之宜也。”《释文》：“近，附近之近，下同；又如字。”（《集注》只音去声。）按：近字似应读“如字”。

2 《集注》：“复，践言也。言约信而合其义，则言必可践矣。”

3 “恭”，指一个人态度恭谦。

4 远，于万切，是远离、避免的意思。

5 朱子训“因”为“犹依也”；皇侃则训“因”为“犹亲也”。依和亲的意义相近。朱子说：“所依者不失其可亲之人，则亦可以宗而主之矣。”皇侃却说：“能亲所亲，则是重为可宗也。”这两种解释，都不十分有意义；在语气上，这两句和前四句又不很和谐，对这两句话，似乎以阙疑为是。译文姑依朱注。

今译

有子说：“一个人对人家所作的诺言如能近于义，那这个诺言就可以保得住。如果对人的恭敬能合于礼，那便不至于为人所轻视；如果一个人能够依靠可亲的人，这也是可以为我们所效法的。”

子曰：“君子食无求饱，居无求安[1]；敏于事而慎于言[2]；就有道而正焉[3]：可谓好学也已矣[4]。”

今注

1 这两句话是说：君子人的食、住二端，适可便足；不以求饱、安为务。（郑曰：“学者之志有所不暇也。”）

2 敏，是勤勉的意思。事，指应行的事，当然包括应有的德行。慎于言，意为出言谨慎。

3　就有道，亲近有德行的人；如“事其大夫之贤者、友其士之仁者”。孔曰：“正，谓问事是非也。”

4　好，呼报切；好学，就是爱好学问。（在孔门里，“好学”二字似包括笃信学问，勤求学问，实行学问。）“也已矣”，依皇本正平本；汉石经没有“也”字，唐石经没有“矣”字。

今译

孔子说：“一个君子能够不以饱食、安居为人生的目的；勉力于应做的事情而出言谨慎；又能够向有道德的人请教：这样，就可以说是好学了。”

子贡曰：“贫而无谄[1]；富而无骄[2]：何如[3]？”子曰：“可也[4]；未若贫而乐道[5]，富而好礼者也[6]。”子贡曰：“《诗》云[7]：‘如切如磋；如琢如磨[8]。’其斯之谓与[9]！”子曰：“赐也，始可与言《诗》已矣[10]！告诸往而知来者也[11]。”

今注

1　谄，是阿谀、谄佞的意思。

2　骄，是骄傲的意思。

3　何如，意同现代语的“你看怎么样？”。

4　可也，同现代语的“算是不错啦”。

5　乐音洛。贫而乐道，依皇本、正平本；《史记·仲尼弟子列传》同。唐石经旁注；他本没有“道”字。

6　好，呼报切。

7　《诗》见《诗经·卫风·淇奥》篇。

8　《释文》："磋，七多反；磨，末多反。"训诂家分释切磋琢磨为治骨、治象、治玉、治石；实在，这两句诗注重描写对德业"精益求精"的精神。子贡本以为"无谄、无骄"已经够好了；听了孔子的话，懂得德行是没有止境的，一个人对修养必须不停地求进步。所以引了这两句诗来表明他的新看法。

9　与，音余。

10　始可，和现在"才可"一样。"可与言"，犹"可以言"。孔子因为子贡能触类旁通，所以说，像子贡这样的人，才可以讲《诗》。

11　"诸"，意同"之"。这句话是说，告诉他一件事，他能够悟出另一种道理来。（能够懂得诗句外的意思。读者在这里不可拘泥于"往""来"两字的本义。）句末的"也"字，依皇本正平本。

今译

子贡说："一个人贫困而不谄；富贵而不骄傲：这种人老师看怎么样？"孔子说："很好啦！但还不如贫困而能乐道、富贵而能好礼的人。"子贡说："《诗经》上说：'如切如磋；如琢如磨。'这两句诗就是形容这样一个人的吧！"孔子说："像赐这样的人才可和他谈《诗》呀！告诉他一件事，他就能悟出另一种道理来。"

子曰："不患人之不己知[1]；患不知人也[2]。"

今注

1　一个君子，"人不知而不愠"；所以一个人不必忧虑别人不知道自己。

2　如果人家有好处而我们不知道，那是很不好的事情；所以一个人要当心自己不能知道别人。“患己不知人也”，依皇本正平本。《释文》出“患不知也”；说：“本或作‘患己不知人也’；俗本妄加字。”按：皇本这句下有“王肃曰但患己之无能知也”十一字的注文，似王氏所见本当即作“患不知也”。但“患不知也”，词义实不明晰。不知陆氏为什么取这四字而以“患己不知人也”为“俗本妄加字”！唐石经作“患不知人也”，尚可通；廖本、朱本都同唐石经。“患己不知人”，乃是“恕思以明德”的功夫。孔子曾说：“不知言，无以知人也。”（《论语》末章）我们从孔子这句话可以看出，在孔子心中，“知人”亦是道德修养的一件要事。

今译

孔子说：“一个人不必忧虑别人不知道自己；只须当心自己不能知道别人。”

卷二 为政

子曰："为政以德[1]，譬如北辰[2]；居其所而众星共之[3]。"

今注

1　为政，是执行政治的事务。德，指德行；和诈术、威力相对。

2　北辰，就是天的北极。我们想象，通过地球中心连地球南北极作一直线，叫作地轴；地轴和地球的赤道圈成正交。地球以外，我们好像看到一个"日月星辰系焉"的天球；我们的地球，就在这个天球的正中间浮着，而地球的中心，亦就是我们所想象的天球的中心。从地球的两极直向太空引长地轴而假设这个引长的地轴各遇天球于一点：从地球的北极引长的地轴遇着天球的那一点是天的北极；从地球的南极引长的地轴遇着天球的那一点是天的南极。天轴即地轴的引长；天的赤道即地球赤道的放大。地球每二十四点钟自转一周；但我们住在地球上的人感觉不到地球在动，只看见在我们周围的日月星辰在动，亦可以说整个天球在动。在晴天的夜里，我们静看众星在天空旋运，可以发现越近北极的星，所循行的圆周便越小；若正在北极有一颗星，它必是完全不动的。就人类目力讲，现在的北极所在实没有星可以看见。天文学家所说的"北极星"，乃是一颗离北极最近的星，并不正在北极。因为这颗星离北极不到一度，仅凭目力，很难看出它的旋动。天文学家所以要指定它为北极星，只是取以做北极的标识；至于普通人，自亦可借以辨方正位。这颗北极星，的确给居住在北半球的人提供了很大的便利。在天的南极附近，就没有像这样的一颗星了。凡在北半球的人，都可看到北极星。它出地平线上的高度，约和观测人所在地的纬度相同。设使观测人立在赤道上，则正北地平线上那颗明星就是北极星；设使观测人立在北极，则北极星正照在他的头顶。其余情形，自容易推知。《尔雅·释天》："北极谓之北辰。"李巡说："北极，天心；居北方，正四时：谓之北辰。"郭注："北极，天之中。""天心"和"天中"，都含有不动的意义；又叫"天极"或"天枢"。这些都是异名而同实的。《朱子语类》："南极、北极，天之枢纽；只是此处不动，如磨脐然。"

3　《释文》："共，郑本作拱，俱勇反。"《说文通训定声》："共，假借为宫。《论语》：'而众星共之。'按读如'大山宫小山'之宫。"（《尔雅·释山》注："宫，谓围绕之。"）按：郑本共作拱。何休《公羊僖三十三年传注》："拱，可以手对抱。"拱有围绕的意义，当由对抱的意义引申而得。

今译

孔子说："用德行来搞政治，像天的北极，静居在它的地位而满天星斗都环绕它运行。"

子曰："《诗》三百[1]，一言以蔽之[2]，曰'思无邪[3]'！"

今注

1　《诗》就是我们现在的《诗经》。《诗经》可以说是这部书的“俗名”；这个俗名很早就有，但元以前学人的书里似没有称《诗》（或《毛诗》）为《诗经》的。汉以来传世的《诗经》有三百零五篇；可能孔子所见到的《诗》，也和现在的《诗经》一样。孔子常说“诗三百”，当是就大数来讲的。

2　这里的“蔽”，有涵盖或概括的意思。（《集注》：“蔽，犹盖也。”但就“盖”字讲，亦可有两义：一是说，诗虽有三百篇，而大意不外乎使人思想入于正；一是说，诗虽有三百篇，学得“思无邪”的道理，就可以说学得全诗最好的道理了。两说都可通。）

3　思无邪，是《鲁颂·駉》篇中的一句。依照《诗》序，《駉》篇是颂鲁僖公的诗。《郑笺》释“思无邪”说：“思遵伯禽之法，专心无复邪意也。”不管这句诗原来的意思怎样，孔子引用这句诗，应当是把它解作“用心不违于正道”（或“心里不生邪念”）的意思。

今译

孔子说：“三百篇的《诗经》，可用里边一句话来概括，那就是‘心里没有邪念’！”

子曰：“道之以政[1]；齐之以刑[2]：民免而无耻[3]。道之以德；齐之以礼：有耻且格[4]。”

今注

1　道，音导。（皇本正平本作导，下同；《史记》《汉书》引亦多作导。）刘疏：“道如道国之道，谓教之也。礼、缁衣云：‘教之以德，教之以政。’文与此同。”（上篇马注：道，谓为之政教。）这章的“之”字，指“民”言；施政教于一国，当然就是教导这一国的人民。

2 马曰："齐整之以刑罚。"（整齐的意思，是使所有不从政教的人从起政教来。汉《祝睦碑》："导济以礼。"齐作济，义亦可通。济，义同益。）

3 免，是免于刑罚；意为不犯法。耻，训羞愧；意义和孟子所谓"羞恶之心"相近。

4 《集解》释"格"为"正"；《集注》释"格"为"至"。"格"，训为"正"似较好；但是如果把"格"字当作"革"字（改革、革新）讲，于义更合。革和"正""义"相通。（黄式三《论语后案》："格、革音义并同；〔格〕当训为革。"）孔子这章的话，是说礼治优于法治。礼治当然较合于理想；但民众善恶不齐，施行礼治，亦不能完全没有法治。良法必本于礼；礼亦可看作最合理的法。世间学人，当知礼和法本为一事。若说孔子要用礼治不用法治，亦是误解孔子！

今译

孔子说："用政治来教导人民；用刑罚以整齐他们：这样，人民可免于刑罚，但心里没有自觉的羞愧。用德化来教导人民；用礼教以整齐他们：这样，人民非特自觉而知耻，且能改过从善。"

子曰："吾[1]，十有五而志乎学[2]；三十而立[3]；四十而不惑[4]；五十而知天命[5]；六十而耳顺[6]；七十而从心所欲，不踰矩[7]。"

今注

1 《说文》："吾，我自称也。"这里的"吾"，是孔子自称。

2 有，读音和意义都同"又"。"乎"，依汉石经。正平本和《论衡·实知》篇引同石经；他本作“于”或“于”。

3 立，是能够运用所学得的道理以立身行己。

4 不惑，是不为异端、邪说所惑乱。

5 刘疏：“天命者：《说文》云：‘命，使也。’言天使己如此也。知天命者：知己为天所命，非虚生也。”按：《韩诗外传》和董仲舒都以为天的生人，是要使他顺善循理，以自贵于别的生物。刘氏据韩董二家释孔子“不知命无以为君子”的话（《论语》末章）以解这章的“知天命”，似胜局于禄命说的解释。

6 郑玄注：“耳顺，闻其言而知其微旨也。”按：郑意似以耳顺为知言。孔子曾说：“不知言，无以知人也。”可见知言是人生修养的一件要事。一个人必须心平气和才能够知言。

7 从，意同随。踰，意同越。矩，做方器的工具；引申有法度的意义。这章乃是孔子自述生平修养的成就；所谓十五、三十等数目，只是举一大数以略见先后；读者对于这些数目都不可太拘泥。

今译

孔子说：“我十五岁而立志求学；三十岁而能用学得的道理以立身行己；四十岁而能不为世俗邪说所惑乱；五十岁而知道天命；六十岁而能知言；七十岁而能随心所欲以行而不至于违犯法度。”

孟懿子[1]问孝。子曰：“无违[2]！”樊迟御[3]。子告之曰：“孟孙问孝于我；我对曰‘无违’。”樊迟曰：“何谓也？”子曰：“生，事之以礼；死，葬之以礼，祭之以礼。”

今注

1 孔曰：“鲁大夫仲孙何忌；懿，谥也。”（《左传·昭公七年》："三月，公如楚。郑伯劳于师之梁；孟僖子为介，不能相仪。及楚，不能答郊劳。九月，公至自楚。孟僖子病不能相礼，乃讲学之；苟能礼者从之。及其将死也，召其大夫曰：'礼，人之干也；无礼，无以立。吾闻将有达者曰孔丘，圣人之后也。……我若获没，必属说与何忌于夫子，使事之而学礼焉，以定其位。'故孟懿子与南宫敬叔师事仲尼。"据《左传》，则孟懿子是孔子的弟子。但《史记·仲尼弟子列传》里没有孟懿子；《论语集解》所引的孔注，亦不以孟懿子为孔子弟子。刘疏："懿子受学圣门；及夫子仕鲁堕三都，懿子梗命，致圣人之政化不行：是实鲁之贼臣。《弟子传》不列其名；此注但云'鲁大夫'，亦不云'弟子'：当为此也。"按：孟懿子的梗命不堕成，实是一件令人惋惜的事情。刘氏的话，似可备一说。）

2　无，汉石经和《论衡》都作"毋"。"违"有"离异、背叛"的意义；又有"邪、不正"的意义。《论衡·问孔》篇："毋违者，〔毋违〕礼也。"朱熹《论语集注》："无违，谓不背于理。"崔述说："此章'无违'者，即谓体亲之心，成亲之志，非有他也。"俞樾说："孟懿子问孝；子曰，无违。此正是教懿子从亲之令。"依情理讲，崔、俞二人的说法似较合。但孔子何不直告孟懿子以顺从父命，且又何必向樊迟以毋违礼为解呢？这实难理解。

3　《仲尼弟子列传》："樊须，字子迟；少孔子三十六岁。"

今译

孟懿子问孝。孔子回答说："不要违背！"樊迟替孔子御车。孔子告诉他说："孟孙曾向我问孝；我回答说：'不要违背！'"樊迟说："这是什么意思呢？"孔子说："父母在世时，做儿子的要依礼侍奉他们；父母故去了，做儿子的要依礼安葬他们、祭祀他们。"

孟武伯问孝[1]。子曰："父母唯其疾之忧[2]。"

今注

1　马曰："武伯，懿子之子、仲孙彘；武，谥也。"

2　唯，音惟。《广雅·释诂三》："唯，独也。"马曰："言孝子不妄为非；唯疾病然后使父母忧。"马融以为孔子这话的意思是：一个人能够做到只有生病的时候才使父母担忧，便可以算是孝了。马氏这个解释，可以说是这一章古来最好的解释；实在，这一章亦只有这个解释讲得通。（"其"，指人子讲；以前学者有以为指父母讲的，大错！）

今译

孟武伯问孝。孔子说："一个人，如果能够使他的父母只担心他的疾病，那就可以算作孝子了！"

子游问孝[1]。子曰："今之孝者，是谓能养[2]。至于犬马，皆能有养[3]；不敬，何以别乎[4]！"

今注

1　《仲尼弟子列传》："言偃，吴人，字子游；少孔子四十五岁。"

2　王引之《经传释词》："是，谓能养：'是'与'只'同义。""祇"，意同"只是"。养训供养，余亮切。

3　这句话，《集解》（后一说）和《集注》都以为是指人养犬马而言。但是有些学者认为这种说法有把人的父母比于犬马的嫌疑，所以不用。这种地方，古人好像不会有和后世一样的忌讳的。

4　别，彼列切，意为别异。

今译

子游问孝。孔子说："现在人的孝，只是能养父母。但人们亦养犬马。如果只养而不敬，则养父母跟养犬马还有什么不同！"

子夏问孝。子曰："色难[1]！有事，弟子服其劳[2]；有酒食[3]，先生馔。曾是以为孝乎[4]！"

今注

1　郑注："言和颜说色为难也。"按：孔子以为，子女对父母，应该常常和颜悦色；而人们多忽略这一点。（《内则》："柔色以温之。"《祭法》："孝子之有深爱者，必有和气；有和气者，必有愉色；有愉色者，必有婉容。"）

2　刘台拱《论语骈枝》："年幼者为弟子；年长者为先生：皆谓人子也。馔，具也。有事幼者服其劳；有酒食长者共具之：是皆子职之常，何足为孝！"（马曰："先生，谓父兄；馔，饮食也。"按：学者多宗刘说，但马说似亦可通。）

3　食，音嗣，义同饭。

4　《说文》："曾，词之舒也。"段注："曾之言乃也。"

今译

子夏问孝。孔子说："侍奉父母，难在时常保持和颜悦色！人子中年纪少的做事；年纪长的具备饮食。难道这就可以算得上孝吗！"

子曰："吾与回言终日[1]；不违[2]，如愚。退而省其私[3]，亦足以发。回也不愚！"

今注

1 《仲尼弟子列传》："颜回者，鲁人也，字子渊；少孔子三十岁。"

2 孔曰："无所怪问于孔子之言。"（《先进》篇："子曰，回也，非助我者也；于吾言无所不说。"）

3 《礼记·学记》："大学之教也，退息必有居学。"居学，当指学校中学生自修的地方。刘疏："居学非受业之所，故言私也。"按："私"，指弟子的自修。

今译

孔子说："我整天对颜回讲话；他从不反问，好像是一个愚戆的人。但是我看他自修时和同学谈论，他的意见很有可以启发人的地方。他绝不愚！"

子曰："视其所以[1]；观其所由；察其所安[2]：人焉廋哉[3]！人焉廋哉！"

今注

1 视、观、察：这三个字在这里似以深浅的次第为序。（《集注》："观，比视为详矣；察，则又加详矣。"）《集注》解释"以"为"用"；这个解释似乎和下句"观其所由"的意思重复了。"所以"，似可释为做一件事的"动机"。

2 《集注》："安，所乐也。""视其所以"三句话，如以求学为例来讲，则：一个人求学的动机是什么？求学的方法是怎样的？学了后是否能够以他的心得为快乐？

3　焉，于虔切。廋，音搜。《集注》："焉，何也。廋，匿也。重言以深明之。"（"焉"为句末语助，读有干切，注中不音。若训为"安"或"何"，则读于虔切，注中音出。）

今译

孔子说："我们如果能从一个人做一件事的动机、方法和快乐度来观察他，他还有什么地方可以瞒得过我们呢！"

子曰："温故而知新[1]，可以为师矣。"

今注

1　《集解》："温，寻也。寻绎故者，又知新者，可以为师也。"皇疏："故，谓所学已得之事也；所学已得者，则温习之不使忘失，此是月无忘其所能也。新，谓实时所学新得者也；知新，谓日知其所亡也。""朱注"以"学能时习旧闻而每有新得"为温故而知新；义虽高而难做，恐非经意。

今译

孔子说："温习已经学过的东西，并常求知道所没有学过的，亦就可以为人师了。"

子曰："君子不器[1]。"

今注

1 《集注》:“器者，各适其用而不能相通。成德之士，体无不具，故用无不周；非特为一才一艺而已。”按:《集注·申包注》;和学记“大道不器”注义亦相近。但孔子的意思或是：君子处世，当有自己的志意，不能像器物一样随人所用。

今译

孔子说：“一个君子，不能跟器物一般，随人使用！”

子贡问君子。子曰：“先行；其言而后从之[1]。”

今注

1 而，意同“乃”。（旧读多以“先行其言”为句。《梦溪笔谈》：先行当为句。）

今译

子贡问怎样才算一个君子。孔子说：“先把事做好，然后再来说。”

子曰：“君子周而不比[1]；小人比而不周。”

今注

1 “周”“比”二字都有亲密的意思。这里孔子对举这两字说这话，两字分有好坏的含义。这乃是一时的分别。（孔曰：“忠信为周；阿党为比。”《经义述闻》：“以义合者周也；以利合者比也。”）不过我们应知道，即在孔子自己的话里，“比”字有时亦含有好的意义。（“义之与比。”）

今译

孔子说：“一个君子对人忠信而不阿党；小人只知阿党而不能忠信。”

子曰：“学而不思则罔[1]；思而不学则殆[2]。”

今注

1 《礼记·少仪》郑注：“罔，犹罔罔，无知貌。”（朱骏声以为借罔为妄。按：妄乱谬妄，亦即无知。）

2 《公羊传·襄公五年》：殆，疑。王引之以为这章和子张学干禄章的殆，都当训疑。

今译

孔子说：“勤求学问而不用心思索，那还是罔罔无所知的；只用心空想而不勤求学问，那就得不到明确的知识。”

子曰：“攻乎异端，斯害也已[1]！”

今注

1 《集解》：“攻，治也。”皇疏：“异端，谓杂书也。言人若不学六籍正典而杂学于诸子百家，此则为害之深。”刘疏：“下篇子夏曰，虽小道，必有可观者焉；致远恐泥，是以君子不为也。集解以小道为异端。……以异端为杂书，乃汉人旧义。故郑注子夏之言小道亦以为‘如今诸子书也’。《中庸》记云，子曰，素隐行怪，后世有术焉；吾弗为之矣。素隐行怪，正是小道异端者之所为；至后世有述，而其害何可胜言：夫子故弗为以绝之也。”按：刘氏以索隐行怪为异端，似比以杂书为异端更为合理。但我以为孔子所谓“异端”，当指正常学业以外的事情讲。《论语》记“子不语怪、力、乱、神”；这四件事情，当然是孔子所谓异端的。对正在受业的弟子讲话，自亦可称杂书为异端。因为诵诗读书的时候，若分心于杂书，则必有废时的害处。若诗书已毕业，则多见多闻而识之，亦是求知的正途；杂书有时乃是很有益的东西，孔子有时亦引用古志。我想，孔子说这话，不过告诫弟子于受业时期，不要分心于外务罢了；所谓害，亦只是指荒时废业言。我们看樊迟请学稼而孔子答以吾不如老农；子路问事鬼神而孔子答以未能事人，焉能事鬼：这都是孔子恐怕他们用心于外务而害正业，所以不正答所问。子贡方人，孔子亦有微词；这当是由于任意评人，于自己的德业并没有益处，所以亦可看作外务。至于“女与回也孰愈”的问话，出自老师，当是为探测弟子的进境而作的。《集注》以杨墨为异端的例子，未必合于孔子的意思。设使孔子生在孟子的时代，他要怎样拒杨、墨，恐亦是问题。这章自来异说纷纭：“攻”有攻治、攻击两义；“已”于语词外又有“止”义。焦循《论语补疏》倒有一段可取的意思：“《韩诗外传》云，别殊类使不相害；序异端使不相悖。盖异端者，各为一端，彼此互异；惟执持不能通则悖，悖则害矣。有以攻治之，即所谓序异端也。斯害也已，所谓使不相悖也。”焦氏这个说法，虽未必和本章的经旨相合，但设使孔子生于今天，当亦会赞成焦氏这个意见的。为开拓读者心胸起见，我们把焦说节录在这里。译文则仍用我个人的意见。

今译

孔子说："一个人于修业时而分心于外务，那是有害的。"

子曰："由，诲女知之乎[1]？知之为知之；不知为不知：是知也。"

今注

1 《仲尼弟子列传》："仲由，字子路，卞人也；少孔子九岁。"《说文》："诲，晓教也。"女音汝。（古书中凡是将女字讲作"你"的，都音汝。）意同现在的"你"。

今译

孔子说："由，我教你的，你都能知道吗？你知道的，你就以为'知道'；你不知道的，你就以为'不知道'：这就是真正的'知道'！"

子张学干禄[1]。子曰："多闻阙疑，慎言其余，则寡尤[2]；多见阙殆[3]，慎行其余，则寡悔。言寡尤；行寡悔[4]：禄在其中矣！"

今注

1 《仲尼弟子列传》："颛孙师，陈人，字子张；少孔子四十八岁。"郑曰："干，求也；禄，禄位。"

2 包曰："尤，过也。"

3 殆，意同疑。

4 行，下孟反。

今译

子张要学干求禄位的方法。孔子说："多听人家的话，而把可疑的地方撇去；就是那些不可疑的地方，也得很谨慎地去讲：这样，错误就少了。多看人家行事，而把可疑的地方撇去；就是那些不可疑的地方，也得很谨慎地去做：这样，就不致有很多的悔恨了。说话很少出错；做事很少有可悔恨的地方：到了这个地步，禄位自然就来了！"

哀公问曰[1]："何为则民服？"孔子对曰："举直错诸枉[2]，则民服；举枉错诸直，则民不服。"

今注

1　哀公，鲁国的国君。（孔子是鲁人，所以"哀公"上面没有加"鲁"字。）

2　举，是举用起来的意思。直，本是正直的意思，这里是指正直的人。错，古义同于今所谓"镀金"，已不用；这里借用为"措"字，意为"安置"。枉，本是邪曲的意思，这里是指邪曲的人。

今译

哀公问道："怎样做人民才能悦服？"孔子回答说："把正直的人选拔出来安置在枉邪的人上面，人民便悦服了；把枉邪的人安置在正直的人上面，人民便不悦服了。"

季康子问[1]："使民敬、忠以劝[2]，如之何？"子曰："临之以庄，则敬；孝慈[3]，则忠；举善而教不能，则劝。"

今注

1 季康子，鲁卿季孙肥；康是谥。

2 以，或训为“而”；或训为“与”，两训都可通。劝，是劝勉；这里有自己奋勉的意思。

3 慈，意同爱。

今译

季康子问道：“怎么样才能使人民诚敬、忠心，并且自己奋勉？”孔子说：“在上位的人对人民能够庄重，人民便能诚敬；在上位的人能够孝亲慈幼，人民便能忠心；在上位的人能够举用好人而教导才质差一点的人，人民便能自己奋勉。”

或谓孔子曰[1]：“子奚不为政[2]？”子曰：“书云：‘孝于惟孝；友于兄弟。’施于有政[3]，是亦为政！奚其为为政？”

今注

1 或，意同“有”。（“或”，即“或人”。这里因为记的人不知道这个说话人的名字，或认为他的名字没有记下来的必要，所以用个“或”字。）

2 奚，意同“何”，是“为什么”的意思。

3 孝于惟孝，是孝于父母；“友于兄弟”，是善意对待兄弟；“施于有政”，是以孝、友的道理传布到政治上。这里的“孝于惟孝；友于兄弟”两句，自当是孔子所引书经的话。至于“施于有政”句，因为前一句用“于”而这一句也用“于”，我们只好认为这是孔子的话。从前许多学者以这句为引用书中的话，当是误信“伪古文”的缘故。可惜孔子所引的书篇现在已经亡佚了，我们没有方法可以证明这点！（现在《尚书》中的《君陈》篇有："王若曰：君陈！惟尔令德孝恭；惟孝友于兄弟，克施有政。"但现在的《君陈》篇是伪古文。作伪的人错用《论语》，反使后人误读《论语》。幸有这个"于"字，使我们得以看出作伪的痕迹。）

今译

有人对孔子说："你为什么不从政呢？"孔子说："书上曾说：'一个人要孝顺于父母，友爱于兄弟。'把孝友的道理传布到当政者，亦就是从政！要怎样才算是从政呢？"

子曰："人而无信，不知其可也。大车无輗；小车无軏[1]：其何以行之哉！"

今注

1 《说文》："輗，大车辕端持衡者。䡇，车辕端持衡者。"郑注："輗，穿辕端着之；軏，因辕端着之。车待輗軏而行，犹人之行不可无信也。"《论语》的"軏"，即《说文》的"䡇"。合许郑的解释，我们可以知道輗軏为连接辕和衡的关键。辕着于车，使车得以牵而行；衡则加于辕的前头，所以控制牛或马的。（衡，亦名为軶，字亦作轭；亦作戹、作厄。）设使没有輗軏使轭辕可以连合，则车必不能行。但有关輗軏的制作，我们已无法详细知道了。《释文》："輗，五兮反；字林五支反。軏，五忽反，又音月。"（輗軏的得名，似是由于车行时輗軏本身所发出的声音。"輗""軏"为双声字；我们虽不能从字音上得知它们不同的形式，却可想到它们相同的功用。）

今译

孔子说："一个人如果说话没有诚信，我实在不知道怎么可以信任他。如果大车没有輗，小车没有軏，怎么能行呢！"

子张问："十世可知也[1]？"子曰："殷因于夏礼[2]；所损益可知也。周因于殷礼；所损益可知也。其或继周者，虽百世可知也。"

今注

1 这里的"也"意同"耶"，是疑问语词。《集注》："子张问，自此以后，十世之事，可前知乎？"

2 因，是因袭的意思。孔子的时代，社会变迁很慢，所以孔子会有这一段议论；设使孔子生于现代，或许他不会这样说。

今译

子张问："从今以后到十代的事情，我们可以知道吗？"孔子说："殷代因袭夏代的礼；我们用殷礼比较夏礼，这中间或增或减，我们可以知道。周代因袭殷代的礼；我们用周礼比较殷礼，这中间或增或减，我们可以知道。将来接上周代的，就是满上一百代，我们也是可以推出来的。"

子曰："非其鬼而祭之，谄也[1]。见义不为，无勇也[2]。"

今注

1 郑曰："人神曰鬼。非其祖考而祭之者，是谄求福。"

2 前句是评一不当做而做的事；后句是评一当做而不做的事：

这章两句，从意义上讲，实在应当各自为一章。

今译

孔子说："不是我们的祖先而我们去祭他，这是可鄙的谄媚。遇到道义上应该做的事而不去做，这是可耻的怯懦。"

卷三 八佾

孔子谓季氏八佾舞于庭[1]："是可忍也[2]，孰不可忍也[3]！"

今注

1 这里的"谓"，是"讲到……而说"或"论及……而言曰"的意思。季氏，是鲁国的三家之一。佾音逸。佾，意同行列；八佾，就是八列。据马融注，古代祭祀时的乐舞，天子八佾，诸侯六佾，卿大夫四佾，士二佾；每佾八人。季氏是鲁国大夫，应有四佾；而竟用八佾于家庙，实为僭礼。在孔子意中，一个僭礼的人对国家造成的危害很大，所以说这样的人不可容忍。

2 这个"是"字，向来注家多指"八佾舞于庭"这件事；那么，下面的"孰"字，也应该是指事而言的。但经传里的"孰、谁"指人言的为多，所以这里的"是"亦以指人——季氏——讲为较合。好在两讲都可通。

3 孰，意同谁。

今译

孔子讲到季氏在家庙中用八佾的乐舞这件事说："这种人如果可以容忍，那还有什么人不可以容忍呢！"

三家者以雍彻[1]：子曰："'相维辟公；天子穆穆[2]。'奚取于三家之堂[3]！"

今注

1 三家，鲁国的仲孙（后改称孟孙）、叔孙、季孙三氏的家。这三家都是孔子时鲁国最有权势的贵族。《雍》，于容切，是《诗经·周颂》的一篇。彻，直列切，祭祀完毕时撤去祭品那一个节目。"以雍彻"：歌《雍》诗以彻祭。

2 "相维辟公；天子穆穆"是《雍》诗中的两句。相，息亮切，意同助；维，语词。辟，必亦切。包曰："辟、公，谓诸侯及二王之后。"按："二王之后"指夏后的杞和殷后的宋。包意盖以"辟"指凡诸侯，"公"指二王的后代。这和《诗·周颂·烈文序》以"诸侯"兼该"辟公"的意义相合，但作诗序的人未必以为诗中的"辟公"二字是分指两种诸侯讲的。郑玄的《烈文》笺则似以"百辟卿士"和"天下诸侯"分释"辟、公"。《雍》诗笺则以"百辟与诸侯"释"辟公"。显然，郑以"辟"专指在朝的卿士而以"公"通指一切诸侯。朱子的《诗集传》和《论语集注》都训"辟公"为"诸侯"，非特有《烈文》诗的序可据，当亦是《尔雅·释诂》里"辟、公"二字都训"君"的缘故。包、郑、朱三说都可用；无论哪一说，对孔子引诗的意思都不会有害。到底哪一说较对呢？这当以诗的本义来定。就《雍》诗讲，如诗中所称助祭的人包括当日在朝的卿士，则郑说似胜。而朱子的不从郑，则因他以为诗中助祭的人只指外来的诸侯。（《雍》诗首句："有来雍雍。"）这种地方的是非，我们现在已难决定了。穆穆，形容天子安和的样子。

3 三家祭祀时，庙堂中既没有诸侯，也没有天子。孔子引

《雍》诗中这两句以证明三家“以雍彻”的不合礼并且不合事实。

今译

三家彻祭时歌《雍》诗。孔子批评说：“‘相维辟公；天子穆穆。’这种情景，怎么能在三家的庙堂里见到呢！”

子曰：“人而不仁如礼何！人而不仁如乐何[1]！”

今注

1　这章的意思是：要兴礼乐，必以修德行仁为本；如果做不到仁，礼乐便没有意义了。《儒行》：“礼节者，仁之貌也；歌乐者，仁之和也。礼乐所以饰仁，故惟仁者能行礼乐。”

今译

孔子说：“一个不仁的人，怎么能够制礼呢！一个不仁的人，怎么能够作乐呢！”

林放问礼之本[1]。子曰：“大哉问！礼，与其奢也宁俭；丧，与其易也宁戚[2]。”

今注

1　郑曰：“林放，鲁人。”

2　易，以豉切。《集注》：“易，治也。（孟子曰：‘易其田畴。’）在丧礼，‘易’则节文习熟而无哀痛惨怛之实者也；‘戚’则一于哀而文不足耳！礼贵得中；然质乃礼之本也。”

今译

林放问，行礼时最重要的原则是什么。孔子说："你这个问题实在很有意义！在礼节上，与其偏于太奢侈，宁可偏于太俭省；在丧事上，与其过于节文习熟，宁可过于哀戚。"

子曰："夷狄之有君[1]，不如诸夏之亡也[2]。"

今注

1 这章的夷狄、诸夏，是就文化程度来加以区分的，并不是以种族或地域来加以区分的。这章的"君"字，当指国家的政府言，并不是专指居君位的人言。

2 亡，音无。包曰："亡，无也。"（按：凡古书中训无的"亡"，都应读为无。）孔子意中的君，代表法律和治安。文化低的国家如果有法律和治安，文化便可渐高而民生亦日以进步。文化高的国家如果没有法律和治安，则文化必日以衰落而民生亦日以凋敝。（孔子论政，最重安人！）

今译

孔子说："文化程度低的国家如果有政府和法律，就不会像文化程度高而没有法律和治安的国家那样坏！"

季氏旅于泰山[1]。子谓冉有曰[2]："女弗能救与[3]？"对曰："不能。"子曰："呜呼！曾谓泰山不如林放乎[4]！"

今注

1 马融曰："旅，祭名也。礼，诸侯祭山川在其封内者；今陪臣祭泰山，非礼也。”（按：陪臣，意同重臣。鲁君是周天子的臣，季氏是鲁君的臣，所以是天子的陪臣。）

2　《仲尼弟子列传》：“冉求，字子有；少孔子二十九岁。”这时冉求为季氏的家臣。

3　女，音汝。救，意同阻止。与，音余。

4　曾，义同“乃”；曾谓，“难道说”。孔子以为，泰山的神，当亦懂得礼仪而不飨非礼的祭祀。

今译

季氏去祭泰山。孔子对冉有说：“你不能阻止吗？”冉有回答说：“不能。”孔子说：“难道说泰山的神还不如林放〔那样懂礼〕吗！”

子曰：“君子无所争；必也，射乎。揖让而升、下，而饮[1]：其争也君子。”

今注

1　这句的意思是：射礼的升堂、下堂、饮射爵，都要揖让。按：射以争胜为事。但古人射礼重仪文，而仪文又以揖让为主。孔子举射以明君子的争，盖亦是行射礼时仪文特重的缘故。至于那些揖让节目的繁文，不是专治礼制的学者，似可不必费时去研究了。

今译

孔子说：“一个君子是不跟人争的；如果一定要说君子有争，那应是在行射礼的时候！行射礼的时候，射以前互相揖让而升堂；射完了又揖让而下堂；胜者请不胜者饮射爵，也要揖让而升降：

〔射有竞胜的意思，固可叫作争；但是〕这种争可以说是君子人的争。”

子夏问曰：“‘巧笑倩兮；美目盼兮；素以为绚兮[1]。’何谓也？”子曰：“绘事后素[2]。”曰：“礼后乎[3]？”子曰：“起予[4]！商也始可与言《诗》已矣！”

今注

1 倩，七练切；盼，普苋切；绚，呼县切。“巧笑”“美目”二句，在今《卫风·硕人》篇。“素以为绚兮”句，马融以为逸诗；《集注》则以三句全是逸诗。两说都有理。《诗·硕人传》：“倩，好口辅；盼，白黑分。”（按：口辅，口旁的面颊。《说文》：酺，颊也。段注：“颊者，面旁也；面旁者，颜前之两旁。古多借辅为酺。”）《说文》：素，白致缯也。（段注：“缯之白而细者也。致者，今之致字。郑注《杂记》曰，‘素，生帛也’。然则生帛曰素，对湅缯曰练而言。以其色白也，故为凡白之称；以‘白受采’也，故凡物之质曰素。”）马曰：“绚，文貌。”郑《论语注》：“文成章曰绚。”郑仪礼聘《礼记注》：“采成文曰绚。”按：这三句诗的意思应是：一个有美颊和秀目的女子，得素而益显文采。子夏似疑素不足为文采，所以发问。但这个“素”字，有三种义训。一是白色的衣服；一是白色的傅粉；一是朴质的风采。（朴质以为绚，就是保留最近于天然的美而不加什么装饰。这种朴质的文采，亦是审美的人所贵重的。）我们当然不能知道子夏用哪一种义训。

2 《释文》：“绘，胡对反；本又作缋，同。”郑曰：“绘，画文也。凡绘画先布众色，然后以素分布其间以成其文。喻美女虽有倩盼美质，亦须礼以成之。”（《考工记》：凡画缋之事后素功。郑注："素，白采也。后布之，为其易渍污也。郑司农说以《论语》'缋事后素'。"按：依郑玄这个注，则郑众即用孔子"绘事后素"的话来释《考工记》的"凡画缋之事后素功"了。但《考工记》当作于孔子以后；孔子的话，可能是根据当时画人的成语而讲的。如果"绘事后素"可以说明"素以为绚"的道理，则诗中的"素"似应看作白色的衣服或白色的化妆品才合。刘疏："素以为绚，当是白采用为膏沐之饰，如后世所用素粉矣。"这似是一个很可用的讲法。）

3　孔子告诉子夏"绘事后素"，子夏便悟到"礼后"的意义：子夏这个"礼"字，与其说是从"素"字悟出，宁可说是从"绚"字得来的。马融和郑玄都以为"绚"有"文"的意义。"素以为绚"，即"素以为文"；后素即后文。礼主节文；古亦把礼节说作"文"。子夏因"后素"而想到"礼后"，是很自然的。"礼后"，即"成于礼"的意思。戴震《孟子字义疏证》："素以喻其人之娴于仪容；上云巧笑倩、美目盼者，其美乃益彰：是之谓绚。"这个解释于诗的原意未必对，但以证子夏的"礼"则极合。仪容之于人，是很重要的事；亦是末事！

4　现行的《论语》版本都作"起予者商也"；汉石经没有"者"字。按：没有"者"字，则"商也"连下读，和"赐也始可与言诗已矣"句法一样。这章的文义，实极难明白！

今译

子夏问道："'巧笑倩兮；美目盼兮；素以为绚兮。'这三句诗是什么意思？"孔子说："画绘的工作，最后以素成文。"子夏说："礼文是修养的最后一着吧？"孔子说："你用这话启发了我！你是一个可以说《诗》的人！"

子曰："夏礼，吾能言之；杞[1]，不足征也[2]。殷礼，吾能言之；宋[3]，不足征也。文献不足故也[4]；足，则吾能征之矣。"

今注

1　武王伐纣克殷后，封大禹之后于杞。杞，国名。

2　征，是取证的意思。

3　武王伐纣克殷后，封商纣的儿子武庚以续殷祀，并派管叔、蔡叔辅助他。武王死后，管叔、蔡叔和武庚作乱。周公诛武庚，杀管叔，放蔡叔；命微子开奉殷祀，国于宋。

4　《集注》：文，典籍也。郑曰，献，犹贤也。（《释》言：献，圣也。《逸周书·谥法》解：聪明叡哲曰献。）

今译

孔子说："夏代的礼，我能够讲；可惜现在的杞国是不足取证的。殷代的礼，我能够讲；可惜现在的宋国是不足取证的。因为这两个国家都没有足够的典籍和贤人；如有，那我就可以取证了。"

子曰："禘[1]，自既灌而往者[2]，吾不欲观之矣[3]！"

今注

1　《释天》：禘，大祭也。《大传》：礼，不王不禘。《祭统》：成王康王追念周公之勋劳而欲尊鲁，故赐之重祭。

2　《郊特牲》：灌用鬯臭。《祭统》：君执圭瓒灌尸。《论语义疏》引郑氏《尚书大传》注："灌是献尸；尸已得献，乃祭酒以灌地也。"

3 孔子不欲观的原因，我们自难以臆测。

今译

孔子说："举行禘祭时，从灌这个节目以后，我就不想看了！"

或问禘之说。子曰："不知也。知其说者之于天下也，其如示诸斯乎[1]！"指其掌。

今注

1 示，假为视。诸，训"之于"；本这二字的合音。斯是意同"这个"的代词；因为孔子说话的时候指着自己的手掌，所以斯即指孔子的手掌言。按：孔子重人事而不重神事。他的"不知禘之说"，可以说是实话，亦可以说是托词。季路问事鬼神，他说："未能事人，焉能事鬼！"(《先进》)这章的话，也许有同样的意义。但以上两章，我们很难完全明白。

今译

有人问禘祭的道理。孔子说："我不知道。知道这个道理的人，对于治天下的事情，就像看这个手掌一样了！"他〔说这话的时候，用一只手的手指〕指着他〔另一只手〕的手掌。

"祭如在"[1]："祭神如神在"。子曰[2]："吾不与[3]，祭如不祭[4]。"

今注

1 郑注："祭如在，时人所存贤圣之言也；祭神如神在，恐时人不晓'如在'之意，故为解之。"（这个郑注，见于近年出土的唐写本。丘光庭《兼明书》里亦有和郑玄相近的讲法："祭如在者，是孔子之前相传有此言也。孔子解之曰'祭神如神在'耳；非谓有两般鬼神也。"按："祭神如神在"一语，或是编《论语》的人记当时知识界对"祭如在"一语所作的解释。）

2 "子曰"以下，实应自为一章；当是编者因事义相近而类列的。

3 与，意为"参与"，音预。（旧读以"吾不与祭"为句；我们现从武亿《经读考异》说，以"与"字断。）

4 如，意为"等于"。孔子的语意似难以完全明白！

今译

"祭如在"这句成语就是说：我们祭神时，虽然看不见神，但我们心里面要把神当作在那里一样。孔子说："我自己如不参与祭礼，虽祭亦等于我没有祭。"

王孙贾问曰[1]："'与其媚于奥，宁媚于灶[2]！'何谓也？"子曰："不然！获罪于天[3]，无所祷也。"

今注

1 王孙贾，卫大夫。

2 《说文》：媚，说也。《周语》：若是乃能媚于神。"媚于奥"，意为"媚于祭于奥的神"。灶，意同灶神。《太平御览》五百二十九引"郑注"："宗庙及五祀之神皆祭于奥；室西南隅之奥也。夫，老妇之祭。"王孙贾引用这两句谚语，可能有这样的意思：奥虽尊而难福人；灶虽卑而易福人。（王孙贾似以灶自居。）

3 孔子这里的"天"，自是指掌管"正理"的主宰讲；孔子或即以“天”当作“正理”的名称。（《论语》中没有“理”字。《墨子》《孟子》都已用“理”字；《乐记》有“天理”一词。）

今译

王孙贾说：“‘与其讨好祭于奥的神，宁可讨好灶神！’这话你看怎么样？”孔子说：“话不能这样说！一个人如果得罪于天，在什么地方祈祷都不灵！”

子曰：“周监于二代[1]，郁郁乎文哉[2]！吾从周。”

今注

1　监借为鉴，有对照、比较的意思。二代，夏和殷。

2　皇疏：“郁郁，文章明者也。”（按：郁本古地名。于六切。《说文》：彧，有文章也。这章的“郁郁”乃“彧”的同音假借字。）

今译

孔子说：“周代和夏殷二代比较，显得文采郁郁然！我还是赞同周代的。”

子入大庙[1]，每事问[2]。或曰：“孰谓鄹人之子知礼乎[3]？入大庙，每事问！”子闻之，曰：“是礼也！”

今注

1　大：音泰，汉石经作太。包曰：“大庙，周公庙。”

2　这“每事问”，当是指问每件不确切知道的事情；若是确切知道的事情而亦问，那就不合礼了。

3　鄹，侧留切，地名；是孔子的家乡。《说文》和《左传》字作郰。这里的“鄹人”，指孔子的父亲郰人纥。（“郰人纥”见《左传·襄公十年》；《史记》作叔梁纥。今《家语》以纥为郰大夫，不足信。）

今译

孔子进入太庙，对每件有关太庙祭典的事都要向人请教。有人说：“谁说鄹人的儿子懂得礼？他进入太庙，每件事都要问！”孔子听到这话，说：“这就是礼呀！”

子曰：“射不主皮[1]；为力不同科[2]；古之道也。”

今注

1　马曰：“言射者不但以中皮为善，亦兼取和容也。”《仪礼·乡射记》：“礼射不主皮。”注：“不主皮者，贵其容体比于礼，其节比于乐；不待中为隽也。”按：《仪礼》里所记的大射、宾射、燕射、乡射等，都是礼射，而不是习武的射。上文“必也射乎”和这里的“射不主皮”，都指礼射讲。皮，指射侯。礼射的侯，亦有不用皮的；这个“皮”字，乃包括皮侯和布侯讲。马郑解主皮，稍有不同。马以主为专主；不主皮，言不专主于中皮。郑主仪礼，似说礼射只问和容；能和容，即不中皮亦得为隽。

2　马曰：“为力，力役之事。亦有上、中、下，设三科焉；故曰不同科。”（刘疏：“为，犹效也；言效此力役之事。即孟子所云‘力役之征’也。《说文》：科，程也。《广雅·释言》：科，品也。”）按：国家征用民力，随人的体力强弱而分类，似是很合理的事情。（刘敞《七经小传》，不从马融的说法，以为“为力不同科”句乃是解释“射不主皮”句的。在意义上，刘说固可通，但就语句结构讲，则马说较为明净。因为照刘氏的意思，则经文似当作：

子曰：“古者射不主皮，为力之不同科也。”

子曰：“力不同科，故古者有射不主皮之道也。”

子曰：“古礼射不主皮，力不同科故也。”

若如现在的经文，以“力不同科”说“射不主皮”的缘故，则记《论语》的人的文理便稍显迂曲。朱子当因“为力不同科”句乃“射不主皮”句最好的解释，所以依刘说作注，而忽略了经文文理的问题。）

今译

孔子说：“礼射重和容，不以矢镝及侯为主；使人民服役，须因各人的体力而分科；这是古代的道理。”

子贡欲去告朔之饩羊[1]。子曰：“赐也，尔爱其羊[2]；我爱其礼！”

今注

1　去，起吕切。（《广韵》除去的去上声；离去则去声。）告，古笃切。朔是中国旧历每月的头一天。告朔，是天子把一年十二月的朔政（历书）布告于诸侯。告朔的饩羊，是每个诸侯的国家所预备的生羊以招待天子颁历的使臣的。在孔子的时代，天子既没有颁历的事情，而鲁国每年所预备的饩羊亦为空设，所以子贡想要废止这个饩羊的供给。（“告朔”的意义，异说很多。这里是根据刘台拱《论语骈枝》的说法。“告”，《经典释文》音“古笃反”；《集注》同。但《论语骈枝》主张“告读如字”，似亦合理。

《颜渊》篇“忠告”的告同。）

2　爱，是吝惜（舍不得）的意思。（孔子当亦知道空设饩羊的无谓，但想到国家的政令不行，还有什么心情计较一只饩羊呢！“爱礼”的话，足见孔子“爱人”的苦心！他所以爱礼，当然以为礼教能兴，乃是“天下太平”的基础。）

今译

子贡想要把告朔的饩羊废止了。孔子说：“赐，你舍不得那个羊；我却舍不得那个礼！”

子曰：“事君尽礼[1]，人以为谄也[2]！”

今注

1　郑注：“尽礼，谓‘下公门’‘式路马’之属。”

2　谄：谄谀，谄媚。社会里常常有一些人，自己不做好事而又不喜欢别人做好事。孔子说这话，是要人明辨是非而谨守善道。（《子罕》篇：“子曰：‘麻冕，礼也；今也纯；俭。吾从众！拜下，礼也；今拜乎上，泰也。虽违众，吾从下！’”）

今译

孔子说：“一个人谨敬地照着礼以事君，世人反以为这是向君上谄媚！”

定公问[1]：“君使臣，臣事君，如之何？”孔子对曰：“君使臣以礼；臣事君以忠。”

今注

1　定公，鲁国的国君，名宋；定是谥。定公在位十五年；孔子做鲁国的司寇，当在定公九年到十二年。

今译

定公问道："人君要役使臣下，人臣要服事国君，应该怎样做？"孔子回答说："君使臣须依着礼；臣事君须要忠心。"

子曰："《关雎》，乐而不淫，哀而不伤[1]。"

今注

1　《关雎》，是《诗经》的首篇。乐，音洛。淫，太过的意思。这章的话，当是就音乐为说的；我们自不能用诗篇的文字来讲。"不淫不伤"，应指《关雎》的音乐能使人哀乐中节的意思。可惜古代乐谱不传，无法取证了。（《诗序》："《关雎》乐得淑女以配君子；忧在进贤，不淫其色。哀窈窕，思贤才，而无伤善之心焉。"这似是作《诗序》的人据孔子这章的话而写的；他虽然勉强嵌进"乐、淫、哀、伤"四字，未必便合孔子的意思。即使孔子是就《诗》篇的文字讲的，当亦不会像《诗序》说得那么迂回！）

今译

孔子说："《关雎》的乐章，使人快乐而不过滥，使人悲哀而不至于伤神。"

哀公问社于宰我[1]。宰我对曰："夏后氏以松；殷人以柏；周人以栗，曰：'使民战栗[2]。'"子闻之，曰："成事不说，遂事不谏，既往不咎[3]。"

今注

1 《仲尼弟子列传》："宰予，字子我。"《经文》"问社"，郑玄注本作"问主"。刘疏："鲁论作问主；古论作问社。郑君据鲁论作问主，而义则从古论为社主。"（按：社主，社神的木主。）

2 战栗，怕惧的样子。

3 刘疏："夫子时未反鲁，闻宰我言，因论之也。"按：孔子这三句话的意思，我们已难以明白。译文略依旧注。（包曰："事已成不可复解说；事已遂不可复谏止；事已往不可复追究。孔子非宰我，故历言此三者，欲使慎其后。"《集注》："宰我所对，非立社之本意；而其言已出，不可复救，故历言此以深责之，欲使谨其后也。"）

今译

哀公向宰我问社神的木主的事情。宰我回答说："夏人用松；殷人用柏；周人用栗，意思是要'使人民战栗'。"孔子听到这事，说："过去的事情，我们没有法子挽回的，最好不讲！"

子曰："管仲之器小哉[1]！"或曰："管仲俭乎？"曰："管氏有三归[2]；官事不摄[3]：焉得俭[4]！"曰："然则管仲知礼乎？"曰："邦君树塞门，管氏亦树塞门[5]；邦君为两君之好有反坫，管氏亦有反坫[6]：管氏而知礼，孰不知礼！"

今注

1 管仲，春秋时齐国人，名夷吾；辅佐齐桓公，桓公因而霸诸侯。器，是度量的意思。

2 关于三归，有以下几种说法：(1)娶三姓女(《包咸说》)；(2)台名(《朱熹集注说》)；(3)自朝而归，其家有三处(俞樾《群经平议》说)；(4)归台为藏泉布的府库(武亿《群经义证》说)。似还没有定论。

3 摄，意同兼。

4 焉，于虔切。

5 《尔雅·释宫》："屏谓之树。"(刘疏："案，周人屏制当是用土，故亦称萧墙。郊特牲云，台门而旅树反坫，大夫之僭礼也。注：'言：此皆诸侯之礼也。旅，道也。屏谓之树；树所以蔽行道。管氏树塞门：塞，犹蔽也。'《杂记》：管仲旅树而反坫；贤大夫也，而难为上也。")

6 为，于伪切。反坫，国君宴饮时放置空酒杯的地方；用土筑成，形如土堆。

今译

孔子说："管仲的度量小得很！"有人问："管仲节俭吗？"孔子说："管仲有三处家；他家里的事，各有专官而不相兼职：这怎么算得上是俭！"那人又问："那么，管仲懂礼吗？"孔子说："国君立屏风，管仲也立屏风；国君为了两国友好而设宴会时有反坫，管仲也有反坫：管仲如果算懂礼，那还有谁不懂礼！"

子语鲁大师乐[1]；曰："乐其可知也已。始作，翕如也；从之，纯如也，皦如也，绎如也；以成[2]。"

今注

1 语，鱼据切；意为告语。（言语的语鱼巨切，注中不音。）大音泰；字亦作太。大师，是位置最高的乐官。“子语鲁大师乐”，是孔子对鲁国太师讲他对乐的感想。

2 郑康成曰：“始作，谓金奏。翕如，变动貌。从之，八音皆作。皦如，清别之貌。绎如，志意条达之貌。”《集解》：从读曰纵。《太平御览》引《论语》注：“纯如，感人之貌。”《周礼·乐师》注：“成，谓所奏一竟。”宋翔凤《论语发微》：“始作，是金奏。从同纵；谓纵缓之也。入门而金作；其象翕然变动。缓之而后升歌；重人声，其声纯一，故曰纯如。继以笙入；笙者有声无辞，然其声清别，故曰皦如。继以间歌；谓人声笙奏间代而作，相寻续而不断绝，故曰绎如。有此四节而后合乐，则乐以成。”按：这章论当时乐章的结构；我们现在既不能听到古乐，自不容易懂得这章的话。但宋说似可以为读者指明一个寻求解释的方向，所以我们节录在这里以备读者参考。译文从阙。（参《泰伯》篇“师挚之始”章的注。）

仪封人请见[1]，曰：“君子之至于斯也[2]，吾未尝不得见也。”从者见之[3]。出，曰：“二三子何患于丧乎[4]！天下之无道也久矣；天将以夫子为木铎[5]。”

今注

1 郑曰：“仪，盖卫邑。封人，官名。”（按：“盖”，含有疑义。封人，守边界的官吏。）请见、见之的见，贤遍切。

2 敦煌写本和日本古写本“斯也”有作“斯者”的；可从。

3 从，才用切。

4　丧，息浪切。《集注》以“丧”为失位去官；这恐怕不是仪封人的意思。这章的“丧”字，似乎应释为“天之将丧斯文”的丧。（郑玄释为“道德之丧亡”。）

5　木铎，是一种金口木舌的铃。郑注：“木铎，施政教时所振者。言天将命夫子使制作法度以号令于天下也。”

今译

仪邑的封人请求见孔子，说：“凡到这个地方来的君子人，我没有不见到的。”跟随孔子的弟子就让他进见孔子。封人见过孔子出来说：“你们何必为文化要丧亡而担忧呢！天下已经乱得很久了；天会让你们老师来做振兴文化的工作的。”

子谓韶[1]：“尽美矣；又尽善矣[2]。”谓武[3]：“尽美矣；未尽善也[4]。”

今注

1　郑注：“韶，舜乐也。”

2　这句的“矣”字，各本作也；钱大昕《养新录》（卷三）以为宋景祐刻本《汉书·董仲舒传》引作矣，《西汉策要》与景祐本同，当是《论语》古本。

3　郑注：“武，周武王乐。”

4　韶乐为什么尽善尽美？武乐为什么未能尽善？孔子没有明说，我们自难推测。

今译

孔子讲到韶乐时说："美极了，又好极了。"讲到武乐时说："美是很美了，但没有很好。"

子曰："居上不宽；为礼不敬；临丧不哀：吾何以观之哉[1]！"

今注

1　郑注："居上不宽，则下无所容；礼主于敬、丧主于哀也。"

今译

孔子说："在上位而没有宽容的度量；行礼时没有敬意；居丧时没有哀戚的心情：这种人还有什么可看的呢！"

卷四 里仁

子曰："里[1]，仁为美[2]；择不处仁[3]，焉得知[4]！"

今注

1 郑曰："里者，民之所居也。"

2 这里的"仁"，是指有仁风讲。

3 择，意谓选择一种做人的道理。处，昌吕切；处仁，志行依于仁。这个"仁"字，意为"仁道"。《孟子·公孙丑上》："孔子曰：'里，仁为美；择不处仁，焉得智！'夫仁，天之尊爵也；人之安宅也。莫之御而不仁，是不智也。"从孟子的话中我们可以知道，孔子用的"择"字是指选择做人的德行讲。皇疏："沈居士云，言所居之里，尚以仁地为美；况择身所处而不处仁道，安得智乎！"按：皇引沈说以正《集解》所引的郑注。（郑以"求居"释"择"。）朱氏《集注》，于孟子不误，于《论语》则误同郑氏。

4 焉，于虔切。知音智。（知道的"知"，平声。知慧的"知"，去声；音义同"智"。平声的"知"，注中例不音。）

今译

孔子说："住家，尚且以有仁风的地方为好；选择一种做人的道理而不知道选择仁，这还可以算得上是聪明吗！”

子曰：“不仁者，不可以久处约[1]，不可以长处乐[2]。仁者安仁；知者利仁[3]。”

今注

1 约，穷困。（约本训束；引申为契约；又引申为俭约；又转变为贫困。）不仁的人，久处穷困，多流于为非作歹。

2 乐，音洛。不仁的人，长处安乐，必骄奢淫逸。

3 知，音智。安仁，天性自然；利仁，择善固守。《礼记·表记》：“仁者安仁；知者利仁；畏罪者强仁。”《大戴礼记·曾子立事》篇：“仁者乐道；智者利道。”按：这章后两句和上文不必为一时的话，实可各自为一章。

今译

孔子说：“一个没有道德修养的人，不能长久过穷困的生活，也不能长久过安乐的生活。一个天生有道德的人，以道德为他生活中最大的快乐；一个聪明的人，把道德当作最安稳的生活规范。”

子曰：“唯仁者，能好人，能恶人[1]。”

今注

1 好，呼报切；恶，乌路切。（“好”“恶”二字，作名词或形容词用。一上声，一入声；作动词或动名词用，则都去声。注中只音作动词或动名词的。若“恶”读作乌训安，则亦音出。）因为仁者的善恶标准能够合于正道，所以他的好恶亦能合于正道。

（“能好，能恶”，就是好得对、恶得对。仁者能够公正而没有私心，好恶便自然合于正道。）

今译

孔子说：“只有仁人能够爱人爱得对，能够恶人恶得对。”

子曰：“苟志于仁矣，无恶也[1]。”

今注

1　志，立志去做。一个人如果时常以正大的道德自勉，时常以爱人利物为怀，则所作所为便不会有不好的地方了。《释文》：“恶，如字；又乌路反。”（按：《集注》读恶“如字”，对。）

今译

孔子说：“一个人如果立志为仁，那他就不会有什么坏的行为了。”

子曰：“富与贵，是人之所欲也；不以其道[1]，得之不处也。贫与贱，是人之所恶也[2]；不以其道，得之不去也。君子去仁，恶乎成名[3]！君子无终食之间违仁：造次必于是！颠沛必于是[4]！”

今注

1　其道，指致富贵或免贫贱的正当道理。以，意同“由”。

2　恶，乌路切。（王充《论衡·问孔》篇：“贫贱何故当言‘得之’？顾当言：贫与贱，是人之所恶也；不以其道去之，则不去也。”

按：王充于“得之”绝句，所以疑孔子说话不当，而要改第二个“得之”为“去之”。若记《论语》这章的人本来于“得之”绝句的，则王充的修改亦颇有理。但将“去之”写作“得之”，不是孔子说错，亦不是记的人记错。王充所以误解，乃是因为他不明白之字所代的字：上“得之”犹言“得处”；下“得之”犹言“得去”。经意：不由正道，则得处而不处、得去而不去。）

3 恶，音乌。这是说，一个君子没有仁德，就不能成为君子了。

4 终食之间，吃顿饭的时间。造，七到切。造次，在仓促慌忙的时候。沛音贝。颠沛，在艰难困顿的环境里。这章可以分作三章：“富与贵”到“不去也”为一章；“君子去仁，恶乎成名”为一章；“君子无终食之间违仁”以下为一章。这三章除却都是关于仁的话以外（第一章的“道”，可看作“仁”），在意义上并没有什么关联。

今译

孔子说：“富和贵，是人人所喜悦的；如果不依着正当的道理，即使可以得到也不取。贫和贱，是人人所厌恶的；如果不依着正当的道理，即使可以避去也不避。一个君子离开仁，就不可以称为君子了！一个君子没有一时一刻违背仁：无论在怎样匆促的时候，无论在怎样艰苦的环境里，他都能守住仁！”

子曰：“我未见好仁者、恶不仁者：好仁者，无以尚之[1]；恶不仁者，其为仁矣，不使不仁者加乎其身[2]。有能一日用其力于仁矣乎？我未见力不足者！盖有之矣；我未之见也。”

今注

1　这章“好”“恶”二字都读去声。“无以尚之”，心目中没有东西比仁高。（之，指仁。）

2　其为仁，似当作“其为人”。加乎其身，靠近他的身边。这章实应分为两章：“我未见……加乎其身”为一章；“有能一日……力不足者”为一章。这两章意不相连；因都是讲所“未见”关于仁的事，编者便合为一章。末两句（“盖有……见也”）虚设疑词，应是就第二个未见而言的。

今译

孔子说：“我没有见到〔这样〕好仁和〔这样〕恶不仁的人：那好仁的人呢，看仁高于一切；那恶不仁的人呢，他的做人，决不让不仁的人靠近他。我没有见到，一个人真有一天决心用力去行仁而力不足的！可能有这样的人，不过我没有见到。”

子曰：“人之过也，各于其党。观过，斯知仁矣[1]！”

今注

1　孔曰：“党，类也。”皇疏本引殷仲堪曰：“言人之过失，各由于性类不同。直者以改邪为义，失在于寡恕；仁者以恻隐为诚，过在于容非。是以与仁同过，其仁可知：观过之义，将在于斯者也。”陆采《冶城客论》：“斯知仁矣：仁是人字。与宰我问井有仁焉之仁皆以字音致误。”按：殷说虽巧，似不如陆说简明。这章的意义，究难十分明了。

今译

孔子说："人的过失，和他的环境有关。我们观察他的过失，就可以推知他是哪一类人了。"

子曰："朝闻道，夕死可矣[1]！"

今注

1 《集解》："言将至死不闻世之有道也。"按："世之有道"，即"天下有道"（"天下太平"）。《集解》释这章的"道"字实最合经意！《雍也》篇"鲁一变、至于道"的"道"，亦是用于这个意义的。下章"士志于道"的"道"，亦以用这个讲法为合。这些"道"字，实包含"天下有道"的意思，和"吾道一以贯之""古之道也"的"道"，意义并不相同！但自汉以来，除何晏等外，读《论语》的人，差不多都把孔子"朝闻道"的话讲错了。《汉书·七十五夏侯胜传》："〔夏侯〕胜、〔黄〕霸既久系，霸欲从胜受经；胜辞以罪死。霸曰：'朝闻道，夕死可矣！'胜贤其言，遂授之。"这是最早的误解孔子这句话的事例。《太平御览》六百七引《慎子》："孔子曰，丘，少而好学；晚而闻道：此以博矣。"《庄子·天运》："孔子行年五十有一而不闻道。"这两个"闻道"，都不同于《论语》里的"闻道"，而可以说和《老子》第四十一章（河上公本）的"闻道"相近。大概战国时代学者所用的"闻道"一词，已和这章所用的不同了；即《孟子》书里的"闻道"亦是这样。许行批评滕文公说："滕君则诚贤君也；虽然，未闻道也。"（《孟子·滕文公上》）而孟子自己亦说盆成括"未闻君子之大道"。（《孟子·尽心下》。）许行的"道"，当即"农家者流"的道；孟子的"道"，自不外乎仁义。我们可以说，《孟子》书里的"闻道"，意义上虽和《论语》的“闻道”不相同，但那个“道”字，当指仁义言，绝不是指“惟恍惟忽”的道言。《论语》这章里的“朝”“夕”二字，不是表示时间的距离，而是表示时间紧接的意义。从这两句话中，我们可以领会到孔子一生忧世忧民的心情！（汉石经“矣”作“也”。）

今译

孔子说：“如果有一天能够听到‘天下太平’的消息，马上死去也安心！”

子曰：“士志于道而耻恶衣恶食者，未足与议也[1]。”

今注

1　这章的“道”字，亦以解作“天下有道”为较好。（当然，亦可以解作“道者，是非之纪”“道者，人之所以道也”的“道”；但孔子的意思，似偏重于“天下有道”的“道”。）恶，不好。“与”，义同“以”；“未足以议”，意为“不足道”。

今译

孔子说：“一个有志于天下太平的人，如以自身的衣食不美好为可耻，那便不足道了！”

子曰：“君子之于天下也，无适也，无莫也[1]，义之与比。”

今注

1　《释文》：“适，丁历反；比，毗志反。”（《广韵》“比”字见六至。）皇疏本引范宁曰：“适、莫，犹厚、薄也。比，亲也。君子与人无有偏颇厚薄，唯仁义是亲也。”按：《左传·昭公二十八年》：“择善而从之曰比。”正是这章的“比”。这和《为政》篇“君子周而不比”的“比”意义不同。

今译

孔子说：“一个君子对天下的人和事，没有好恶的偏心，只以义为归。”

子曰：“君子怀德；小人怀土[1]。君子怀刑；小人怀惠[2]。”

今注

1　这两句似是就一个人的定居讲的。

2　这两句似是就一个人的立身行事讲的。

今译

孔子说：“君子怀念着一个德化好的国家；小人则怀念着一个生活容易的地方。君子做一件事，必想到这件事合法不合法；小人做一件事，只想到这件事对自身有没有利益。”

子曰：“放于利而行[1]，多怨。”

今注

1　孔曰：“放，依也。”《周语》：“芮良夫曰：‘夫利，百物之所生也；天地之所载也。而或专之，其害多矣！’”(《周语》“而”字意同“如”。)

今译

孔子说：“一个人如果依着利以定行为，那一定会受到许多怨恨。”

子曰：“能以礼让为国乎，何有[1]？不能以礼让为国，如礼何[2]！”

今注

1 《后汉书·刘殷传》，贾逵上书：“孔子称：能以礼让为国，于从政乎何有！”又《列女传》曹世叔妻上疏：“《论语》曰，能以礼让为国，于从政乎何有？”这两位后汉的学者所引的《论语》，文义比现在的《论语》要明白些；可惜没有《熹平石经》的经文可证！（《左传·隐公十一年》引君子的话：“礼，经国家、定社稷、序民人、利后嗣者也。”又《左传·昭公二十六年》：“晏子曰，礼之可以为国也久矣；与天地并！”又《左传·襄公十三年》：“君子曰，让，礼之主也。”这都是关于“礼”“让”的古训。）

2 让是人的美德。孔子主张以礼治国，但尤偏重于“让”，所以以“礼让”连言。这章经文，似宜据后汉学者所引订正。

今译

孔子说：“能用礼让的道理来治国，处理国事还有什么困难呢？不能用礼让的道理来治国，那真对不起这个‘礼’！”

子曰：“不患无位；患所以立：不患莫己知；求为可知也[1]。”

今注

1　这章的后两句，可以说是前两句的注解。

今译

孔子说："不必担心没有职位；要担心怎样在职位上站好：不必担心人家不知道自己；须先使自己有足以使人知道的东西。"

子曰："参乎，吾道一以贯之[1]。"曾子曰："唯[2]。"子出，门人问曰："何谓也？"曾子曰："夫子之道，忠恕而已矣[3]！"

今注

1　《释文》："参，所金反。"（《说文·森字下》云："读若曾参之参。"）道，本义为道路，引申为道理，为讲说。（《荀子·儒效》："道者，非天之道，非地之道，人之所以道也；君子之所道也。"荀子"人之所以道也"的"道"，意同"行"；"君子之所道也"的"道"，则训为讲说。孔子的"吾道"，乃指自己所讲的道理言。孔子生平诲人的道理，头绪多端，语或不同。他怕门人不懂守约的方法，所以向曾参说这话。）贯，是贯穿、贯通的意思。

2　唯，以水切。《礼记·曲礼》："父召无诺；先生召无诺：唯而起。"注："应辞；唯恭于诺。"

3　《礼记·中庸》："忠恕违道不远：施诸己而不愿，亦勿施于人。"曾子所说"忠恕"，就是"施诸己而不愿，亦勿施于人"的道德。（这个忠恕，就是"一以贯之"的"一"。曾子循当时语言习惯联言"忠恕"；若孔子自己说，恐怕只用"恕"！参《卫灵公》篇"子贡问曰"章。）

今译

孔子说："参，我平日所说的许多道理，是可以用一种道理来贯通的。"曾子说："是的。"孔子出了讲堂，同学们问曾子："老师说的什么意思？"曾子说："我们老师的道理，〔千言万语〕，不过'忠恕'罢了！"

子曰："君子喻于义；小人喻于利[1]。"

今注

1　这章的君子、小人，乃以修养的程度分，而不是以地位分的。郑、朱都训"喻"为"犹晓"；义自可通。但这个"喻"字最好训为"乐"。《庄子·齐物论》："自喻适志与？"李云："喻，快也。"（喻，借为愉。《论语》这章的"喻"，和"知者乐水；仁者乐山"的"乐"同义。）

今译

孔子说："君子乐于义；小人乐于利。"

子曰："见贤，思齐焉[1]；见不贤，而内自省也[2]。"

今注

1　包曰："思与贤者等。"

2　省，息井切。郑注："省，察也；察己得无然也。"

今译

孔子说："见到贤人，便用心学他；见到不贤的人，便反省自己有没有坏处。”

子曰：“事父母，几谏[1]；见志不从，又敬而不违[2]；劳而不怨[3]。”

今注

1 包曰：“几者微也。”

2 “而”字依“皇疏”本。违有离义；“不违”，不放弃谏志。（《礼记·内则》：“父母有过，下气、怡色、柔声以谏。谏若不入，起敬起孝，说则复谏；不说，与其得罪于乡党州闾，宁熟谏！”）

3 《礼记·坊记》：“子云，从命不忿，微谏不倦；劳而不怨。”（《坊记》似即复述《论语》这章的。“不倦”是指“不违”。）

今译

孔子说：“服事父母的道理，如父母有什么不对的地方，我们要婉约劝谏；如果父母不听，我们还是要尊敬父母，但不放弃谏争的志愿；我们虽然忧劳，但我们一点也不怨恨。”

子曰：“父母在，不远游；游，必有方[1]。”

今注

1 郑曰：“方，犹常也。”按：《礼记·曲礼》：“所游必有常。”郑注是据《曲礼》为说的。《玉藻》：“亲老，出不易方。”注：“易方，为其不信己所处也。”疏：方，常也。但《晋语·七》：“祁奚曰：午之少也，游有乡。”以常释方，不如以乡释方。凡称地为“地方”，似亦从“方向”引出的。（《周礼·故书》：“乃分地邦而辨其守。”“地邦”，似即现代话的“地方”。）

今译

孔子说：“父母在的时候，不到远处去游；如出游，必有一定的地方。”

子曰：“三年无改于父之道，可谓孝矣[1]！”

今注

1　这句话已见《学而》篇“父在观其志”章，当是那一章的脱简。（陈鳣《论语古训》：“汉石经亦有此章，当是弟子各记所闻。”按：陈说亦可通，但石经所据本亦或有脱简。译文阙。）

子曰：“父母之年，不可不知也。一则以喜；一则以惧[1]。”

今注

1　郑注：“见其寿考则喜；见其衰老则惧。”（《集解》中引作孔注；我们据一唐写本作“郑注”。《释文》：“或云包氏；又作郑玄。”）

今译

孔子说：“父母的年龄，不可以不知道。一方面为他们的年龄增加而欣喜；一方面为他们的身体衰老而担心。”

子曰：“古者言之不出，耻躬之不逮也[1]。”

今注

1　包曰："古人之言不妄出口，为身行之将不及。"（《尔雅·释言》：逮，及也。）

今译

孔子说："古人不随便说话，因为说到做不到是可耻的。"

子曰："以约失之者，鲜矣[1]！"

今注

1　郑注："约，俭；俭者恒足。"鲜，仙善切。(《八佾》篇："礼，与其奢也宁俭。"《述而》篇："奢则不孙俭则固；与其不孙也宁固。"按：合理省俭，乃是美德。)

今译

孔子说："因为俭约而犯了过失的，是很少的。"

子曰："君子欲讷于言而敏于行[1]。"

今注

1　《说文》："讷，言难也。敏，疾也。"郑注："言欲难；行欲疾。"行，下孟切。

今译

孔子说："一个君子，说话要郑重而做事要敏捷。"

子曰："德不孤，必有邻[1]。"

今注

1 《周礼·遂人》：五家为邻。《韩诗外传》：八家为邻。按：居相近为邻，故引申有亲近义。

今译

孔子说："有德行的人不会孤独，定会有声气相同的人来亲近他的！"

子游曰："事君数[1]，斯辱矣；朋友数，斯疏矣。"

今注

1 数，色角切。《集解》："数，谓速数之数。"邢疏："此章明为臣结交，当以礼渐进也。"（刘宝树《经义说略》："〔数〕当训为数君友之过。《汉书·项籍传》《陈余传》《司马相如传下》《主父偃传》注并云，数，责也。《国策·秦策》注：数让，责让。皆数其过之义。《儒行》：其过失可微辨而不可面数也，谓不可面相责让也。"按：《广雅·释诂·一》："数，责也。"但《论语》这个"数"字，未必指面责言；解为急切，似较妥。而就规过言，实应以忠告善道为主；面责人过，总是利少害多。故《群经平议》说亦同刘说。）

今译

子游说："一个人事君，态度上如过于急切，就会受到侮辱；一个人交友，态度上如过于急切，就会被疏远。"

卷五 公冶长

子谓公冶长[1]："可妻也[2]；虽在缧绁之中[3]，非其罪也"。以其子妻之[4]。

今注

1 《仲尼弟子列传》："公冶长，齐人，字子长。"

2 这个"妻"字，音七计切；意为，把女儿给人为妻。（旧时读音："妻"字作名词用，平声；"妻"字作动词用，去声。）孔子这里只说"公冶长可妻"，而没有说出可妻的理由。缧绁两句，是说公冶长没有犯罪，并不是可妻的理由。

3 按：缧（《说文》作累）、绁（唐人避讳作绁）都是绳索的名称；缧绁连言，或是孔子时缚束罪人所用绳索的专名。

4 "以其子"的"子"，指孔子的女儿；"妻之"的"之"，指公冶长。（《礼记·曲礼》"子于父母"注："言'子'，通男女。"按：注意谓，"子"字包括男子和女子讲。）

今译

孔子谈起公冶长时说："这个人是值得人家把女儿嫁给他的。他虽然为官方所拘系，但并没有犯罪。"他把他的女儿嫁给公冶长。

子谓南容[1]："邦有道，不废[2]；邦无道，免于刑戮。"以其兄之子妻之。

今注

1 《仲尼弟子列传》："南宫括，字子容。"梁玉绳曰："《论语》作适，又称南容；《檀弓》作南宫绍；《家语》作南宫韬。盖南容有二名：括与适、绍与韬，字之通也。自世本误以南宫绍为仲孙说，于是孔安国注《论语》、康成注《礼记》、陆德明释《文》、小司马《索隐》、朱子《集注》并因其误。朱氏《经义考》载明夏洪基《孔门弟子传略》，辨南宫括绍、字子容是一人；孟僖子之子仲孙说（阅）、南宫敬叔是一人：确凿可从。"

2 《释诂》："废，舍也。"《周礼·大宰》注："废，犹退也。"又："废，放也。"《礼记·中庸》注："废，犹罢止也。"

今译

孔子谈起南容时说："国家政治清明的时候，他不至于没有职位；国家政治不好的时候，他也能明哲保身。"他把他哥哥的女儿嫁给了南容。

子谓子贱[1]："君子哉若人[2]！鲁无君子者，斯焉取斯[3]！"

今注

1 《仲尼弟子列传》："宓不齐，字子贱；少孔子三十岁。"

2 《经传释词·七》："若，犹此也。"

3　焉，于虔切。孔子这话，称赞子贱的修养和鲁国的“多君子”，亦说明亲仁对于进德的重要。（参《卫灵公》篇“子贡问为仁”章。）

今译

孔子讲到子贱时说：“像这样的人，真是个君子！如果鲁国没有君子的话，他又从哪里得到的榜样！”

子贡问曰：“赐也何如？”子曰：“女，器也[1]。”曰：“何器也？”曰：“瑚琏也[2]。”

今注

1　女，音汝。器是有用的东西；子贡是一个有用的人，所以孔子以“器”比他。

2　瑚琏，旧解以为是宗庙盛黍稷的器皿；宗庙的器皿，当然是很贵重的。孔子以比子贡，似亦适当。但瑚琏《说文》作“胡梿”。（依段订。）段注：“瑚虽见《论语》《礼记》，然依《左传》作胡为长。琏，当依许从木。据《明堂位音义》，〔四梿〕本作四连。《周礼·管子》以‘连’为‘辇’。韩《敕礼器碑》：‘胡辇器用。’即胡连也。《司马法》，夏后氏谓辇曰余车；殷曰胡奴车；周曰辎辇。疑胡、辇皆取车为名。”按：段意以为古宗庙器假车名以为名。近屈万里教授据段氏这个启示，想到《论语》里的瑚琏实即胡辇，而胡辇即任重致远的大车。（《广雅·释诂·一》：胡，大也。）屈氏这个说法，使古来纷纠不可究理的“瑚琏”成为简单而有用的大车，亦是一快！

今译

子贡问道："老师觉得赐怎样？"孔子说："你是一种器用。"子贡说："什么器用？"孔子说："大车呀！"

或曰："雍也仁而不佞[1]。"子曰："焉用佞！御人以口给[2]，屡憎于人。不知其仁也[3]；焉用佞！"

今注

1 《仲尼弟子列传》："冉雍，字仲弓。"《曲礼·释文》："口才曰佞。"

2 焉，于虔切。孔曰："佞人口辞捷给。"

3 孔子说"不知其仁"，并不是以雍为不仁。孔子所要说的是：雍用不到口才！仁下"也"字，依皇本正平本。

今译

有人说："冉雍，仁，却没有口才。"孔子说："何必要口才！口辞捷给以对付人，常常为人所厌恶。雍仁不仁我不知道；〔但对仲雍这样的人来说，〕口才有什么用处呢！"

子使漆雕开仕[1]。对曰："吾斯之未能信[2]。"子说[3]。

今注

1 《仲尼弟子列传》："漆雕开，字子开。"《汉书·艺文志·儒家》："漆雕子十二篇。孔子弟子漆雕启后。"王应麟曰："《史记·列传》作漆雕开，字子开。盖名启字子开；《史记》避景帝讳。著书者其后也。"按：《古今人表》亦作启。

2　斯，指仕言。《经传释词·九》："之，犹则也。"宋翔凤《论语说义》："启，古字作奇。'吾斯之未能信'：'吾'字疑启'字'之误。"按：孔子弟子，对师都自称名。依《说文》"启"训"开"，"启"训"教"。漆雕开名启，故字子开。宋说可取。

3　说，音悦。郑曰："善其志道深也。"

今译

孔子叫漆雕开做官。漆雕开说："我没有自信我能做官。"孔子听到这话很高兴。

子曰："道不行，乘桴浮于海[1]；从我者其由也与[2]！"子路闻之，喜。子曰："由也，好勇过我；无所取材[3]！"

今注

1　桴，音孚。《说文》："桴，眉栋也。（附柔切）泭，编木以渡也。（芳无切）"《论语》的"桴"字，是假为"泭"字的。后世则编竹木以渡水的字，以"筏"较为通行。《广韵月韵》收筏字，房越切。刘疏："夫子本欲行道于鲁；鲁不能竟其用，乃去而之他国。最后乃如楚。至楚又不见用，始不得已而欲浮海、居九夷。其欲浮海、居九夷仍为行道；即其后浮海、居九夷皆不果行，然亦见夫子忧道之切，未尝一日忘诸怀矣！"於海，依皇本正平本；他本於作"于"。阮元《论语注疏》校勘记："案此经例用於字。惟《为政》篇'而志於学'及此两於字变体作'于'。《为政》篇'于'字，乃乎字之讹。此亦疑本作'于'；传写者偶乱耳。观《文选·啸赋注》尚引作於可证。"

2　与，音余。"由"下"也"字依皇本正平本，他本没有。

3　好，呼报切。郑曰："无所取材者，无所取于桴材；以子路不解微言，故戏之耳。"《集注》引程子说，读"材"为"裁"；以为孔子讥子路"不能裁度事理"。这两说中，"郑注"似较合。(唐景龙写本《论语》郑氏注的经文，亦同皇本正平本作"于海"和"由也"。)

今译

孔子说："我看天下不能太平了，我想坐筏子漂浮海上；那时跟随我的恐怕是仲由吧！"子路听了这话，很高兴。孔子说："仲由比我勇敢；可惜我们没有找到造筏用的材料！"

孟武伯问："仲由，仁乎[1]？"子曰："不知也。"又问。子曰："由也，千乘之国，可使治其赋也[2]；不知其仁也。""求也何如？"子曰："求也，千室之邑[3]、百乘之家，可使为之宰也[4]；不知其仁也。""赤也何如[5]？"子曰："赤也，束带立于朝[6]，可使与宾客言也；不知其仁也。"

今注

1　《仲尼弟子列传》作"季康子问，仲由仁乎"。"刘疏"以为当出古论。今本《论语》都作"孟武伯问，子路仁乎"。按：师前弟子称名；应依《史记》作"仲由"。

2　乘，实证切。郑注："赋，军赋。"(《左传·隐公四年》服注："赋，兵也。以田赋出兵，故谓之赋。")

3　《集注》："千室，大邑；百乘，卿大夫之家。"

4　春秋时，凡邑令和卿大夫的家臣都被称为"宰"。

5　《仲尼弟子列传》："公西赤，字子华；少孔子四十二岁。"

6 朝，直遥切，朝廷。（朝夕的“朝”，陟遥切，注中不音。）

今译

孟武伯问：“仲由，是不是仁？”孔子说：“我不知道。”又问。孔子说：“仲由这个人，可以让他管一个能出千辆兵车的国家的军政；至于他仁不仁，我就不知道了。”“你看冉求怎样？”孔子说：“冉求这个人，可以做一个有千户人家的邑的宰，或做一个能出百辆兵车的家的家宰；至于他仁不仁，我就不知道了。”“你看公西赤怎样？”孔子说：“公西赤这个人，可以让他穿着礼服站在朝廷上和外宾周旋；至于他仁不仁，我就不知道了。”

子谓子贡曰：“女与回也孰愈[1]？”对曰：“赐也何敢望回！回也闻一以知十；赐也闻一以知二。”子曰：“弗如也[2]？吾与女弗如也[3]。”

今注

1 女，音汝。

2 这句的“也”字，作疑问词讲较好。

3 包曰：“既然子贡不如，复云吾与女俱不如者，盖欲以慰子贡也。”（《论衡·问孔》篇述文：“吾与女俱不如也。”）皇疏：“秦道宾曰，《尔雅》云，与，许也；仲尼许子贡之不如也。”按：《集注》亦训与为“许”。两解都可通；“包注”似较合。

今译

孔子对子贡说：“你和颜回，哪个好一点？”子贡回答说：“弟子怎么敢跟颜回比！颜回闻一知十；弟子只可闻一知二。”孔子说：“你不及他吗？我和你都不及他！”

宰予昼寝[1]。子曰：“朽木，不可雕也；粪土之墙[2]，不可杇也[3]。于予与何诛[4]！”

今注

1 唐李匡义《资暇录》：“寝，梁武帝读为寝室之寝。昼，作胡卦反；且云‘当为画字’。言其绘画寝室。”按：这个说法实不足取。

2 粪土，是扫除土地所得的秽土。粪土里面，什么污秽的东西都有，所以用粪土筑成的墙是难以粉饰得好的。

3 《说文》：杇，所以涂也。（古用“涂”为“塗”字。）杇本是用以粉饰的工具，因而粉饰也叫杇。

4 “与”在这里是一个语气助词。《经传释词·四》：“‘与’，犹‘也’也。《论语·公冶长》篇‘于予与何诛’‘于予与改是’，犹言‘于予也何诛’‘于予也改是’。”

今译

宰予白天里睡觉。孔子说：“腐朽的木头，不能用来雕刻；用秽土筑成的墙，是难以粉饰得好的。对宰予这种人，我为什么还责罚呢！”

子曰：“始吾于人也，听其言而信其行[1]；今吾于人也，听其言而观其行：于予与改是[2]！”

今注

1　行，下孟切。

2　“于予与改是”是说：我这种改变，是由宰予引起的。这章和上章不一定是同时的话；编《论语》的人可能因为这两章都是孔子对宰予的讥议，所以把它们类列在一处。

今译

孔子说：“从前我对于一个人，听了他的话总以为他能够做到；现在我对于一个人，听了他的话，要等着看看他能不能做到。我这种对人态度上的改变，是因为宰予而引起的！”

子曰：“吾未见刚者[1]。”或对曰：“申枨[2]。”子曰：“枨也欲[3]；焉得刚[4]！”

今注

1　郑注：“刚，谓彊，志不屈挠。”

2　《史记·弟子传》：“申党，字周。”汉文翁《礼殿图》有申党；后汉王政碑：“无申棠之欲。”党、棠、枨，都因音相近而通用；亦有作“堂”字的。

3　郑注：“欲，多嗜欲。”《说文》没有“慾”字而有“欲”字。“欲，贪欲也。”《论语》里贪欲字多作“欲”。（如“克、伐、怨、欲”“公绰之不欲”等；这章这个“慾”字，可能不是原文。）

4　焉，于虔切。

今译

孔子说：“我没有见过称得起‘刚’的人。”有人对他说：“申枨就是。”孔子说：“申枨多嗜欲，哪能做得到‘刚’！”

子贡曰：“我不欲人之加诸我也，吾亦欲无加诸人[1]。”子曰：“赐也，非尔所及也[2]！”

今注

1 《集注》：“子贡言：我所不欲人加于我之事，我亦不欲以加之于人。”刘疏用《大学》“絜矩之道”来释《经》，义同《集注》。照《集注》的讲法，经文“也”字似须改作“者”字方合语法。但马融训“加”为“陵”；子贡的话，我们似可以这样诠释：“我不愿意别人凌驾我；我也不愿意凌驾别人。”这当然亦是“絜矩之道”。不过，这样讲，则经文“诸”字实难以处置。唐写本《论语》郑注于“诸人”下说：“诸之言于；加于我者，谓加非义之事也。”郑似不从马注而以“加”训为“施”。但“非义之事”这个意思，经中所无。译文姑从郑。

2 孔子似只说子贡自己还没有做到如他所说的。

今译

子贡说：“我不愿意别人对我无理，我也不愿意对别人无理。”孔子说：“赐呀，你还没有做到这个地步呀！”

子贡曰：“夫子之文章[1]，可得而闻也；夫子之言性与天道[2]，不可得而闻也[3]。”

今注

1 《集注》释文章为威仪文辞，“刘疏”则以为指孔子所传授的诗、书、礼、乐而言。但我想若以文章指孔子修己、经世、济众、安人的志行讲，亦自有合处。

2　性，是指人与生俱来的天性，或生命的意义。天道，似是指世间一切非人力所能为或非常人知识所可明晓的事理讲。

3　春秋后期，已有关于性和天道的臆说，但这种臆说，乃是孔子所罕言的，所以子贡说“不可得而闻”。皇本、正平本都作“也已矣”。（子贡这话，当说于孔子去世以后。但子贡当时的意指，我们实难以十分明了。）

今译

子贡说：“老师修己安人的道理，我们得以知道；老师对于‘性命’和‘天道’的意见，我们无法知道了。”

子路，有闻未之能行，唯恐有闻[1]。

今注

1　古人学的目的在行。《中庸》：“博学之；审问之；慎思之；明辨之；笃行之。”《韩诗外传·一》：“孔子曰：‘君子有三忧：弗知，可无忧与！知而不学，可无忧与！学而不行，可无忧与！’”《荀子·儒效》篇：“不闻不若闻之；闻之不若见之；见之不若知之；知之不若行之。学至于行之而止矣。”“唯恐有闻”的“有”字，义同“又”。（子路的为人，有所闻便要力行，自是孔门一位有“异能”的人。）

今译

子路这个人，如果他所听见的道理还没有做到，最怕又听到什么道理。

子贡问曰："孔文子，何以谓之文也[1]？"子曰："敏而好学，不耻下问：是以谓之文也[2]。"

今注

1　孔曰："孔文子，卫大夫孔圉；文，谥也。"

2　好，呼报切。《周书·谥法》解："勤学好问曰文。"

今译

子贡问道："孔文子为什么得谥为'文'呢？"孔子说："孔文子敏捷而好学，又不怕向不如他的人请教：这是他得谥为'文'的原因。"

子谓子产[1]："有君子之道四焉：其行己也恭；其事上也敬；其养民也惠；其使民也义。"

今注

1　孔曰："子产，郑大夫公孙侨。"子产年长于孔子，是孔子所尊敬的人。孔子听到子产不毁乡校的故事（见《左传·襄公三十一年》）后说："以是观之，人谓子产不仁，吾不信也。"鲁昭公二十年子产卒（见《左传》）；孔子听闻后，流着泪说："古之遗爱也。"

今译

孔子评论子产说："他有四种行为合于君子之道：立身能恭谦；

事君能谨敬；养民以惠爱；使民合乎义。”

子曰：“晏平仲善与人交[1]；久而敬之[2]。”

今注

1 晏平仲，齐国的大夫，姓晏，名婴；平是他的谥号。

2 敬字上，正平本、皇本都有人字。按：“人”字有没有都可通。（一个人对朋友久而敬意不衰，自然是难能可贵的事情；一个人能够长久受到朋友的尊敬，亦是自己友道不亏的证明。）但是没有“人”字较合于原始经文。（郑注：“平仲性谦让，而与人交，久久而益敬之。”郑注本应是没有“人”字的。）

今译

孔子说：“晏平仲长于和人交往；无论对多么长久的朋友，敬意总是不衰的。”

子曰：“臧文仲居蔡[1]，山节[2]藻棁[3]：何如其知也[4]！”

今注

1 臧文仲，鲁大夫臧孙辰（《左传·庄公二十八年》）。《集注》：“居，犹藏也；蔡，大龟也。”（《汉书·食货志》：元龟为“蔡”。《说文·通训定声》：“或曰，宝龟产于蔡地。亦求其说不得而为臆揣之辞。疑蔡者，契字之假借。”）

2 《集注》：“节，柱头斗栱也。”

3 “棁”音“拙”。《集注》：“藻，水草名；棁，梁上短柱也。盖为藏龟之室而刻山于节，画藻于棁也。”《左传·文公二年》：

仲尼曰："臧文仲，其不仁者三；不知者三。下展禽，废六关，妾织蒲：三不仁也；作虚器，纵逆祀，祀爰居：三不知也。"杜解"作虚器"说："谓居蔡，山节，藻棁也。有其器而无其位，故曰虚。"孔疏："郑玄云，节，栭也；刻之为山。棁，梁上楹也；画以藻文。蔡，谓国君之守龟；山节藻棁，天子之庙饰。皆非文仲所当有之。"按：郑以"居蔡"和"山节藻棁"为二事（《集解》所引"包注"同）；朱子当因包、郑说不妥，所以把二事合一。但《集注》下一"盖"字，亦是存疑的意思。

4　知，音智。

今译

孔子说："臧文仲保藏大龟的房子，柱头刻成山形，梁上的短柱画为藻文：做这样的事还可称为智吗！"

子张问曰："令尹子文[1]，三仕为令尹，无喜色；三已之[2]，无愠色；旧令尹之政，必以告新令尹。何如？"子曰："忠矣！"曰："仁矣乎？"曰："未知，焉得仁[3]！""崔子弑齐君[4]，陈文子有马十乘[5]，弃而违之；至于他邦，则曰：'犹吾大夫崔子也！'违之；之一邦，则又曰：'犹吾大夫崔子也！'违之：何如？"子曰："清矣！"曰："仁矣乎？"曰："未知，焉得仁！"

今注

1　令尹，楚国执政的官。子文，楚令尹斗谷于菟（见《左传·宣公四年》）。

2　已，是罢黜的意思。

3　知，音智。焉，于虔切。

4　崔子，齐大夫崔杼。（《释文》："崔子：郑注云，鲁读崔为高；今从古。"《论衡·别通》篇："将相长史，犹我大夫高子也；安能别之！"王充当是用《鲁论》的。陈立《句溪杂箸》："以《左传》崔杼事证之，则《鲁论》信为误字。然下两言'犹吾大夫崔子'，似以鲁论作高子为长。盖弑君之逆，法所必讨。高子为齐当政世臣，未闻声罪致讨，宜与崔子同恶矣。其首句自当作'崔子'；《鲁论》涉下高子而误。"按：陈说似可取。）《说文》："弑，臣杀君也。"齐君，指齐庄公。（崔子弑齐君的事，见《左传·襄公二十五年》。）

5　陈文子，齐大夫，名须无。（刘疏："文子出奔，春秋经传皆无之。"）乘，实证切。

今译

子张问道："令尹子文这个人，三次出任令尹，都没有高兴的样子；三次被免职，也没有怨恨的样子；他办移交的时候，一定把他任内的事情清清楚楚地告诉接他任的人。这种人你看怎样？"孔子说："他是忠于职守的人。"子张说："他是不是仁呢？"孔子说："他智还够不上，哪能谈到仁！"

"崔杼弑了齐庄公，陈文子放弃了他所有的四十匹马，离开了齐国；到了别国，却说：'这国的执政，也和我们的崔子一样！'便离开这个国家；到了另一国，却又说：'这国的执政，还是和我们的崔子一样！'因又离开这个国家。这个人你看怎么样？"孔子说："他是个洁身自好的人！"子张说："他是不是仁呢？"孔子说："他智还够不上，哪能谈到仁！"

季文子三思而后行[1]。子闻之，曰："再，斯可矣[2]！"

今注

1　季文子，鲁大夫季孙行父。《释文》：“三，息暂反；又如字。”《集注》：“三去声。”（《释文》于《学而》篇“三省”的“三”亦读平去二音，但《集注》只读平声。）季文子凡事能预先多加思虑，故在当时有“三思而后行”的传言；到孔子时，或还有人称道，所以孔子得以听到。

2　再，是对“三”而说；因“三”下有“思”字，所以“再”下便不必有“思”字了。孔子所以说“再，斯可矣”，并不是批评季文子三思不对，似是孔子故意说的戏言。行事虽贵多思，但当因事而不同。有一思而即决的；有须十思百思而后得的。孔子当然明白这种道理。大概当时传说季文子故事的人或有神奇“三思”的语义，所以孔子便说了这句戏言。（唐石经“斯”作“思”；“斯”字似较合。）

今译

季文子每件事都要想过三遍才做。孔子听到这话，说：“两遍就够了！”

子曰：“甯武子[1]，邦有道则知[2]；邦无道则愚。其知，可及也；其愚，不可及也！”

今注

1　甯武子，卫大夫甯俞。

2　知，音智。孔子所提及的“有道、无道”，和武子“知、愚”的事情，我们现在已难考了。（这个“愚不可及”的愚，是称赞不是取笑！）

今译

孔子说："甯武子这个人，在国政清平的时候，他就显得聪明；在国政昏乱的时候，他就显得愚笨。他的聪明，别人可以及；他的愚笨，乃是别人所不可及的！"

子在陈曰："归与归与[1]！吾党之小子，狂，简[2]；斐然成章[3]，不知所以裁之[4]。"

今注

1　与，音余。吴英说："'归与'之叹，必在鲁哀公六年，楚又不用而自楚反陈之后，自陈反卫之前也。"崔述说："《世家》载此语于哀公三年；明年孔子如蔡；又明年如叶，反乎蔡；居蔡三岁如楚；楚昭王卒，然后孔子反乎卫。夫孔子既思归矣，乃反南辕而适蔡适楚，又四五年而始反卫；何为耶？然则此叹当在反卫之前一二年中。"

2　《集注》："吾党小子，指门人之在鲁者；狂简，志大而略于事也。"

3　《礼记·大学》郑注："斐，有文章貌也。"

4　《说文》："裁，制衣也。"制衣，剪裁布帛以成衣。

今译

孔子在陈国，说："回去吧！回去吧！我们那些年轻的弟子，志大而行简；他们的质地都很美，但不知道怎样来裁制。"

子曰："伯夷、叔齐[1]，不念旧恶，怨是用希[2]！"

今注

1《述而》篇有一段记子贡和孔子关于伯夷叔齐的问答："〔子贡问：〕伯夷叔齐何人也？曰，古之贤人也。曰，怨乎？曰，求仁而得仁，又何怨！"《述而》篇所记孔子和子贡的对话，不知和现在这章中的对话时间的先后。《史记·伯夷列传》："孔子曰：'伯夷、叔齐，不念旧恶，怨是用希。求仁得仁，又何怨乎！'余悲伯夷之意，睹轶诗可异焉。其传曰：'伯夷、叔齐，孤竹君之二子也。父欲立叔齐；及父卒，叔齐让伯夷。伯夷曰，父命也。遂逃去。叔齐亦不肯立而逃之。国人立其中子。于是伯夷、叔齐闻西伯昌善养老，"盍往归焉"！及至，西伯卒；武王载木主号为文王、东伐纣。伯夷、叔齐叩马而谏曰，父死不葬，爰及干戈：可谓孝乎？以臣弑君：可谓仁乎？左右欲兵之；太公曰，此义人也！扶而去之。武王已平殷乱，天下宗周。而伯夷、叔齐耻之，义不食周粟；隐于首阳山，采薇而食之。及饿且死、作歌，其辞曰："登彼西山兮，采其薇矣；以暴易暴兮，不知其非矣。神农、虞、夏、忽焉没兮；我安适归矣！于嗟徂兮，命之衰矣！"遂饿死于首阳山。'由此观之，怨耶、非耶？或曰：'天道无亲，常与善人。'若伯夷、叔齐，可谓善人者非耶？积仁、洁行如此而饿死！……"按：太史公所记，容有孔子所没有听见过的。（大概都是孔子以后积累起来的传言！）而"伯夷、叔齐不念旧恶"的事实，《史记》里却一句也没有。

2 皇疏："此美夷齐之德也。念，识录也；旧恶，故憾也；希，少也。人若录于故憾，则怨恨更多。唯豁然忘怀；人有犯己，己不怨录之：所以与人怨少也。"邢疏："不念旧时之恶而欲报复，故希为人所怨恨也。"按：两疏都可通；译文从皇疏。

今译

孔子说："伯夷、叔齐，不常记人家旧时的过失，所以对人家的怨恨亦很少"。

子曰："孰谓微生高直[1]？或乞醯焉[2]；乞诸其邻而与之。"

今注

1　孔曰："微生，姓；名高。鲁人也。"

2　《集解》："醯，醋也。"

今译

孔子说："谁说微生高直？有人向他讨一点醋，他不直说自己没有，却向邻居要来给这个人。"

子曰："巧言，令色，足恭[1]；左丘明耻之[2]；丘亦耻之。匿怨而友其人：左丘明耻之；丘亦耻之。"

今注

1　足，将树切。皇疏引缪协曰："足恭者，以恭足于人意而不合于礼度。"《集注》："足，过也。"

2　汉以后的人以为左丘明是《左传》的作者，并且说《国语》也是他作的。（司马迁在《报任安书》里，有"左丘失明，厥有《国语》"的话。）我们现在知道：《国语》和《左传》的作者不是同一人；而《左传》的作者，亦未必是这章所说的左丘明。（"鲁君子左丘明成《左氏春秋》"，见《史记·十二诸侯年表序》。）

今译

孔子说："一个人话说得好听，面貌装得伪善，态度做得过恭；这种样子，左丘明以为可耻；我也以为可耻。心里怨恨一个人，表面却对他友善；这种事情，左丘明以为可耻；我也以为可耻。"

颜渊季路侍。子曰："盍各言尔志[1]！"子路曰："愿车、马、衣、裘[2]，与朋友共；敝之而无憾[3]。"颜渊曰："愿无伐善[4]；无施劳[5]。"子路曰："愿闻子之志！"子曰："老者，安之。朋友，信之。少者，怀之[6]。"

今注

1 郑注："盍，何不也。"

2 裘，皮衣。"衣裘"，各本作"衣轻裘"；"轻"字误衍。

3 敝，意同"坏"；之，指车马衣裘；憾，意同恨。

4 伐，是自夸的意思。无伐善，意为不自己说自己的好处。

5 无施劳，意为不把烦难的事推到别人身上。（孔曰："无施劳，不以劳事置施于人。"）

6 "老者，安之"等三句中的"之"字，分别指"老者、朋友、少者"；这三句的意思是：使老者安；使朋友信；使少者怀。（郑注："怀，来也。"）少，诗照切，意为年幼。（少训"年幼"去声，训"不多"上声。）

今译

颜渊和子路陪侍孔子。孔子说："你们何不各说说心里的志向！"子路说："我愿意把我的车、马、衣、裘和朋友共同享用；就是用坏了，我也不怨恨。"颜渊说："我希望能不矜夸自己的好处；

能不把烦难的事推到别人身上。”子路说：“希望知道老师的志向。”孔子说：“我要使年老的人觉得安稳；使朋友对我信赖；使年轻的人对我怀念。”

子曰：“已矣乎！吾未见能见其过而内自讼者也[1]！”

今注

1 包曰：“讼，犹责也。”（讼本训“争”，引申而有“责”义。《广雅·释诂·一》：“讼，责也。”）

今译

孔子说：“算了罢！我还没有见过一个认识到自己的过失且能够自责的人！”

子曰：“十室之邑[1]，必有忠信如丘者焉；不如丘之好学也[2]。”

今注

1 十室之邑，是指很小的一个地方。（《大戴礼·曾子制言》：“禹过十室之邑必下，为秉德之士存焉。”）

2 刘疏：“忠信者，质之至美者也。然有美质必济之以学，斯可祛其所蔽而进于知仁之道。”好，呼报切。按：“好学”，指不懈于求知而能以学修德言。

今译

孔子说：“就是一个很小的地方，也必有像我一样忠信的人；〔如果他有不及我的地方，那是因为〕他不像我那么好学。”

卷六 雍也

子曰："雍也，可使南面[1]。"

今注

1 面，意同向。"南面"，是南向的意思。《说苑·修文》篇："南面者，天子也。"包曰："可使南面者，言任诸侯治。"《集注》："南面者，人君听治之位；言仲弓宽洪简重、有人君之度也。"按："南面"自兼天子、诸侯言。朱子释为"有人君之度"，较通。（中国古代的人君，位都向南。）

今译

孔子说："冉雍这个人，实在可以居君长的位子。"

仲弓问子桑伯子[1]。子曰："可也，简。"仲弓曰："居敬而行简以临其民，不亦可乎！居简而行简，无乃大简乎[2]！"子曰："雍之言，然。"

今注

1 王曰："伯子，《书》《传》无见焉。"我们没有法子查明子桑伯子这个人。郑玄因秦公孙枝字子桑而以子桑伯子为秦大夫；宋胡寅以《庄子·大宗师》篇的子桑户为子桑伯子：这都可以说是很勉强的附会。（按：《庄子·山木》篇有子桑雽。《诸子平议》：“疑即子桑户。”）

2　大音泰。简，简易；简略。

今译

仲弓问到子桑伯子怎么样。孔子说：“可以；他很简略。”仲弓说：“守己敬肃而以简略临民，那当然可以！守己不能敬肃而行事亦简略，那就太简了。”孔子说：“你这话说得很对。”

哀公问：“弟子孰为好学[1]？”孔子对曰：“有颜回者好学：不迁怒；不贰过[2]。不幸短命死矣[3]！今也则未闻好学者也[4]。”

今注

1　好，呼报切。下同。

2　迁有迁延的意思；贰有重复的意思。（《易·系辞下》：“子曰，颜氏之子，其殆庶几乎！有不善，未尝不知；知之，未尝复行也。”）

3　颜子死时年约四十一岁。

4　现行《论语》版本“则”下有“亡”字。《群经平议》：“此与《先进》篇语有详略；因涉彼文而误衍‘亡’字。既云‘亡’，又云‘未闻好学’：于辞复矣！释文云：‘本或无亡字。’当据以订正。”（《集注》：“迁，移也。怒于甲者不移于乙。”按：《集注》说亦可通。但解“不迁”为“发而便止”更可证明“好学”。）

今译

哀公问孔子："你的弟子中谁最好学？"孔子说道："有个叫颜回的最为好学：他若发怒，便会立刻化解；他犯了过，决不会再犯。可惜短命死了！现在就没再见过像他这样好学的人。"

子华使于齐[1]；冉子为其母请粟[2]。子曰："与之釜[3]！"请益。曰："与之庾[4]。"冉子与之粟五秉[5]。子曰："赤之适齐也，乘肥马，衣轻裘[6]。吾闻之也：君子周急不继富。"

今注

1 子华，公西赤的字。（公西赤见上篇"孟武伯问"章。）

2 为，于伪切。"其母"，指子华的母亲。

3 釜，六斗四升。

4 戴震补注："二斗四升曰庾。'与之庾'，谓于釜外更益二斗四升。"

5 秉，十六斛；五秉，八十斛。

6 衣，于既切。（衣训着衣，去声；衣服的衣，平声，注中不音。）

今译

子华出使齐国；冉有替子华母亲向孔子要谷子。孔子说："给他一釜吧！"冉有请孔子添加一些。孔子说："再给他一庾！"冉有自己给了他五秉。孔子说："公西赤往齐国去的时候，坐着肥马拉的车，穿了轻暖的裘。我听说：一个君子人，周济人的急难而不增添人的富有。"

原思为之宰[1]。与之粟九百[2]，辞。子曰："毋[3]！以与尔邻里乡党乎[4]！"

今注

1 《仲尼弟子列传》："原宪，字子思。"包曰："孔子为鲁司寇，以原宪为家邑宰。"

2 之，指原思。"九百"，孔注说为"九百斗"。(有以"九百"为"九百斛"的。)

3 毋，音无，禁止的语词。

4 邻里乡党，指乡里的穷人。(上章有"君子周急"的话。)

今译

原思做孔子的家臣。孔子给他谷子九百，原思推辞。孔子说："不要推辞吧！不是可以分给你邻里乡党中的穷人吗！"

子谓仲弓曰[1]："犁牛之子骍且角[2]；虽欲勿用，山川其舍诸[3]！"

今注

1 这章乃是孔子和仲弓谈论政治上用人的道理。"犁牛之子"，乃是指一切平民人家的子弟，并不专指仲弓讲。

2 犁，郎奚切。牛，指耕牛。(《论语骈枝》："祭义曰：'古者，天子诸侯，必有养兽之官；牺牷祭牲必于是取之。'民间耕牛，非所以待祭祀；故欲勿用。然有时公牛不足则耕牛之犊亦在所取。周礼羊人职云：'若牧人无牲，则受布于司马使其贾买牲而共之。'遂人所谓野牲、曲礼所谓索牛是也。")汉代儒者，以犁牛为杂文的牛；自汉至宋，由"杂文"一义而演变成"仲弓父贱而行恶"

的传说：这未免太冤枉古人了！骍，赤色；牺用赤色，是周代的礼制。角，是牛角长得端正：这亦是牺牛所要有的体态。

3　这里的“其”字，和我们现在用的“岂”字相像。“舍”音捨。（舍训息或释，上声；训屋，去声。）诸，是“之乎”二字的合声。孔子的时代，职位世袭的制度仍盛行。孔子是反对这种制度的。他以为政治的好坏在乎人，所以为政应以举贤才为主。他对仲弓说的话，以“犁牛”比平民；以“骍且角”比贤：平民而贤，便可居高位。世禄制度，似是孔子所深恶的！这章的意思是：出自平民的贤才，虽然因世俗尚存有世禄的观念而不被重视，但实是政治上所需要的。这章虽像孔子对仲弓的闲谈，实可见孔子对政治的一个重要思想。

今译

孔子对仲弓说：“耕牛所生的小牛，长得全身纯赤，而且头角也长得很端正：这样的牛，人们虽然会有顾忌而不想用来作祭品，难道山川的神会因它是耕牛所生而放弃它吗！”

子曰：“回也，其心三月不违仁[1]；其余，则日月至焉而已矣[2]！”

今注

1　《集注》：“三月，言其久。”按：孔子赞美颜回，择身所行而能依乎仁，经过长时间而心志不移。（《中庸》：“子曰，回之为人也，择乎中庸，得一善则拳拳服膺而弗失之矣！”得善而服膺弗失，即心不违仁的情况。）

2　《集解》：“余人暂有至仁时；唯回移时而不变。”

今译

孔子说："颜回能够长时间依仁而行，心志不移；别的人就只能偶然达到仁的境界罢了。"

季康子问："仲由，可使从政也与[1]？"子曰："由也果[2]；于从政乎何有！"曰："赐也，可使从政也与？"曰："赐也达[3]；于从政乎何有！"曰："求也，可使从政也与？"曰："求也艺[4]；于从政乎何有！"

今注

1　与，音余。下同。

2　包曰："果，谓果敢决断。"

3　达，通达事理。

4　艺，本是树艺的意思；引申有艺业、艺文、技艺的意思。这里当指"熟识事务"讲。(《说文》只有"埶"字：训"种也"，引诗"我埶黍稷"。现在经典里，"种"的意思多用"艺""蓺"二形；这二形都是《说文》所没有的。但古书中艺文、艺能、树艺、六艺多作艺；即《说文》所引的"我埶黍稷"，现在《毛诗》亦用艺用蓺而不用埶。《礼运》："在埶者去。"注："埶，埶位也。"《释文》："埶音世；本亦作势。"《考工记·弓人》："射远者用埶。"郑司农注："埶，谓形埶。"埶位、形埶的"埶"，我们现在作"势"。徐铉本《说文》新附有"势"字；注云："盛力权也；经典通用埶。"朱骏声以埶有势义乃穜义的引申。)

今译

季康子问道："仲由，可不可以让他从政？"孔子说："仲由有果断，从政对他有什么不可以呢！”季康子又问：“端木赐怎样？”孔子说：“端木赐性通达，从政对他有什么不可以呢！”季康子又问：“冉求怎么样？”孔子道：“冉求多才艺，从政对他来说有什么不可以的呢！”

季氏使闵子骞为费宰[1]。闵子骞曰：“善为我辞焉[2]。如有复我者，则吾必在汶上矣[3]。”

今注

1 《仲尼弟子列传》：“闵损，字子骞；少孔子十五岁。”（闵子骞以德行称。）费，是鲁季氏的私邑。（《左传·僖公元年》：“公赐季友汶阳之田及费。”）

2 为，于伪切。

3 汶，水名。（汉《地理志》有二汶。闵子骞所说的，当是源出泰山郡莱芜原山而入济的那条汶水。《考工记》：貉踰汶则死。注：汶水在鲁北。）

今译

季氏叫闵子骞做费邑的宰。闵子骞说：“请好好替我推辞了！如有人再来找我，那我就要渡过汶水到齐国去了。”

伯牛有疾[1]。子问之；自牖执其手[2]，曰：“亡之[3]！命矣夫[4]！斯人也而有斯疾也！斯人也而有斯疾也！”

今注

1 《仲尼弟子列传》：“冉耕，字伯牛；孔子以为有德行。

伯牛有恶疾。”（《淮南子·精神训》：子夏失明；冉伯牛为厉。按：厉，借用为癞。古称癞为恶疾。）

2　包曰：“牛有恶疾、不欲见人，故孔子从牖执其手也。”

3　亡，音无。吴英《经句说》读“亡”为“无”，说：“春秋传公子曰‘无之’，谓无其事也；此‘无之’，谓无其理也。有斯疾必有致斯疾者；而斯人无之也。”按：吴说可通。

4　夫，音符。（“夫”为语助都音“符”；“夫”训丈夫则音“肤”，但注中不音。）

今译

伯牛有病。孔子去看他；从窗口握着他的手，说：“哪有这个道理！这是命吧！这样的人会得这种病！这样的人会得这种病！”

子曰：“贤哉回也[1]！一箪食[2]；一瓢饮[3]；在陋巷：人不堪其忧；回也不改其乐[4]。贤哉回也！”

今注

1　《贾子道术》：“行道者谓之贤。”这里的“贤”字，似含有这个意思。

2　箪，竹器，可用以盛饭。食，意同饭。

3　瓢，意同瓠，可用以盛水。

4　乐，音洛。

今译

孔子说：“颜回真贤！一碗饭；一杯水；住在一条很狭窄的

巷子里。这种生活，在别人必将忧愁得难以忍受了；颜回还是自得其乐。颜回真贤！”

冉求曰：“非不说子之道[1]；力不足也。”子曰：“力不足者，中道而废：今女画[2]！”

今注

1　说，音悦。

2　女，音汝。画，有“画地自限”的意思。（孔曰：“画，止也。”刘疏：“说文，画，界也。引申之，凡有所界限而不能前进者，亦曰画；故此注训止。《法言·学行篇》：是故恶夫画也。”《礼记·中庸》：半途而废。注：废，犹罢止也。按：“中道”“半途”，都指在工作中。）

今译

冉求说：“不是不喜欢老师的道理，只是能力不够。”孔子说：“能力不够的人，应是在做事的时候力尽而停止的；你现在乃是自己停止不做。”

子谓子夏曰：“女为君子儒[1]！无为小人儒[2]！”

今注

1　女，音汝。

2　《说文》：“儒，术士也。”术士，意为有道术的士。《周礼·太宰》：儒以道得民。注：儒，有六艺以教民者。《说文》的“术士”，亦只能讲作以道艺为教的人。至于孔子心里“君子”“小人”的分别，他自己没有说明。但我们当然可以用《论语》中“君子上达，小人下达”“君子喻于义，小人喻于利”“君子求诸己，小人求诸人”等话，来解释这章的意义。在孔子时，儒有君子小人的分别，可见“儒”这个名词，在孔子以前就有了。(《周礼》这部书，我们自然难以说孔子以前便有；不过从《论语》这章，我们可以知道，“儒”这个名词不是由孔子所创，似亦不是孔子时才有的。)

今译

孔子对子夏说：“你要做一个‘君子儒’！不要做一个‘小人儒’！”

子游为武城宰[1]。子曰：“女得人焉尔乎[2]？”曰：“有澹台灭明者[3]，行不由径[4]；非公事，未尝至于偃之室也。”

今注

1　武城，鲁国的城邑。

2　女，音汝。“尔”字，唐石经、盱郡重刻廖氏本、正平本都作“耳”；张栻《论语解》，吕祖谦《论语说》，赵顺孙《四书纂疏》，吴刻集注本及《太平御览》一百七十四、二百六十六引都作“尔”。“焉尔”，意同“于此”；“此”，指武城。(本阮元《校勘记》。)

3　澹，徒甘切。《史记·仲尼弟子传》：“澹台灭明，武城人，字子羽；少孔子三十九岁。”

4　径，小路。(《祭义》：道而不径。《老子》：大道甚夷，而民好径。)不走小路，是不违正道的意思。

今译

子游做武城的邑宰。孔子说："你在这里发现人才没有？"子游说："有个叫澹台灭明的，做人循规蹈矩；如果不是为了公事，他从不到我这里来。"

子曰："孟之反不伐[1]：奔而殿[2]；将入门，策其马[3]，曰：'非敢后也；马不进也！'"

今注

1　孔曰："鲁大夫孟之侧也。"刘疏：古人名多用"之"为语助。（《左传·哀公十一年》："师及齐师战于郊。右师奔；齐人从之。孟之侧后入，以为殿；抽矢策其马，曰，马不进也！"）伐，是自夸功劳的意思。

2　殿，都练切。军退时断后的军叫作殿。

3　古时马鞭叫作策；以策击马亦曰策。

今译

孔子说："孟之反这个人不愿意夸耀自己的功劳。有一次军败逃奔，他在后做殿军；将进入国门的时候，他鞭了他的马，说：'并不是我胆大留在后面，乃是我的马跑不到前面去。'"

子曰："不有祝鮀之佞，而有宋朝之美[1]，难乎免于今之世矣！"

今注

1　不有，意为"没有"。祝鮀（《集韵》：鮀，唐何切。），卫大夫；佞，口才。宋朝，宋公子朝；以美貌著名。“而”有相反和相承两种含义，我们用相承义。

今译

孔子说：“没有祝鮀的口才和宋朝那样的美：这种人在现在这个世界上，恐怕难以免于患难！”

子曰：“谁能出不由户者[1]？何莫由斯道也[2]！”

今注

1 这个“者”字，依皇本、正平本；他本无。

2 在孔子意中，道理对我们的做人，正和门户对我们的出入一样。（“道”说作“斯道”，当如“文”叫作“斯文”一样。）

今译

孔子说：“谁能出入不经过门户呢？为什么没有人依着正当的道理做人呀！”

子曰：“质胜文则野；文胜质则史。文质彬彬[1]，然后君子。”

今注

1 包曰：彬彬，文质相半之貌。（《说文》：“份，文质备也。《论语》曰：‘文质份份。’彬，古文份。”按：文是文饰、文采、文华；质是质地、实质、质朴。在人，才华为文，德行为质。）

今译

孔子说："一个人如果实质胜过文采，那么，他就显得朴实；如果文采胜过实质，那么，他就显得虚饰。一个人只有实质和文采配合适中，才能成为一个君子。"

子曰："人之生也直[1]；罔之生也[2]，幸而免！"

今注

1　直，意为正直。

2《尔雅·释言》："罔，无也。"之，指正直。(《韩诗外传·七》："正直者，顺道而行，顺理而言；公平无私；不为安肆志，不为危激行。")

今译

孔子说："一个人的生存，全靠正直。如果没有正直而生存，这可以说是侥幸的。"

子曰："知之者不如好之者；好之者不如乐之者[1]。"

今注

1　好，呼报切；乐，音洛。包曰："学问：知之者，不如好之者笃；好之者，又不如乐之者深也。"包氏是以"之"字指"学问"讲的。《集注》引尹氏说，以"之"指"道"言。"道"，可以包括在学问里面；译文用包义。

今译

孔子说："对于一种学问，知道它的人不如爱好它的人；爱好它的人不如以它为悦乐的人。"

子曰："中人（以上）[1]，可以语上也[2]；中人以下，不可以语上也。"

今注

1 现在传世的《论语》版本，在上句"人"字下都有"以上"二字。这两个字，当不是原始经文所有的。不知在什么时代，有个不通文理的人加上这二字以和下句"中人以下"相对称。孔子似把人的资质分为上、中、下三等。把大多数的人作为中等；则上等和下等的人（所谓"上知"和"下愚"）便很少很少了。中等的人如果教育得好，可以移向上等；至于在中等以下的人（就是下等人），是不能移到上等的。因为照孔子的意思，"上知"和"下愚"，都是不可移（不受环境和教育的影响）的。（《阳货》篇："唯上知与下愚不移。"）

2 这里的"语"，鱼据切，有诱导的意思。"语上"，就是教导中等的人进入上等。（语，本意为谈论、讲说；引申而有启示、诱导的意思。）

今译

孔子说："中等资质的人，可以受教导而进入上等；至于资质在中等以下的人，是不能受教导而进入上等的。"

樊迟问知[1]。子曰："务民之义[2]；敬鬼神而远之[3]：可谓知矣。"

问仁。曰："仁者，先难而后获：可谓仁矣[4]。"

今注

1 知，音智；下同。

2 义，指"应当做的事情"讲；富和教都包括在里面。

3 孔子似乎是不信鬼神的。他对鬼神的"敬"，完全是因为习俗上"神道设教"的关系。"远"，于愿切，是不亲近的意思。

4 这句经文颇可疑。如果保留"仁者"二字，则"可谓仁矣"四字便成为多余的；若经文有"可谓仁矣"四字，则"仁者"二字是多余的。如果"仁者"和"可谓仁矣"都是原来的经文，则"先难而后获"五字似应重复一次，使文理得以连贯通顺。"先难而后获"句译文，大致用皇疏所引的范宁义。

今译

樊迟问，怎样才叫"知"。孔子说："专心做好对民众教养上所应做的事情；对于鬼神，照例尊敬，而不要信赖：这样，便可以叫作'知'了。"樊迟问，怎样才叫"仁"。孔子说："一个人于艰难的事情，则抢先去做；于获功享乐的事情，则退在人后：这样，便可以叫作'仁'了。"

子曰："知者乐水；仁者乐山[1]。知者动；仁者静。知者乐；仁者寿[2]。"

今注

1 知，音智。《集注》："乐；上二字并五教反；下一字音洛。"（《广韵》三十六效：乐，五教切，好也。十九铎：乐，卢各切，喜乐。)“知者乐水”：当是因为知者识解通达、心思灵活，和水相像，所以欣赏水。“仁者乐山”：当是因为仁者道德崇高、品节坚定，和山相像，所以欣赏山。

2 “知者动；仁者静”，这两句是说明“乐水”“乐山”的原因或影响的。“知者乐；仁者寿”：似综括从知、仁所得的效验而言。这虽是闲谈的话，但孔子似亦有指示一种修养方法的意思。动静乐寿，不过说个大概。仁者自然可以常乐；知者亦可以得长寿！（皇疏：“乐水乐山，为智仁之性；动静为智仁之用；寿乐为智仁之功。”）

今译

孔子说：“知者欣赏水；仁者欣赏山。知者好动；仁者好静。知者能够乐观；仁者常得高寿。”

子曰：“齐一变，至于鲁；鲁一变，至于道[1]。”

今注

1 道，就是“朝闻道，夕死可矣”的“道”，“天下有道”的意思。（齐和鲁，是周代初年所封的国。齐地在现在山东的北部；鲁地在现在山东的南部和江苏的北部。）

今译

孔子说：“齐国的政治改变一下，就可以赶上鲁国的政治；鲁国的政治改变一下，就可以达到天下太平的境界。”

子曰：“觚不觚[1]：觚哉！觚哉[2]！”

今注

1 觚，音孤。马曰："觚，礼器。一升曰爵，三升曰觚。"

2 《集解》："觚哉觚哉，言非觚也。以喻为政不得其道则不成。"（按：这章义难晓。）译文阙。

宰我问曰："仁者虽告之曰'井有仁焉'，其从之也[1]？"子曰："何为其然也！君子，可逝也，不可陷也[2]，可欺也，不可罔也[3]。"

今注

1 《集注》："刘聘君曰：'有仁之仁当作人。'今从之。从，谓随之于井而救之也。"《群经平议》："宰我盖谓：仁者勇于为仁；设也于井中而有仁焉，其亦从之否乎？"按：俞说似较合经意。

2 包曰："逝，往也。言君子可使往视之耳；不肯自投从之。"

3 马曰："可欺者，可使往也；不可罔者，不可得诬罔令自投下也。"（《孟子·万章上》："……故君子可欺以其方；难罔以非其道。"孟子所用的"欺、罔"二字，意当同孔子所用的"欺、罔"二字。）

今译

宰我问道："一个好仁的人，万一有人告诉他'井里有仁'，他会不会下井求仁？"孔子说："怎么会这样呢！一个君子人，人家可以用合理的事情欺骗他，却不能用毫无理由的事情惑乱他。"

子曰："君子博学于文[1]；约之以礼[2]；亦可以弗畔矣夫[3]！"

今注

1 文，即“则以学文”和“文、行、忠、信”的文。凡用文字箸于竹帛而流传人间的，大都可以学而得益。

2 在孔子的时代，文籍固然不是很多，但如泛览而没有主旨，则亦不能得到什么益处。在孔子意中，礼应是求学的主旨，所以他以为一个人读书固须博，但应以礼为心志所专务。不管得到什么知识，若与礼没有关系，便不必注意。“约”，本有约束的意思。“约之以礼”意为用“礼”作纲维，使所得的知识有所系。（儒家所谓“礼”，实在包括现代伦理学、法律学、政治学等所讨论的各种道理；至于揖让应对、玉帛酬酢，乃是礼的末节。）

3 夫，音符。郑曰：“弗畔，不违道。”修德必由学问。为学能时时以正大的道理为主旨，则诵读虽多，是非有准，能得益而不为邪说所惑。一个人到了这个地步，便会终身不违离道德了！（按：这章亦可证孔子相信道德源于知识。他虽主张“约之以礼”，但亦不反对“博学于文”。）

今译

孔子说：“能从书本上广求知识，而以世间最正大的道理为纲维，行为便不会有过失了！”

子见南子[1]；子路不说[2]。夫子矢之曰[3]：“予所否者[4]，天厌之[5]！天厌之！”

今注

1 《史记·孔子世家》：“孔子反乎卫，主蘧伯玉家。灵公夫人有南子者，使人谓孔子曰：‘四方之君子不辱，欲与寡君为兄弟者，必见寡小君。寡小君愿见！’孔子辞谢；不得已，见之。子路不说。孔子矢之曰：‘予所不者，天厌之！天厌之！’”按：《吕氏春秋·贵因》篇曾有“孔子道弥子瑕见厘夫人”一语。厘夫人即南子。汉世述这事的更多。魏晋以后，儒者才对这事产生怀疑。

2 说，音悦。

3 郑注：“矢，誓也。”我们以为，孔子因要行治道而见南子，不见得是一件坏事。子路虽野，孔子亦可晓以做人的大道理，似不必对世俗鄙陋的意见发誓。《论语》这章所记，疑出于附会的传说。

4 否，同“不”。“所不……者”，是古人誓词的格式。（臧琳《经义杂记》：“子云‘予所不者’，此记者约略之辞。‘所不’下当日更有誓词。”）

5 “天厌之”当亦是古代誓词的成语。（阙疑，不译。）

子曰：“中庸之为德也[1]，其至矣乎[2]！民鲜久矣[3]！”

今注

1 庸，可训“常”、训“用”。（郑玄释中庸为“记中和之为用”，或“用中为常道”，文理上似都有点牵强。程子“不偏之谓中、不易之谓庸”的说法，以两字并列而以“庸”训“常”，文理上似较顺；但不知是否合于孔子的意思。）

2 至，意同极。

3 鲜，仙善切。《集解》：“民鲜能行此道久矣，非适今也。”《礼记·中庸》：“子曰：中庸，其至矣乎！民鲜能久矣。”按：《论语》“民鲜”下应补一“能”字。

今译

孔子说："中庸这种德行，是最高的吧！很久以来，人们很少能做到。"

子贡曰："如有博施于民而能济众[1]，何如？可谓仁乎？"子曰："何事于仁！必也圣乎！尧舜其犹病诸。夫仁者[2]，己欲立而立人；己欲达而达人。能近取譬，可谓仁之方也已[3]。"

今注

1 施，始智切。"能济众"下，皇本、正平本都有"者"字。

2 夫，音符。

3 郑注："方，犹道也。"

今译

子贡说："如果有人广施恩惠于人民，而且能够利益大众，你看怎么样？可以称得仁吗？"孔子说："那何止仁！实在应称为圣！做到这个地步，恐怕尧舜也以为难。一个仁人，自己要立，便让别人也立；自己要达，便让别人也达。能从己身去了解别人，那就可以说是行仁的道理了。"

卷七 述 而

子曰："述而不作[1]；信而好古[2]；窃比于我老彭[3]。"

今注

1 《汉书·儒林传》："周道既衰，陵夷二百余年而孔子兴；究观古今之篇籍，因近圣之事以立先王之教。故曰，述而不作，信而好古。"按：《儒林传》以孔子修六经为"述"，自是汉人的说法，未必合于孔子的意思。我们似可信孔子以诗书礼乐为教；后世所谓六经，不关孔子什么事。

2 好，呼报切。

3 《广雅·释诂·四》："窃，私也。"《广雅疏证》："窃比，谓私比也。"按："窃"字含有谦意。（《孟子·公孙丑》："昔者窃闻之。"）包曰："老彭，殷贤大夫。"郑注："老，老聃；彭，彭祖。"从孔子语气来推断，包注似较合。（刘疏："《大戴礼·虞戴德》云：'昔商老彭及仲傀。'《汉书·古今人表》列老彭于仲虺下。仲虺即仲傀；是老彭为殷初人。包注当即本戴记也。"按：据《礼记·檀弓》，孔子自称"殷人"；这里"老彭"上安"我"字，和《檀弓》所记合。）

今译

孔子说："循述古人的遗法而不自己创作；信服古人，并且喜爱古人：在这些事情上，我敢私自比于我的老彭。"

子曰："默而识之；学而不厌；诲人不倦：何有于我哉[1]！"

今注

1 识，音志。《集注》："识，记也。默识，谓不言而存诸心也。"按：《论语》识字，陆无音；朱除多识外，皆音志。《集注》："何有于我，言何者能有于我也。"刘疏："何有于我，言三者之外我无所有也。"按：两说似都不妥。"何有于我哉"意似说："这些事我虽能做到，但都是不足称道的。"

今译

孔子说："把听到的、见到的牢记在心里；孜孜勤求学问而不厌；谆谆教诲他人而不倦：这些事情，实在都是很平常的！"

子曰："德之不修；学之不讲[1]；闻义不能徙[2]；不善不能改[3]：是吾忧也！"

今注

1 《国语·周语·一》注："讲，习也。"《左传·庄公三十二年》注："讲，肄也。"《左付·昭公七年》注："讲，习也。"（《易兑象传》："君子以朋友讲习。"）

2 《颜渊》篇："主忠信；徙义：崇德也。"

3 《学而》篇："过则勿惮改。"《卫灵公》篇："过而不改，是为过矣。”都是孔子重视改过的话。(《易·文言传》：“君子以进德修业。”进德即修德；修业即讲学。《易·益象传》：“君子以见善则迁、有过则改。”迁善，即徙义。)仁者所忧，只在修己！

今译

孔子说：“德行不修明；学业不讲习；听到好的事情，不能取以改进自己；发觉自己不好的事，不能革除：这些是我的忧虑！”

子之燕居[1]，申申如也；夭夭如也[2]。

今注

1 《释文》：“燕，郑本作宴。”按：宴，《说文》训“安”；宴居，义同闲居。作“燕居”，乃是借燕为宴。(《礼记》里有《仲尼燕居》《孔子闲居》二篇。据《释文》及《正义》所引郑说：“退朝而处曰燕居；退燕避人曰闲居。”宴安和闲暇，义得相通；这种分别，恐只是经师的臆说。)

2 “申申、夭夭”，马融训为“和舒之貌”。胡绍勋《四书拾义》：“申申言其敬；夭夭言其和。”《说文·通训定声》：“申者腰之直；夭者头之曲。《论语》‘申申如也；夭夭如也’虽重言形况，实本字本义。”

今译

孔子闲居的时候，体态是舒适的；神气是安和的。

子曰：“甚矣，吾衰也！久矣，吾不复梦见周公[1]！”

今注

1　复，扶又切。从“久”和“不复”等字，可见孔子在盛年时是常梦见周公的。常人的梦，多由平日积思所致。孔子因爱人类，只希望有个太平世界，所以常常想到周室太平的时候，因而也常常梦见周公。现在孔子觉得，他之所以好久没有梦见周公，当是因为年老力衰、志道不笃。因此，他发出这个感叹。不过我们从他这个感叹可以看出，他到老年时，所最关心的仍是天下太平！

今译

孔子说：“我真是衰老得厉害；我已好久没有梦见周公了！”

子曰：“志于道；据于德；依于仁；游于艺[1]。”

今注

1　这里的“道”，和“朝闻道”的“道”意思相同，是指“天下有道”讲。“天下有道”，即所谓“天下太平”。德是“为政以德”“道之以德”的“德”，和武力或诈谋是相反的。仁是孔子认为最高的德行。游是熟习的意思；“艺”和“求也艺”的“艺”相同，是处理事务的技能。这四句话的关系，似是相承而不是并列的。孔子以为：人生求学致用，当以天下太平为目的；要达到这个目的，必须用德行而不用诈力；德行多端，应以仁为主体；一个人要用仁德以致太平，必须熟悉政治的事务。“仁”是“爱人”；和“仁”字同语根的“恕”字，意为“己所不欲，勿施于人”。

今译

孔子说："一个人应该以天下太平为职志；求天下太平，只须用德行；德行当以仁为主；据德依仁以外，还须熟习政事的处理。"

子曰："自行束脩以上[1]，吾未尝无诲焉。"

今注

1 脩，干肉。古人以十脡为一束；束脩，是十脡干肉。（五条干肉做一束，每条于中间受束处屈为两脡。）古人行相见礼的时候，束脩是一种很常见的礼物。（或以束脩为"束带脩饰"；或以束脩为"年十五以上"：这些都是后起的意义。）

今译

孔子说："凡能用束脩来求教的人，我都有所教诲。"

子曰："不愤，不启[1]；不悱，不发[2]；举一隅而示之[3]，不以三隅反，则不复也[4]。"

今注

1 《说文》："愤，懑也。启，教也。"

2 《说文》没有"悱"字；徐铉收入"新附"。《说文通训定声》以"悱"为"悲"字的或体，并说："按《论语》不悱不发，悱亦怅恨之意。愤近于怒；悱近于怨（"自怨自艾"）也。"皇疏："发，发明也。"

3 "举一隅而示之"：皇本、正平本同；唐石经、集注本、盱郡本没有"而示之"三字。

4　复，扶又切。皇本、正平本“则”下有“吾”字。

今译

孔子说：“一个人没有到了因求知而烦懑的时候，我是不会去开导他的；没有到了因求知而怅恨的时候，我是不会去启发他的。我告诉他一种道理，他不能用以推出类似的道理，那我就不再教他了。”

子食于有丧者之侧，未尝饱也[1]**。**

今注

1　这是一个有同情心的人所自然而然的事。(《礼记·檀弓》：“食于有丧者之侧，未尝饱也。”大概因为孔子有这种行为，后来便成为通行的礼文了！)

今译

孔子和一个有丧事的人在一起吃饭，从没有吃饱过。

子于是日也，哭则不歌[1]**。**

今注

1　《礼记·曲礼》：“哭日不歌。”皇疏：哭日，谓吊人日也。《檀弓》：“吊于人，是日不乐。”注：君子哀乐不同日。《论衡·感类》篇引作“是日也”；皇本、正平本亦都有“也”字。今据增。

今译

孔子在一天内，哭过，就不唱歌了。

子谓颜渊曰："用之则行；舍之则藏[1]：唯我与尔有是夫[2]！"子路曰："子行三军则谁'与'[3]？"子曰："暴虎冯河[4]，死而无悔者，吾不'与'也；必也，临事而惧，好谋而成者也[5]。"

今注

1 《释文》："舍音赦，止也；一音舍，放也。"《集注》：舍上声。按：《广韵·去声》"舍"只训"屋"；似音赦训止的舍宋世已不行。刘疏："《新语·慎微》篇引此文说之云：'言颜渊道施于世而莫之用。'是行藏皆指道言。"按：之，指人言；行藏，指出处。

2 夫，音符。

3 鲁襄公十一年"作三军"，见《春秋三传》。定、哀时代，鲁久已是三军的国家了，所以孔门师弟子讲到军事多言"三军"。"谁与"，意为"与谁"；因用在问句里，所以次序颠倒。孔曰："子路见孔子独美颜渊，以为己有勇，至夫子为三军将，亦当唯与己俱，故发此问。"（皇疏本已依孔注解"与"字，又引一说云："与，许也；唯我许汝如此也。"按：以许解与，义亦可通。）

4 冯，皮冰切。《诗·小雅·小旻》："不敢暴虎；不敢冯河。"传："徒涉曰冯河；徒搏曰暴虎。"

5 好，呼报切。按：孔子平常也很相信子路在军事方面的能力；现在因为子路这一问不免有点自矜，孔子便乘这个机会向他说几句告诫的话。

今译

孔子对颜渊说："人家要用我，我就出来做事；人家不用我，我就不出来：这种乐天任命的态度，只有我和你吧！"子路说："如果老师行军用兵，又和谁一起呢？"孔子说："凡是恃力逞勇，至死不悟的，我是不赞成的。我所赞成的，只有那种能够临事戒慎，善用计谋而可成功的人。”

子曰：“富而可求也[1]，虽执鞭之士吾亦为之[2]；如不可求[3]，从吾所好[4]！”

今注

1 “而”，意同“如”。《四书考异》：“《史记·伯夷列传》引作‘富贵如可求’。《韩诗外传》卷一、《说苑·立节》篇《周礼》条狼氏注，引此皆无‘也’字。《文选》注引凡数处，亦皆无‘也’字。”

2 《盐铁论·贫富章》“士”作“事”。《释文》：“吾亦为之：一本作吾为之矣。”

3 《四书考异》：“《说苑·立节》篇引作‘富而不可求’。”皇本、正平本“求”下有“者”字。

4 好，呼报切。孔子自言“好学”，也重“好德”“好仁”。按：孔子并没有以为富是必不可求的。富的可求不可求，只问那个富合于义没有；如合于义，便可求。能用合义的方法以求，便可去求。求富的方法，不外劳心和劳力。无论劳心或劳力，只要做的是正当的事，便算合于义。做事能合于义，则无论社会所贵的或所贱的，我们都不必介意；就是执鞭，也可泰然去做。这是“执鞭亦为”的正解。至于不合于义的富，乃是不可求的富，我们自不应去求。在这种情形下，我们只好乐道安贫，“从吾所好”！郑注：“富贵不可求而得者也；当修德以得之。”《集注》：“设言：富若可求，则虽身为执鞭贱役以求之，亦所不辞；然有命焉，非求之可得也，则安于义理而已矣！”两解立论都很正大，都合于儒者修己的道理，但都有在经意以外的。

今译

孔子说："财富如可求，就是执鞭的职务我也去做；如果是不可求的，那我只有笃守我自己立身的志愿！"

子之所慎：齐；战；疾[1]。

今注

1 齐，侧皆切，借为斋。《说文》："斋，戒絜也。从示、齐省声。"（古斋、齐同音，所以古书里多借"齐"为"斋"。）慎斋，是洁己致敬；慎战，是爱惜人民；慎疾，是尊重生命。

今译

孔子所谨慎小心的有三件事：斋戒；战争；疾病。

子在齐闻韶，三月不知肉味[1]。曰："不图为乐之至于斯也[2]！"

今注

1 《孔子世家》："孔子适齐，与齐太师语乐。闻韶音，学之三月，不知肉味。齐人称之。"按：太史公所见的《论语》或本有"学之"二字。（《刘氏正义》谓"即安国故"。）但不管《鲁论》原文怎样，这章"三月"上究以有"学之"二字为合。

2 图，计划；预先想到。（译文参用《史记》。）

今译

孔子在齐国听了韶乐，学了三个月，吃饭时连肉味都感觉不到了。他说："我没有想到学音乐会使人到这个地步！"

冉有曰："夫子为卫君乎[1]？"子贡曰："诺，吾将问之。"入曰："伯夷、叔齐何人也？"曰："古之贤人也。"曰："怨乎？"曰："求仁而得仁，又何怨[2]！"出曰："夫子不为也[3]。"

今注

1　为，于伪切。郑曰："为，犹助也。"卫君，出公辄；卫灵公的孙子，太子蒯聩的儿子。蒯聩得罪于灵公，逃往晋国。灵公薨，卫人立辄为君；晋国却要把蒯聩送回卫国。卫人抗拒晋兵；演成父子争国的局面。那时孔子适在卫，所以冉求有"老师会不会帮助卫君"的疑问。

2　皇本、正平本"怨"下有"乎"字。《左传疏》《文选注》《史记索隐》引同。

3　以前的学者多这样想：蒯聩和辄的父子争国，和伯夷、叔齐的兄弟让国乃是明显的相反。孔子既称赞伯夷、叔齐的"求仁得仁"，自然不赞成辄的拒父。（但孔子的意见是不是这样，似是一问题。孔子所知道的伯夷、叔齐的事迹是不是和太史公《伯夷列传》所记的相同，我们也难以知道得清楚。）

今译

冉有说："老师会不会帮助卫君？"子贡说："好，我去问一问。"子贡进见孔子，说："伯夷、叔齐是怎样的人？"孔子说："是古代的贤人。"子贡说："他们怨吗？"孔子说："他们求仁而得仁，又有什么可怨的呢！”子贡出来说：“老师不会帮助卫君的。”

子曰：“饭疏食[1]，饮水，曲肱而枕之[2]；乐亦在其中矣[3]。不义而富且贵，于我如浮云！”

今注

1 饭，扶晚切，意为吃。疏，意同粗；食音嗣，意为饭食。疏食，麤米饭。(《诗·大雅》“彼疏斯粺”笺：“疏，粗也；谓粝米也。”麤，同粗。)

2 《说文》：“臂，手上也。肱，臂上也。”但《说文》虽有“手上”“臂上”的分别，而古来臂、肱多通用。(《诗·小雅·无羊传》：“肱，臂也。”)枕，之任切；“曲肱而枕之”，谓卧时用肱作枕。

3 乐音洛。《庄子·让王》篇：“古之得道者，穷亦乐，通亦乐。所乐非穷通也；道得于此，则穷通为寒暑风雨之序矣。”(《吕览·慎人》篇略同。)

今译

孔子说：“吃粗米饭，喝水，弯起手臂当枕头：在这样的生活里，亦自有乐趣。不是义所应得的富贵，像天上的浮云一样，我是毫不关心的！”

子曰：“加我数年[1]——五，十，以学[2]，亦可以无大过矣[3]！”

今注

1 史记《孔子世家》作“假我数年”。

2　龚元玠《十三经·客难》："先儒句读未明。当'五'一读，'十'一读，言或五或十：以所加年言。"（按：自来学者对这句话的注释，只龚氏的说法可通。孔子说这话，当在六十岁或竟在七十岁以后。弟子记这话，只是记孔子"学不厌"的心情。老年人希望延年，五不算少，十亦不算太多。五、十两字，乃为"数年"举实例："以学"，上承"加我数年"而成句。读《论语》的人不懂五、十两字的读法，将两字讲作"五十而知天命"的五十；许多错误的说法便从这个岁数生出。朱子则因五十难通而想用"卒"字。）

3　句首"亦"字，今各本《论语》都作"易"。《释文》："学易，如字。鲁读'易'为'亦'；今从古。"惠栋《九经古义》："外黄令高彪碑：恬虚守约，五十以学。此从鲁论。亦字连下读也。"按：鲁论"亦"字，当是《论语》原文；古论作"易"，乃由后人意改。《论语》里"亦可以……矣"型的句子凡五六见，并不少于"可以……矣"型的句子。就事理而论，自应作"亦"而不应作"易"！

今译

孔子说："让我多活几年（或五或十）以从事学问，那我就不会有什么大过失了！"

子所雅言[1]，诗，书；执礼，皆雅言也[2]。

今注

1　郑曰："读先王典法，必正言其音然后义全。"

2　《群经平议》："此当以'诗书'断句；言孔子诵诗读书，无不正言其音也。'执礼'二字，自为句属下读。孔子执礼时苟有所言，皆正言其音，不杂以方言俗语；故曰'执礼，皆雅言也’。”

今译

孔子在诵诗读书的时候，用正音而不用方言；赞礼的时候，亦都用正音。

叶公问孔子于子路[1]，子路不对。子曰：“女奚不曰[2]：‘其为人也，发愤忘食，乐以忘忧[3]，不知老之将至云尔’[4]！”

今注

1　叶，音摄，楚县名。孔曰：“叶公，名诸梁，楚大夫；食采于叶，僭称公。”（按：楚国君称王；县尹称公：这是楚国的制度。用诸夏的制度来衡量，所以说为“僭称”。）

2　奚，意同何。

3　乐，音洛。

4　“云尔”二字没有确解；在这章意似略同现代语“好像……似的”。

今译

叶公向子路问孔子的为人；子路没有回答他。孔子对子路说：“你为什么不对他这样说呢：他的为人，用起功来连饭也忘记吃；时常高兴得忘记一切忧愁。他好像不知道老年就快来临似的。”

子曰：“我非生而知之者；好古[1]，敏以求之者也[2]。”

今注

1　好，呼报切。

2　《季氏》篇："孔子曰，生而知之者，上也；学而知之者，次也。"孔子认为知识是可求得的。

今译

孔子说："我并不是生下来就什么都知道；我只是因为喜好古代圣哲留下来的知识而勉力学得的。"

子不语：怪，力，乱，神[1]。

今注

1　怪异、勇力、悖乱、鬼神，讲起来或长人迷信，或启人恶性。若不是为借鉴或辨惑，自以不讲为好。（这个"不语"，并不是绝对不说到；意义和"罕言"相近。）

今译

孔子所不讲说的：怪异，勇力，悖乱，鬼神。

子曰："三人行，必有我师焉。择其善者而从之；其不善者而改之[1]。"

今注

1　这章的"三人"，可能因为用"三人占则从二人之言"的原则而讲的。在孔子意中，三人当然都是指善人言。钱坫《论语后录》："子产曰：'其所善者吾则行之；其所恶者吾则改之：是吾师也。'此云善、不善，当作解；非谓三人中有善不善也。"按：子产的话，见《左传·襄公三十一年》。这是子产为不毁乡校而说的。郑国那个乡校，可以说是现代议会的萌芽。孔子因子产不毁乡校而信子产为仁人，可见孔子是赞成民主政治制度的。(《子张》篇：子贡曰："夫子焉不学！而亦何常师之有！")

今译

孔子说："三个人在路上，我就可以得到我的老师。他们以为好的事，我就照做；他们以为不好的事，我就改正。"

子曰："天生德于予；桓魋其如予何[1]！"

今注

1 《史记·孔子世家》："定公十四年，孔子年五十六。……孔子遂适卫。居十月，去卫。将适陈；过匡。匡人止孔子；孔子使从者为甯武子臣于卫，然后得去。去即过蒲；月余反乎卫。居卫月余，去卫过曹。是岁鲁定公卒。孔子去曹适宋；与弟子习礼大树下。宋司马桓魋欲杀孔子，拔其树。孔子去。弟子曰：可以速矣。孔子曰：天生德于予，桓魋其如予何！……孔子遂至陈；主于司城贞子家。"魋，杜回切。按：《史记·十二诸侯年表》，孔子以鲁定公十二年去鲁，十三年适卫，十四年适陈，哀公三年过宋。(年表和鲁世家、卫世家、陈世家、宋世家所记相合。)《孔子世家》，则以去鲁适卫在十四年，以去卫、适曹、过宋在十五年。近代学者，多以孔子去鲁为在定公十二年多或十三年春，而以过宋在定公十五年，即定公卒那一年。孔子困阨陈蔡的事情，古代没有很明确地将其记载并传下来；后儒颇有疑"桓魋其如予何"和

《子罕》篇“匡人其如予何”两语是一事。我们节录崔述的《考信录》两段以作思辨方法的一例。《洙泗考信录·三》：“《子罕篇》畏匡章其词婉；此章之词夸。盖圣人言之，圣人原未尝自书之；弟子以口相传，其意不失，而词气之间不能不小有增减移易以失其真者。学者不可以词害志也。”又：“二章语意正同，亦似一时一事之言。而记者各记所闻，是以其词小异。未必孔子生平每遇患难即为是言也。畏匡之与过宋，绝似一事；然于经传皆无明文，故今不敢遽合为一。姑两存之，以俟夫博古之士正之。”按：孔子盖以为他所好是懿德，守死善道，便什么都不怕了！

今译

孔子说：“天给我以德行；桓魋怎奈我何！”

子曰：“二三子以我为隐乎[1]？吾无隐乎尔[2]！吾无行而不与二三子者[3]；是丘也。”

今注

1 《学记》：“教人不尽其材。”注：“谓师有所隐也。”《论语》这个“隐”字，似亦指教者有所隐匿讲。

2 赵佑《论语温故录》：“乎尔，与诗之俟我于着‘乎而’，孟子然而无有‘乎尔’，则亦无有‘乎尔’，俱齐鲁间语辞。”按：赵解可备一说。

3 这句话的意思难以完全明白。《集注》：“诸弟子以夫子之道高深不可几及，故疑其有隐；而不知圣人作止语默无非教也。故夫子以此言晓之。与，犹示也。”（这章的意义，不能完全明白；译文阙。）

子以四教：文；行；忠；信[1]。

今注

1 文是“博学于文”的文；行是“德行”的行；忠信是“主忠信”的忠信。忠信似应该包括在行的范围内；但孔子平常教诲学生时重视忠信的实行，所以记的人把忠信特别提出和“文行”并立。这个“四教”，当是出于记者个人的见解，似不是孔门设教中的分科。

今译

孔子以这四件事教学生：古代传下来的典籍、德行、忠诚、信实。

子曰：“圣人，吾不得而见之矣；得见君子者斯可矣[1]！”

今注

1 这章和下章，是孔子评论世人修养所说的话。这章就高的讲，下章讲次一等的。孔子重视仁，故有“君子去仁，恶乎成名；君子无终食之间违仁”的话。君子当是能够依于仁以修德的人。

今译

孔子说：“圣人，我不能见到了；能见到君子，我也就很满意了。”

子曰：“善人，吾不得而见之矣；得见有恒者斯可矣[1]！亡而为有[2]；虚而为盈；约而为泰：难乎有恒矣！”

今注

1　《尔雅·释诂》："恒，常也。"有恒，是诚实可靠的意思。有恒的人，可以成德；但比起已成德的善人，在孔子意中要差一点。

2　亡，音无。《释文》："亡如字，一音无。此旧为别章；今宜与前章合。"按：皇疏似本合为一章；邢疏则又上合"圣人"为一章。

今译

孔子说："善人，我是见不到了；能见到诚实可靠的人，我也就满意了。没有，却装作好像有；空虚，却装作好像充实；穷困，却装作好像富裕。这样的人，就很难做到有恒了。"

子，钓而不网[1]；弋[2]，不射宿[3]。

今注

1　"网"字依鸣沙石室佚书本。今各本《论语》都作"纲"。《经义述闻》："纲乃网之讹。"按：王说极正确。《说文通训定声》以《论语》借"纲"为"网"，实不如说以《论语》"网"误作"纲"。(《御览》八三四引郑注："纲，谓为大索横流属钓。"则后汉时已误。)

2　弋，音翼，本义为木桩，因音同假为隿。《说文》："隿，缴射飞鸟也。"（缴，生丝缕。）

3　射，食亦切。宿，息六切；指宿在鸟巢的鸟而言。

今译

孔子钓鱼，但不用网罟去捕鱼；孔子缴射飞鸟，但不射宿在鸟巢里的鸟。

子曰："盖有不知而作之者[1]；我无是也。多闻，择其善者而从之[2]；多见而识之：知之次也。"

今注

1　不，意同"无"。作，应解作"装作"。（这个"作"字，和前章"亡而为有、虚而为盈、约而为泰"的"为"字用法相同。）

2　"择其善者而从之"七个字，乃是上文"三人行"章的文句而错入这章里的。这个测议，出于龙宇纯君学生时代的读书报告；很合理，亦很有意义。这章必须删去这七个字，全章的文理才会完全通顺。我们在译文里没有译出这七个字。

今译

孔子说："世上似有一些人，自己并没有什么知识，却装作有知识的；我没有这个毛病。一个人能够多闻、多见而牢记在心里，亦就极近于'知'了！"

互乡难与言[1]。童子见[2]；门人惑。子曰："与其进也，不与其退也。唯，何甚！人絜己以进[3]，与其絜也，不保其往也[4]。"

今注

1　郑曰："互乡，乡名也。""互乡难与言"，是说难以与互乡的人说话。

2　见，贤遍切。

3　絜，从唐石经。《广韵·十六屑》："洁，清也。经典用絜。"今本多作洁。

4　《集注》："疑此章有错简。'人洁'至'往也'十四字当在‘与其进也’之前。往，前日也。”按：朱校亦可取；但若把“与其进也，不与其退也”九字移到“不保其往也”的后边，则更合理。这一节的文字句读似应如下。

子曰：“唯，何甚！人絜己以进：与其絜也，不保其往也；与其进也，不与其退也。”

“唯”，是孔子对这些疑惑的门人作解释前的应声；“何甚”，意为“何必太过呢”。

今译

互乡的人，是著名的难说话。孔子接见了一个从互乡来的少年；弟子们觉得很不解。孔子说：“唯！我们何必拒人太甚呢！一个人以向善的心来见我们，我们只应赞成他的向善，不必管他以前的行为怎样；我们要鼓励他上进，而不应该让他有甘于自弃的趋向。”

子曰：“仁，远乎哉？我欲仁，斯仁至矣[1]！”

今注

1 欲是歆羡或喜悦的意思，因而有想要得到的意思。参读《里仁》篇：“有能一日用其力于仁矣乎？我未见力不足者！”《颜渊》篇：“克己复礼为仁；一日克己复礼，天下归仁焉！”

今译

孔子说：“仁是高远不可及的吗？我要仁，仁就来到了！”

陈司败问[1]：“昭公知礼乎[2]？”孔子曰：“知礼！”孔子退；

揖巫马期而进之[3]，曰："吾闻君子不党；君子亦党乎？君取于吴；为同姓[4]，谓之吴孟子[5]。君而知礼[6]，孰不知礼！"巫马期以告。子曰："丘也幸！苟有过，人必知之。"

今注

1　《左传·文公十年》杜注："陈楚名司寇为司败。"

2　昭公，指鲁昭公。《左传·昭公五年》："公如晋；自郊劳至于赠贿，无失礼。晋侯谓女叔齐曰：鲁侯不亦善于礼乎？"鲁昭公在当时被称为"知礼"，所以陈司败有这个问话。

3　《仲尼弟子列传》："巫马施，字子旗；少孔子三十岁。"（郑玄曰：鲁人。）《论语》作"期"，假借。刘疏："夫子见陈司败，期为介，入俟于庭。及夫子退，期当随行；而司败仍欲与语，故揖而进之也。"

4　取，音娶。为，于伪切。鲁是周公的后代，吴是太伯的后代，都为姬姓。

5　鲁君娶的吴女，应称"吴姬"；但这个称呼明示昭公违反同姓不婚的礼制，所以改称为"吴孟子"。

6　"君而知礼"的而，意同如。

今译

陈司败问道："昭公懂礼吗？"孔子说："懂礼！"孔子离开以后，陈司败请巫马期上前，对他说："我听说君子是不阿私的；难道君子也阿私吗？鲁君娶了吴女；因为鲁和吴是同姓，所以避开'吴姬'的称号而改叫'吴孟子'。鲁君如可算懂得礼，还有谁不懂得礼！"巫马期把陈司败的话转告孔子。孔子说："丘真幸运！如果我犯了过失，人家一定会知道的。"

子与人歌而善之[1]，必使反之[2]，而后和之[3]。

今注

1　上虞罗氏鸣沙石室佚书本《论语》郑氏注残卷“善”字下有“之”字，似胜于现行各本。

2　反，覆也；这里意为“再唱一遍”。

3　《说文》：“咊，相应也。”今字作和。和本唱和正字；今亦借用为和平字。唱和字户卧切，和平字则户戈切。（《孔子世家》：使人歌；善，则使复之，然后和之。）

今译

孔子跟人唱歌，如别人唱得好，一定请他再唱一遍，然后自己和他。

子曰：“文莫[1]，吾犹人也；躬行君子，则吾未之有得。”

今注

1　《论语骈枝》：“杨慎《丹铅录》引晋乐肇《论语》驳曰，燕齐谓勉强为文莫。又方言曰，侔莫，强也；北燕之北郊凡劳而相勉若言努力者谓之侔莫。按《说文》：忞，强也；慔，勉也。文莫，即忞慔假借字也。黾勉、密勿、蠠没、文莫，皆一声之转。”按：文莫，指求知言；躬行，则指修德言。

今译

孔子说：“求取知识，我还赶得上人家；至于做一个身体力行的君子，我自觉还没有什么成就。”

子曰：“若圣与仁，则吾岂敢。抑为之不厌，诲人不倦，则可谓云尔已矣[1]。”公西华曰：“正唯弟子不能学也[2]。”

今注

1　胡绍勋《论语拾义》：“云尔，即‘有此’。”(《广雅·释诂·一》：云，有也。)《孟子·公孙丑上》：“昔者，子贡问于孔子曰，夫子圣矣乎？孔子曰，圣，则吾不能；我学不厌而教不倦也。子贡曰，学不厌，智也；教不倦，仁也；仁且智，夫子既圣矣！”

2　《释文》：“鲁读正为诚；今从古。”

今译

孔子说：“说到‘圣’和‘仁’，那我怎么敢当。我不过是努力不倦地去做；又不断地把这事教给别人；这好像是可以说的！”公西华说：“这一点也就是我们弟子所不能做到的。”

子疾，病[1]；子路请祷[2]。子曰：“有诸？”子路对曰：“有之。诔曰[3]：祷尔于上下神祇[4]。……”子曰：“丘之祷久矣。”

今注

1　《释文》：“一本云：‘子疾病。’皇本同。郑本无‘病’字。按：《论语集解》于《子罕》篇始释‘病’，则此有‘病’字非。”按：正平本有“病”字。

2　包曰：“祷，祷请于鬼神。”（《说文》：“祷，告事求福也。”）

3　诔，祷词。（《说文》：“讄，祷也；累功德以求福也。《论语》云，讄曰，祷尔于上下神祇。”徐灏《说文注笺》：“讄即诔之异文。”）

4 “祷尔于上下神祇”，当是那时流行的祷词的首句。（“尔于”似当作“于尔”。）子路祷词的下文，记《论语》的人没有记录。当是孔子不等子路背完祷词便说话了。

今译

孔子生病；病得很重了。子路问孔子是不是可以祈祷求福。孔子说：“有这样以祈祷求福的事情吗？”子路回答说：“有的。诔词说，向您上下神祇祈求。……”孔子说：“那我的祈祷已很久了。”

子曰：“奢则不孙，俭则固[1]：与其不孙也，宁固！”

今注

1 孙，音逊。（孙本训为“子之子”；读为逊则有恭逊的意义。）固，固陋的意思。

今译

孔子说：“一个人太奢侈就缺少谦逊，太省俭就显得固陋：与其缺少谦逊，宁可显得固陋。”

子曰：“君子坦荡荡[1]，小人长戚戚[2]。”

今注

1 《说文》：“坦，安也。”

2 《说文》：“慼，忧也。戚，戉也；戉，大斧也。”“戚”

本为古代一种兵器的名字；古书里多借用“戚”为“慼”。

今译

孔子说：“君子心里坦然平易，小人心里老是忧愁。”

子，温而厉[1]；威而不猛；恭而安[2]。

今注

1　厉，严正。

2　《学而》篇：“恭近于礼，远耻辱也。”《泰伯》篇：“恭而无礼则劳。”恭敬自是美德，但应该用礼来节制；恭能合礼，心自安和。

今译

老师，待人温和而处事严正；威仪庄重而性情平易；外貌敬肃而心境舒泰。

卷八 泰伯

子曰："泰伯[1]，其可谓至德也已矣！三以天下让[2]，民无得而称焉[3]。"

今注

1 《史记·吴太伯世家》："吴太伯，太伯弟仲雍，皆周太王之子，而王季历之兄也。季历贤而有圣子昌；太王欲立季历以及昌。于是太伯、仲雍二人乃奔荆蛮，文身断发、示不可用，以避季历。季历果立，是为王季；而昌为文王。"

2 《集注》："三让，谓固逊也。"（"三"，是"多"的意思；"三以天下让"，是说泰伯无论如何也不继承太王的位置。）

3 王曰："其让隐，故无得而称言之者；所以为至德也。"（从"民无得而称"的话，可知"三以天下让"是没有确凿的事实的；亦可知后世经师竟解"三让"的无谓。至于"以天下让"或"以国让"的问题，似亦不值得后人来争论。大概春秋时有泰伯让国的传说；孔子崇让，所以称之为"至德"以励世人。）

今译

孔子说："泰伯，当可以说是有最高德行的人了！他决心把天下让给别人，而人民却不知道怎样称扬他。”

子曰：“恭而无礼则劳[1]；慎而无礼则葸[2]；勇而无礼则乱；直而无礼则绞[3]。”

今注

1　这章的“礼”，指合理的行为规范而言。

2　葸，丝里切。《集解》：“葸，畏惧貌。”

3　绞，古卯切。马曰：“绞，绞刺也。”郑曰：“绞，急也。”《礼记·仲尼燕居》：“敬而不中礼谓之野；恭而不中礼谓之给；勇而不中礼谓之逆。”《阳货》篇：“好直不好学，其蔽也绞；好勇不好学，其蔽也乱。”（从这章亦可见在孔子意中学问对德行的重要。）

今译

孔子说：“一个人恭敬而不合礼，结果是徒劳而失仪；谨慎而不合礼，往往因过分小心而坏事；勇敢而不合礼，便近于暴乱；率直而不合礼，就显得狠戾。”

“君子笃于亲[1]，则民兴于仁；故旧不遗，则民不偷[2]。”

今注

1　这里的君子是指在位的人而言。这和上文讲的不为同一事；意义上亦不相关联。旧时把这章和上章合为一章，当是这章的两句和上章的四句都用“则”字引出结论的缘故。《集注》：“吴氏曰：‘君子以下，当自为一章；乃曾子之言也。’愚按此一节与上文不相蒙，而与首篇‘慎终追远’之意相类，吴说近是。”按：《集注》中所称的吴氏为吴棫，为与朱子同时的学者。吴氏这个说法，是有很好的理据的。

2　偷，凉薄。

今译

“一个在位的人，能够对自己的亲人厚道，人民就都起而向仁了；能够不忘记故旧，人民就不至于刻薄了。”

曾子有疾；召门弟子曰：“启予足[1]！启予手！《诗》云[2]：‘战战兢兢：如临深渊，如履薄冰。’而今而后，吾知免夫[3]！小子！”

今注

1　《说文》：“䏿，省视也。”《广雅·释诂·一》：“䏿，视也。”王念孙以为《论语》这章的“启”是“䏿”的通用字，应训作视。

2　这里所引的《诗》在《小雅·小旻》篇。战战兢兢，是恐惧戒慎的意思。（《孝经·开宗明义章》：“身体发肤，受之父母，不敢毁伤，孝之始也；立身行道、扬名于后世，以显父母，孝之终也。”）

3　夫，音符。

今译

曾子病了；召集他的门人弟子说：“你们看看我的脚！看看我的手！《诗经》上说：‘战战兢兢：好像立在深潭的旁边，好像踏在薄冰的上面。’现在，我想，我的身体总可以免于毁伤了吧！”

曾子有疾；孟敬子问之[1]。曾子言曰[2]：“鸟之将死，其鸣也哀；人之将死，其言也善。君子所贵乎道者三[3]：动容貌，斯远暴

慢矣；正颜色，斯近信矣[4]；出辞气，斯远鄙倍矣[5]。笾豆之事[6]，则有司存[7]。”

今注

1　孟敬子，鲁大夫仲孙捷；孟武伯的儿子。

2　大概是记这件事情的人，重视曾子临终前提起精神说的话，所以特记下一“言”字，以便读者可以想见力衰声微的情景。

3　郑曰：“此‘道’，谓礼也。”

4　远、近，都去声。

5　鄙，鄙陋；倍，借为諄，补妹切。

6　笾豆，是古代盛食物的器皿；笾豆之事，是指一切礼制上有定例的事情讲。

7　《经传·释词·三》：“有，语助也。一字不成词，则加‘有’字以配之。若虞、夏、殷、周皆国名，而曰‘有虞’‘有夏’‘有殷’‘有周’是也。推之他类，亦多有此；故邦曰‘有邦’，家曰‘有家’，帝曰‘有帝’，王曰‘有王’，司曰‘有司’，正曰‘有正’，民曰‘有民’，众曰‘有众’。说经者往往训为有无之‘有’，失之！”有司，指主管的官吏。《诗·郑风传》：“司，主也。”《说文》：“司，臣司事于外者。”士冠礼注：“有司，群吏有事者。”《广雅·释诂·一》：“有司，臣也。”

今译

曾子病了，孟敬子前来探望他。曾子言道：“鸟将死的时候，它的鸣声是悲哀的；人将死的时候，他说的话是好的。〔我现在告诉你〕一个君子应该注意到礼在三件事情上的重要：动容貌以礼，便不会暴慢了！正颜色以礼，便可使人信服了！出辞气以礼，便不会鄙陋悖乱了！至于一切礼节上的定例，那是各有主管的。”

曾子曰：“以能问于不能[1]，以多问于寡；有若无，实若虚；犯而不校[2]：昔者吾友尝从事于斯矣[3]！”

今注

1 “以能问于不能”四句，都是一个有修养的人应有的谦德，不是作伪。

2 校，古孝切，意同计较。刘疏：“《韩诗外传》引颜子曰：‘人不善我，我亦善之。’即不校之德。”

3 马曰：“友，谓颜渊。”按：马注似亦有据。刘疏：“《大戴礼·曾子疾病》篇：曾子谓曾元、曾华曰：‘吾无夫颜氏之言，吾何以语女哉！’知颜渊为曾子所甚服也。”

今译

曾子说：“自己能力高而向能力低的人请教；自己多闻多见而向闻见不及他的人请教；虽有充实的心得，自觉好像空虚；有人冒犯他，他也不计较：从前我的朋友曾有过这种修养的功夫。”

曾子曰：“可以托六尺之孤[1]；可以寄百里之命[2]；临大节而不可夺也[3]：君子人与？君子人也[4]！”

今注

1 孔曰：“六尺之孤，谓幼小之君也。”

2 孔曰：“寄命，摄君之政令也。”（刘疏：“或谓，‘百里之命’，谓民命也：‘六尺之孤’谓幼君，‘百里之命’谓民命，犹秦誓言‘子孙、黎民’也。此义亦通。”）

3　大节，指“见利思义、见危授命”的德操言。

4　与，音余。《集注》：“设为问答，所以深着其必然也。”

今译

曾子说：“可以把幼小的君主托付给他；可以把国家的政事交给他；遇到重要的关头不会改变他的心志的：这是君子吗？这是君子！”

曾子曰：“士，不可以不弘毅[1]；任重而道远。仁以为己任，不亦重乎！死而后已，不亦远乎！”

今注

1　包曰：“弘，大也。毅，强而能断也。士弘毅，然后能负重任、致远路。”按：弘，志量宏大；毅，有毅力。（《左传·宣公二年》：“致果为毅。”）

今译

曾子说：“一个志于道的人，不可以没有宏大而强毅的德行；因为他的责任重大而道途长远。他把行仁当作自己的任务，这不是最重大的责任吗！他以仁为终身的事情，这不是最长远的道途吗！”

子曰：“兴于诗[1]；立于礼[2]；成于乐[3]。”

今注

1　参《阳货》篇“小子何莫学夫诗”章和“子谓伯鱼曰”章。

2　参《季氏》篇“陈亢问于伯鱼曰”章和《尧曰》篇“不知礼无以立也”句。

3　《集注》：“乐可以养人之性情而荡涤其邪秽、消融其渣滓；学者至于义精仁熟而自和顺于道德者，必于此而得之。是学之成也。”

今译

孔子说：“诗可以使我们的志气奋发；礼可以使我们的德操坚定；乐可以使我们的性情平和。”

子曰：“民，可使由之[1]；不可使知之。”

今注

1　“可”字意同“能”。（《吕氏春秋·乐成》：“民不可与虑化举始，而可以乐成功。”）

今译

孔子说：“我们能够使人民照着我们的方法去做，却很难使他们懂得所以这样做的道理。”

子曰：“好勇，疾贫；乱也。人而不仁，疾之已甚；乱也[1]。”

今注

1　好，呼报切。这章两节，都是说社会的乱源的。人世的乱源很多，孔子只是偶然想起这两事而向学生说。（参《卫灵公》篇：

“巧言乱德，小不忍则乱大谋。”）

今译

孔子说：“一个人恃勇力而不能安于贫穷，是容易作乱的。对于一个没有道德的人，我们如果过分厌恶他，亦会招致祸乱。”

子曰：“如有周公之才之美，使骄且吝[1]，其余不足观也已[2]。”

今注

1 《集注》：“才美，谓智能技艺之美。骄，矜夸；吝，鄙啬也。”

2 孔子以为，才能不管怎样好，设使骄而且吝，则才能亦便毫没有价值了。（吝于财可鄙；吝于行善则可恶！）

今译

孔子说：“一个人就算有周公那样好的才能，设使犯了骄傲和吝啬的毛病，那么，他的一切才能也就不足观了。”

子曰：“三年学不至于谷[1]，不易得也[2]。”

今注

1 《释文》引郑注：谷，禄也。（皇疏：“孙绰曰，谷，禄也。”这个说法，似比以善训谷为合。）

2 《集注》：“至，疑当作志。为学之久，而不求禄：如此之人，不易得也。”易，以豉切。

今译

孔子说："一个人求学三年而不想到利禄，是不容易见到的！"

子曰[1]："笃信好学[2]；守死善道[3]。危邦不入；乱邦不居。天下有道则见[4]；无道则隐。"

今注

1　这章当是孔子平时告诫门人的话。

2　好，呼报切。

3　"善道"的善，旧注多以为动词，固可通，我们以善为形容词，读守死为"死守"，则择善固执的意义似更显。

4　见，贤遍切。

今译

孔子说："对于学问，要有诚笃的信心，又须勤勉去求取；对于好的道理，一直服膺到死。不进入一个将乱的国家；不留在一个已乱的国家。天下太平，就出来做事；天下不太平，就隐而不出。"

"邦有道，贫且贱焉，耻也；邦无道，富且贵焉，耻也[1]。"

今注

1　各本这段合前段为一章。但细审文义，前段六句，可以说都是告诫门人的格言；而这十八个字则用议论的口气；似应各自为一章。（"颜渊问为邦"章的"郑声淫，佞人殆"两句，文例和这段相同，乃以解释前面两句的。这段可能是孔子怕人不明了上文“见、隐”两句的意义而补说的。）

今译

“国家政治清明的时候，一个人如果贫穷而且卑贱，是可耻的；国家政治昏乱的时候，一个人如果富有而且居高位，也是可耻的。”

子曰：“不在其位，不谋其政[1]。”

今注

1　孔曰：“欲各专一于其职。”（这章又见《宪问》篇。这“政”似只指各人职务上专管的事言。）

今译

孔子说：“不在那个职位上，就不谋划那个职位所管的事。”

子曰：“师挚之始[1]，《关雎》之乱[2]，洋洋乎盈耳哉[3]！”

今注

1　挚，音至。郑曰：“师挚，鲁太师之名。”（《微子》篇：太师挚适齐。）

2　雎，七余切。刘台拱《论语骈枝》：“始者，乐之始；乱者，乐之终。《乐记》曰：始奏以文，复乱以武。又曰：再始以着往，复乱以饬归。皆以‘始’‘乱’对举，其义可见。凡乐之大节，有歌；有笙；有闲；有合；是谓一成。始于升歌，终于合乐。是故，升歌谓之始；合乐谓之乱。《周礼·太师职》：大祭祀，帅瞽登歌。仪礼燕及大射皆太师升歌。挚为太师，是以云‘师挚之始’也。合乐，《周南·关雎》《葛覃》《卷耳》，《召南·鹊巢》《采蘩》《采蘋》凡六篇；而谓之‘关雎之乱’者，举上以该下，犹之言‘文王之三’‘鹿鸣之三’云尔。升歌言人；合乐言诗：互相备也。‘洋洋盈耳’，总叹之也。自始至终咸得其条理，而后声之美盛可见。言始、乱，则笙、闲在其中矣。”按：古代奏乐的情形，今难审知。刘说似颇明晰，因详录以备学者参考。（参《八佾》篇“子语鲁太师乐”章。）

3　郑曰：“洋洋盈耳：听而美之。”

今译

孔子说：“太师挚的升歌，《关雎》的合乐，声音美得很！”

子曰：“狂而不直；侗而不愿[1]；悾悾而不信[2]。吾不知之矣！”

今注

1　侗，音同，义近僮。《说文》：“僮，未冠也。”引申为僮蒙、僮昏。愿，是谨慎、恭顺的意思。

2　郑注：悾悾，诚悫也。（狂而直，侗而愿，悾悾而信，乃是常情。如果不然，使人更失望！）

今译

孔子说：“狂而不能率直；僮蒙而不能恭顺；外貌诚恳而言行不可信。这种人真令我失望！”

子曰：“学如不及，犹恐失之[1]！”

今注

1　“学如不及”，是说“求学时勤勉用功，好像来不及的样子”；“犹恐失之”，是说“尽管这样，还怕学得不好、有所遗失”。（这句话似是用“追逐逃亡的人”作比喻的。）

今译

孔子说：“孜孜求学，好像来不及的样子，还怕有所遗失。”

子曰：“巍巍乎[1]，舜禹之有天下也而不与焉[2]！”

今注

1　巍巍，高大的样子。

2　与，音预。毛奇龄《论语·稽求》篇：“汉《王莽传》：‘太后诏曰，选忠贤，立四辅，群下劝职。孔子曰，舜禹之有天下也而不与焉。’王充《论衡》云：‘舜承安继治，任贤使能，恭己无为而天下治。故孔子曰，巍巍乎舜禹之有天下也而不与焉。’此直指任贤使能为无为而治之本。”（《孟子·滕文公上》：“孔子曰：‘大哉尧之为君！唯天为大；唯尧则之。荡荡乎，民无能名焉。君哉舜也！巍巍乎，有天下而不与焉。’”）

今译

孔子说：“舜禹虽有天下，但是他们任用贤才，自己却不与治天下：这种行为，真是高得很！”

子曰：“大哉尧之为君也！唯天为大[1]；唯尧则之！荡荡乎，民无能名焉；巍巍乎，其有成功也；焕乎，其有文章[2]。”

今注

1　“唯天为大”上，各本有“巍巍乎”三字；今依《孟子》所引删。

2　刘疏：“焕与奂同。《诗·卷阿》毛传：‘伴奂，广大有文章也。’广大释伴；文章释奂。”按：“文章”，意同“光明和条理”。

今译

孔子说：“尧真是一位伟大的君王！天是最大的了；尧的做人就像天！他的恩德广远，百姓都不知道该怎样来赞美他；他的功业大；他启发光大的文明。”

舜有臣五人而天下治[1]；武王曰：“予有乱臣十人[2]。”孔子曰：“才难，不其然乎！唐虞之际[3]，于斯为盛；有妇人焉，九人而已！”

今注

1　孔曰：“禹、稷、契、陶、伯益也。”治，直利切。

2　这个“乱”字意同“治”。《左传·昭公二十四年》，苌弘引太誓曰：“余有乱十人。”至于“乱臣十人”是哪些人，我们现在似难以确知了。（马融曰：“乱，治也。治官者十人：谓周公旦，召公奭，太公望，毕公，荣公，大颠，闳夭，散宜生，南宫适；其一人谓文母。”按：“舜有臣五人”，我们还可以从《尧典》取证；武王的“乱臣十人”，《左传·襄公二十八年》正义所引郑注全同马注。但没有先秦书可征；应阙疑！）

3　“际”字颇难讲。刘疏：“际，犹下也，后也。”这在文理上虽可以说得通，而训诂的根据则极薄弱。（译文姑用刘疏说；

实则以阙疑为合。)

今译

舜有五个臣子而天下太平。武王说:“我有治理政事的十人。”孔子说:“‘人才难得’,难道不是吗!唐尧虞舜以后,武王的时候人才算是最多的了。可是武王的十人里边,有一位是妇人;实际上只有九个人!”

“三分天下有其二,以服事殷;周之德,其可谓至德也已矣[1]!”

今注

1 这二十二字和上章似不相连。旧合上为一章,文理上颇难通。今分出独自为一章。按:《论语》这篇的开头有“泰伯,其可谓至德也已矣”,而在篇末又有“周之德,其可谓至德也已矣”,这是否为编《论语》的人有意做成这个呼应?实是一疑问。但上章记武王的乱臣和孔子的议论,文意已完。这章二十二字,虽亦可能为孔子的话,但说得突然,又没有说明谁“服事殷”,显然有脱落的字句。《左传·襄公四年》:“文王帅商之畔国以事纣。”包咸注《论语》以这个服事殷的人为文王,当是据《左传》来写的。(《周书·程典解》:“文王合六州之众奉勤于商。”这恐出于后人的附会,似难置信。)译文阙。

子曰:“禹,吾无闲然矣[1]!菲饮食而致孝乎鬼神[2];恶衣服而致美乎黻冕[3];卑宫室而尽力乎沟洫[4]。禹,吾无闲然矣!”

今注

1 《释文》:“闲,闲侧之闲。”《孟子·离娄》:“政不足闲也。”赵注训闲为非。《经传释词》:“然,犹焉也。《礼记·檀弓》曰,穆公召县子而问然。(郑注:然之言焉也。)祭义曰,国人称愿然。《论语·泰伯》篇曰,禹,吾无闲然矣。《先进》篇曰,若由也,不得其死然。《孟子·公孙丑》篇曰,今时则易然也。然字并与焉同义。”

2 菲,音斐。

3 黻,祭祀时所着的衣;冕,祭祀时所戴的帽。

4 沟洫,田间的水道。(古时的沟洫,可以说是对人民生计最重要的工事。)

今译

孔子说:“对于禹,我没有什么不满意的地方了!他自己的饮食菲薄,而对于鬼神的享祀却很丰厚;他平常穿的衣服很坏,而祭祀时的礼服却很考究;他自己住的房屋很简陋,而对于田间的水道却能够不惜费时费力去做。对于禹,我没有什么不满意的地方了!”

卷九 子罕

子罕言：利，与命，与仁[1]。

今注

1 罕，呼旱切。《诗·大叔于田》传："罕，希也。"（罕，古字形从网，干声；因希罕双声，故罕有希义。）《史记·外戚世家》："孔子罕言命者，难言之也。非通幽明之变，乌足识乎性命哉！"《论语集解》："利者，义之和也；命者，天之命也；仁者，行之盛也：寡能及之，故希言也。"按：《论语》里孔子讲利和命固然少，讲仁的地方则很多。阮元《论语·论仁》篇："孔子言仁者详矣。曷为曰'罕言'也？所谓'罕言'者，孔子每谦不敢自居于仁，亦不轻以仁许人也。"阮说似可供参考。（经文连用两"与"字，似是古代一种通行的用法。《左公·昭元年》："夫弗及而忧，与可忧而乐，与忧弗害：皆取忧之道也。"《国语·晋语九》："夫以回鬻国之中，与绝亲以买直，与非司寇而擅杀：其罪一也。"又《国语·郑语》："夏后卜杀之，与去之，与止之：莫吉。"都叠用"与"字。但本篇里"子见齐衰者，冕衣裳者，与瞽者"则只用"与"字。）

今译

孔子很少讲到的：利，和命，和仁。

达巷党人曰[1]：“大哉孔子！博学而无所成名。”子闻之，谓门弟子曰：“吾何执？执御乎？执射乎？吾执御矣[2]！”

今注

1　郑曰：“达巷者，党名也。五百家为党。”

2　郑曰：“闻人美之，承之以谦。‘吾执御’者，欲名六艺之卑也。”（刘疏：“御为六艺之卑，故《曲礼》《少仪》皆言：‘问大夫之子：长，曰能御矣；幼，曰未能御也。’子长以‘能御’许之；又不及他艺，是御于六艺为卑。”）

今译

达巷党的人说：“孔子真是伟大得很！他博学道艺而不专一名。”孔子听到这话，对弟子们说：“我要专什么呢？专驾车呢？专射箭呢？我专驾车吧！”

子曰：“麻冕[1]，礼也；今也纯[2]，俭。吾从众！拜下，礼也；今拜乎上，泰也[3]：虽违众，吾从下！”

今注

1　《说文》：“冕，大夫以上冠也。”《白虎通·绋冕》篇：“麻冕者何，周宗庙之冠也。冕所以用麻为之者，女工之始，示不忘本也。”孔曰：“冕，缁布冠也；古者绩麻三十升布以为之。”（按：八十缕为升；三十升是二千四百缕。古布幅广二尺二寸。

以古尺二尺二寸的广容二千四百缕，工作的劳费可想而知。）

2 《说文》：“纯，丝也。《论语》曰：今也纯，俭。”按：丝缯比于三十升的麻布，质虽较丽，工则易成，所以为俭。

3 皇疏：“下，谓堂下也。礼，君与臣燕，臣得君赐酒，皆下堂而再拜：故云：‘拜下，礼也。’周末，臣得君赐酒，但于堂上而拜：故云：‘今拜乎上，泰也。’”能省民力，便可舍礼从众；礼不可废，即违众亦必守礼！（这可以说是孔子中和意见最严正的表示！）

今译

孔子说：“用麻布制冕，乃是向来的成例；现在的人用丝缯制冕，可以节省民力：对于这件事，我不从旧礼而从众。国君赐酒而臣子拜于堂下，乃是正礼；现在的臣子都只在堂上拜谢，实是不恭：我宁可违背众人，还是坚守拜于堂下的礼！”

子绝四：毋意[1]；毋必[2]；毋固[3]；毋我[4]。

今注

1 古书里“无、毋”二字多通用。《史记·孔子世家》述文作“无意、无必、无固、无我”。无意，是不凭空意想测度。《释文》：“意如字；或于力反，非。”

2 《集注》：“必，期必也。”

3 固，固执。一个人能够不固执，便能从善服义；大舜的“善与人同”，可以说是无固（无我）的好榜样。不过，“得一善则拳拳服膺而弗失之”，并不算是固执；因为那是说，凡是我们心里明知的善事，我们切不可放弃。

4　我，《集注》训为“私己”；很对。一个人不可有私心；不可专事利己。“己所不欲，勿施于人。”“人之有技，若己有之；人之彦圣，其心好之，不啻若自其口出。”能够这样，才是“无我”！

今译

孔子断绝了四种毛病：他没有任意测度的毛病；他没有期必于人的毛病；他没有固执成见的毛病；他没有自私自利的毛病。

子畏于匡[1]；曰：“文王既没，文不在兹乎[2]！天之将丧斯文也[3]，后死者不得与于斯文也！天之未丧斯文也[4]，匡人其如予何！”

今注

1　畏，受危难的意思。《孔子世家》：“孔子适卫。或谮孔子于卫灵公；孔子去卫。过匡，匡人闻之，以为鲁之阳虎。阳虎尝暴匡人；匡人于是遂止孔子，拘焉，五日。弟子惧；孔子曰：‘文王既没，……匡人其如予何！’孔子使从者为武子臣于卫，然后得去。”（《孔子世家》的记载，崔述以为不足信；他在他的《洙泗考信录》卷三说：“武子之卒，至是已百余年；氏之亡亦数十年：从者将欲为谁臣乎？”《庄子·秋水》篇：“孔子游于匡；宋人围之数匝，而弦歌不辍。……无几何，将甲者进辞，曰：‘以为阳虎也，故围之；今非也，请辞而退。’”这当然亦是战国时代的传说。《韩诗外传》则以围孔子的人为匡简子。《说苑·杂言》篇同。）

2　斯文，犹今人所说的“文化”。兹，同此。“此”，似孔子以指他自己的志怀而言。

3　丧，息浪切。

4　后死者，孔子自谓。与，音预。

今译

孔子在匡的地方受了危难；说："文王死了以后，文化的传统不都在我的身上吗？天如果要断绝这文化，就不应使我有这个抱负；天如果不想断绝这文化，我绝不怕匡人！"

大宰问于子贡曰[1]："夫子圣者与[2]？何其多能也！"子贡曰："固天纵之将圣[3]；又多能也。"子闻之，曰："大宰知我乎[4]！吾少也贱[5]，故多能鄙事。君子多乎哉？不多也！"

今注

1　大音泰。春秋时宋和吴都有大宰的官。郑玄以为这章的大宰是吴大宰嚭；盖是《左传》屡记吴大宰和子贡谈话，而《说苑·善说》篇且有大宰嚭向子贡问"孔子何如"一段的缘故。

2　与，音余。

3　《尔雅·释诂》："将，大也。"

4　"知我"下，皇本、正平本有"者"字。

5　少，诗照切。

今译

大宰向子贡问道："你的老师是位圣人吧？他为什么那么多能呢！"子贡说："天让他成为大圣人；并且又让他多能的！"孔子听到这回事，说："大宰真是了解我的人！我因为年轻时贫穷，所以会做许多粗事。一个君子会需要多能粗事吗？不会的！"

牢曰："子云：'吾不试，故艺。'[1]"

今注

1　郑曰："牢，弟子子牢也。试，用也。言孔子自云：'我不见用，故多技艺。'"刘疏："此引弟子述孔子语，与前章'少贱、多能'语同。《庄子·则阳》篇'长梧封人问子牢'：子牢名仅见此。《汉书·古今人表》有琴牢；王氏念孙《读书杂志》以琴牢为琴张之误。其说良然。《史记·仲尼弟子列传》无牢名，当是偶阙。"

今译

牢说："老师说过：'我因为没有见用于世，所以会通达许多事务。'"

子曰："吾有知乎哉？无知也！有鄙夫问于我，空空如也[1]；我叩其两端而竭焉[2]。"

今注

1　《释文》："空空，如字。郑或作'悾悾'，同。"《泰伯》篇郑注："悾悾，诚慤也。"

2　刘疏："叩者，反问之也。"其，指鄙夫所问的事理；两端，意同头尾。竭，指详尽地告诉他。

今译

孔子说："我是无所不知的吗？不是的！如有一个鄙陋的人诚恳地向我请教，我就从他所提出问题的各方面反问到底而且详尽地告诉他。"

子曰："凤鸟不至；河不出图[1]：吾已矣夫[2]！"

今注

1 孔子时或已有凤鸟和河图的传说了。《国语·周语上》："内史过曰，周之兴也，鸑鷟鸣于岐山。"韦解："三君云，鸑鷟，凤之别名也。"《墨子·非攻下》："赤鸟衔珪降周之岐社；曰，天命文王，伐殷有国；泰颠来宾，河出绿图。"内史过在孔子前；墨子稍后于孔子。他们所称的传说，孔子未必会相信；他如果讲这话，不过借世俗的见解以发一时的感叹罢了。（可能孔子这话是在战国时代这种传说盛行以后好事者所编造出来的！）

2 夫，音符。《礼运》："河出马图，凤皇麒麟，皆在郊棷。"

今译

孔子说："凤鸟不来；河也不出图：我的太平的希望怕就完了吧！"

子见齐衰者[1]，冕衣裳者[2]与瞽者[3]，见之，虽少，必作[4]；过之，必趋[5]。

今注

1 齐，音资，义同"缉"，乃是借用为"齍"字的；衰，七雷切，义为"丧服衣"，乃是借用为"縗"字的。齐衰，是缋下边的丧服。

2 冕，是大夫以上的冠。衣是上服，裳是下服。"冕衣裳"，是在尊位的人的盛服。

3 瞽者，盲人。

4 少，诗照切。包曰："作，起也。"

5 包曰："趋，疾行也。"（古时人走路经过别人的面前，趋是一种礼貌。）包曰："此夫子哀有丧、尊在位、恤不成人也。"

今译

孔子对于有丧服的人、在高位的人和盲人，见到他们时，即使他们年纪很轻，孔子也一定站起来；如果经过他们的前面，一定快步走过示敬。

颜渊喟然叹曰[1]："仰之、弥高；钻之、弥坚[2]；瞻之在前，忽焉在后。夫子循循然善诱人[3]，博我以文，约我以礼。欲罢不能[4]，既竭吾才。如有所立卓尔。虽欲从之[5]，末由也已！"

今注

1 《释文》："喟，苦位反；又苦怪反。"《说文》："喟，大息也。"段注："《论语》两云'喟然叹曰'，谓大息而吟叹也。"

2 钻，子官切。

3 "循循然"，善诱貌。（循借作。《说文》以同诱；实则"循"当为訹的或体。）

4 罢，皮买切；意同休、止。

5 前面三个"之"字，指"孔子的道理"讲；这个"之"字，似又指"孔子"讲。（这章有若干语句我们实难明了。）

今译

颜渊长叹道："老师的道理，我仰慕越久，越觉得它崇高；我钻研越深，越觉得它坚实。好像看见它在前面；一下子却又在后面了！老师循循诱导人进善：他使我广求学识；他使我以礼为主旨。我虽想停止，已是不可能的了；我只得尽了我的力量去做。那高绝的人格好像在那边；我虽想跟着他，却没有方法！”

子疾，病[1]；子路使门人为臣[2]。病闲[3]，曰：“久矣哉由之行诈也！无臣而为有臣[4]！吾谁欺？欺天乎？且予与其死于臣之手也，无宁死于二三子之手乎[5]！且予纵不得大葬，予死于道路乎？”

今注

1 包曰：“疾甚曰病。”（《说文》：“疾，病也。病，疾加也。”按：依许慎的意思，“病”的本来意思为“疾加”；但后来“疾”“病”二字亦可通用，所以他又用“病”字释“疾”字。《论语》这章的“病”字，乃是用它的本义“疾加”的。在我们现在，则“疾”“病”二字完全是同义词。）

2 使门人为臣，是指使门人用家臣的名义预备治丧的事务。

3 方言：南楚，病愈者谓之差，或谓之闲。《广雅·释诂·一》：闲，愈也。

4 久似应读作疚。郑曰：“孔子尝为大夫，故子路使弟子行其臣之礼。”刘疏：“为即是伪；无臣而伪有臣也。”按：孔子这时并没有官位，因以子路为行诈。

5 马曰：“无宁，宁也。”（“二三子之手乎”的“乎”，似应作“也”。）

今译

孔子病了，病得一天比一天厉害。子路使门人用家臣的名义以预备丧事。后来孔子的病好一点了，说：“仲由的诈伪真使人痛心！我根本没有家臣，却要装作有家臣的样子！我骗谁？我骗天吗？我死的时候，与其有什么臣在身边送终，我还是更愿意有我的学生在身边送终！就算我不能用大官的丧礼，难道就没有人来料理我的丧事吗？”

子贡曰：“有美玉于斯，韫匵而藏诸[1]？求善贾而沽诸[2]？”子曰：“沽之哉！沽之哉！我待贾者也[3]！”

今注

1　马曰：韫，藏也；匵，匮也：谓藏诸匮中。（郑注：“韫，裹也。”按：郑以下面经文出藏字，所以训“韫”为“裹”。）“韫匵而藏”，是说“包裹起来藏于匮内”。但这句经文，文理上实不能有这个解释。所以我们还是用马注。当然，说“藏在匮里藏起来”，实犯了言辞重复的毛病。不过这种毛病，比较常见。（我们在译文中，用一“藏”字当经文的“韫、藏”两字，乃是要使语句比较简明的缘故。）

2　贾音嫁。善贾，意为高价。“价”字在汉代似已有，但《说文》不录，当是没有盛行的缘故。《说文》：“贾，市也。”《说文》这里的“市”，意同“买”或“卖”。（买和卖都可称贾。）买卖中最重要的事情是定货物所值，因而货物所值亦称贾。《经典释文·周礼音义》于地官司市将“以商贾阜货”的贾音古，将“以度量成贾”和郑注“物有定贾”的贾音嫁。并说：“聂氏及沈云，成贾、定贾、奠贾、物贾、其贾、平贾、大贾、小贾、贾贱、恒贾、而贾、故贾，凡十二，音嫁；余音古。”（《释文》的音，虽出自汉魏以后经师，但我们可以说，经师定音，不是承袭旧读，亦必斟酌语言的声音，必不会任意杜造。贾，有价音，或先秦既然。这对语言本身，似是一种进步。）

3　马曰："沽，卖也。"《四书考异》："汉石经'沽诸''沽之哉'的沽，俱作贾。"（按：依《说文》，则"贾"字的本义当为"买、卖"；而用于商贾或物贾，实是引申的用法。不过在今本《论语》里，商贾和物贾，倒仍用"贾"字，而买卖两个意义，则不用本字"贾"而借用同音字"沽"。马本作"沽"，或出古论；而汉石经作"贾"，当是《鲁论》旧文。《经典》中"贾"字用于买或卖的意义的，《周礼·外》《左传》《国语》都有。）皇疏引王弼说："重言'沽之哉'，卖之不疑也。"（按：重言"沽之哉"，好像现在人说"卖！卖"语急而意决。配合后面一缓句，活画出孔子对子贡讲话的神气，也写出孔子随时可为人世服务的忠诚。）"待贾"的"贾"，作贾人或物价讲都可。译文依朱注。

今译

子贡说："这里有一块美玉，我们是把它藏在匮子里不让人见到呢，还是寻一个高价卖了它呢？"孔子说："卖了它！卖了它！我是在等待一个出高价的！"

子欲居九夷[1]。或曰："陋，如之何？"子曰："君子居之，何陋之有[2]？"

今注

1　夷，是指文化较低的民族言。九夷，当是夷人所住的地方。（孔子时，鲁国境内或有地方名"九夷"的。《战国策·秦策》有"楚包九夷"的话，《魏策》有"楚破南阳九夷"的话。也许当时夷人杂居的地方叫"九夷"。宋吕祖谦作《大事记》，认为孔子曾居陈蔡，去楚地的九夷不远，所以有意移居。这虽属臆测，却还合情理。至于马融“东方之夷有九种”的话，当是经师的附会！）

2 “欲居九夷”，或是孔子一时的幻想；“何陋之有”，则是一个君子所应有的存心。(《孟子·尽心》篇：“夫君子所过者化；所存者神。”）

今译

孔子想要到九夷去住。有人说：“那地方陋得很，怎么可以住呢！”孔子说：“得有君子住在那里，便不会陋了！”

子曰：“吾自卫反鲁[1]，然后乐正，《雅》《颂》各得其所[2]。”

今注

1 孔子自卫反鲁，据《左传》是在鲁哀公十一年冬天。

2 郑曰：“是时道衰乐废，孔子来还乃正之，故《雅》《颂》各得其所。”（刘疏：“二郑皆以《雅》《颂》得所为整理其篇第。”按：刘氏这话，是据郑玄《乡饮酒礼注》和《周官郑注》而言的。但从这两注似亦难断定二郑都以“《雅》《颂》得所为整理其篇第”。）自来学者都重在孔子的正乐；“乐正”则《雅》《颂》便“得其所”了。至于怎样正乐，怎样得其所，说不全同。毛奇龄《四书改错》：“正乐，正乐章也；正《雅》《颂》之入乐部者也。部者所也。”包慎言《敏甫文钞》：“《论语》《雅》《颂》以音言；非以诗言也。乐正而律与度协、声与律谐，郑卫不得而乱之，故曰得所。”（毛包两说，刘疏都详录。）黄式三《论语后案》：“各得其所，定其体之分、辨其用之异而已。”（黄氏详论诗的分体和异用；文长不录。）这三家可能都有说对的话。不过关于古代的乐制，在不能十分明白的地方，应以阙疑为是。《史记·孔子世家》：“三百五篇，孔子皆弦歌之，以求合《韶》《武》《雅》《颂》之音。”这便是“乐正”，亦便是“得其所”。我们用司马迁的话以了解《论语》这章，或不失经旨。孔子对于音乐教育，十分重视。可惜文献不足！《论语》中讲到音乐处，现已难全懂了。

今译

孔子说：“我从卫国回到鲁国，才把音乐教育上不正确的地方修正，使《雅》《颂》都能用得适当。”

子曰：“出则事公卿；入则事父兄；丧事不敢不勉；不为酒困[1]：何有于我哉[2]！”

今注

1 马曰：“困，乱也。”《乡党》篇：唯酒无量不及乱。

2 意为：“这些事不足自多！”

今译

孔子说：“在外能服事长上，在家能侍奉父兄；丧事能尽心力去做；饮酒适量，不及于乱。我虽然能做到这些事，但这又算什么呢！”

子在川上曰：“逝者如斯夫[1]！不舍昼夜[2]！”

今注

1 夫，音符。

2 孔子这话，当是把岁月的迁流比作流水的。他说这话，自然有使人爱日、惜阴的功效。但奔流的水，也容易使人想到君子进德修业、自强不息的道理。编《论语》的人存录这章，或亦由于这个意思。《孟子·离娄》篇：徐子曰："仲尼亟称于水曰：'水哉！水哉！'何取于水也？"孟子曰："源泉混混，不舍昼夜；盈科而后进，放乎四海：有本者如是。是之取尔！"孟子的话，亦可能是演《论语》这章的话的。《荀子·宥坐》篇"孔子观于东流之水"章，讲君子取法自然的修养，亦很有趣，值得一读。程朱提出"道体"为说，恐反失之甚高！

今译

孔子在一条流水的旁边说："人世一切的消逝也就是这样的吧！昼夜一息不停！"

子曰："吾未见好德如好色者也[1]！"

今注

1　好，呼报切。孔子这话，是叹世人不能好德像好色一样。（孔子以为，一个人应当好德如好色；乃竟不见这样的人，所以兴叹。这当是孔子常有的感叹。《史记》把孔子这话记在"卫灵公与夫人同车"以后，似出于附会。）《卫灵公》篇亦记孔子这句话，句首有"已矣乎"三字。

今译

孔子说："我没有见过一个喜欢德行像喜欢美色一样的人！"

子曰："譬如为山，未成一篑[1]，止；吾止也！（譬如平地）

虽覆一篑[2]，进；吾往也！”

今注

1 包曰：“篑，土笼也。此劝人进于道德。”“譬如为山”句，乃全章的总纲；这章是用“造山”来比进德修业的事情的。“未成一篑”，是说只差一篑土便把预期的山造成了。

2 “虽覆一篑”，是说开始造山、才倒下一篑土的时候。（“虽”，意同“唯”。）“虽覆一篑”，和上面的“未成一篑”相对成文。“譬如平地”四字，在这章里一点意义也没有，当是后人所妄加的。不过现在各种版本的《论语》都有这四字，所以我们加括号记出。《荀子·宥坐》篇：“孔子曰：‘如垤而进，吾与之！如丘而止，吾已矣！’”这当是荀子约举《论语》的大意而成的。荀子虽没有说“譬如为山”四字，但他这几句话的意义，纯是以“为山”作比喻的。（经文“往”字当是“进”字的形误。）

今译

孔子说：“人的进德修业，可用堆土造山来作比喻。在只差一篑土一座预期的山便造成的时候，如果这个造山的人却停止工作而不加上这一篑土；对这样一个人，我认为他不会成功了！在刚开始在平地上倒下一篑土的时候，如果这个造山的人立定主意，继续进行堆土的工作；对这样一个人，我相信他一定会成功的！”

子曰：“语之而不惰者[1]，其回也与[2]！”

今注

1 语，鱼据切。不惰，指语者讲。《集解》："颜渊解，故语之而不惰；余人不解，故有惰语之时也。"

2 与，音余。

今译

孔子说："不使讲的人感到疲倦的听者，只有颜回吧！"

子谓颜渊[1]，曰："惜乎！吾见其进也；未见其止也。"

今注

1 皇疏："颜渊死后，孔子有此叹也。"（这章的"进"字、"止"字，似和"譬如为山"章的"进""止"字有关。）

今译

孔子讲到颜渊，说："他真可惜！我只见他不停进步；从未见他中止不前。"

子曰："苗而不秀者有矣夫[1]！秀而不实者有矣夫[2]！"

今注

1 夫，音符。

2 孔子这话，是说一个人才的成就并不是很容易取得的。（解者有以孔子这话亦是为颜渊而发的，这很可能。孔子对于颜渊的早死，当然有许多痛惜的话。）

今译

孔子说："人像禾一样：有长了苗而不结穗的！有结了穗而不成实的！"

子曰："后生可畏；焉知来者之不如今也[1]！四十五十而无闻焉，斯亦不足畏也已！"

今注

1 焉，于虔切。这章的话，亦可以说为告诫壮年人而发的。

今译

孔子说："年轻人是不可以小看的；我们怎么能说下一辈不及我们这一辈呢！不过一个人到了四五十岁还没有什么可以称道的，那也不会有什么了不起了！"

子曰："法语之言[1]，能无从乎？改之为贵！巽与之言[2]，能无说乎[3]？绎之为贵[4]！说而不绎；从而不改：吾末如之何也已矣！"

今注

1 法，严正貌。语，鱼据切。

2 巽，柔顺貌。

3 说，音悦。

4 绎，寻绎；仔细理会。

今译

孔子说："严正地对一个人说话，他能不听吗？最要紧的是，他能用这种话改正他的行为。委婉地对一个人说话，他能不喜欢吗？最要紧的是，他能寻绎这种话真正的意思。如果对说得委婉的话只是喜欢而不去了解；如果对说得严正的话只是外表听从而不用来改正自己：对这种人，我实在没有办法！"

子曰："主忠信；毋友不如己者；过则勿惮改[1]。"

今注

1　这几句话已见《学而》篇"君子不重则不威"章。

子曰："三军，可夺帅也；匹夫，不可夺志也[1]。"

今注

1　从这章可以看出孔子是能够尊重个人独立的人格的。孟子所谓"富贵不能淫、贫贱不能移、威武不能屈"的"大丈夫"，亦就是有不可夺的意志的人。

今译

孔子说："三军的力量虽大，但敌人可以夺去他们的主帅；匹夫如果有坚定的意志，是不会被任何强力所改变的。"

子曰："衣敝缊袍与衣狐貉者立而不耻者[1]，其由也与[2]！"

今注

1　衣，于既切。缊，乱麻；缊袍，如现在的棉袍。狐貉，狐裘貉裘（用狐貉的皮制成的）。《说文》："貈，似狐，善睡兽也。《论语》曰，狐之厚以居。"《广韵》貈同，音下各切。

2　与，音余。

今译

孔子说："穿了破袍子和穿了狐裘貉裘的人站在一起而不觉得难为情的，只有仲由吧！"

"不忮不求，何用不臧[1]！"子路终身诵之。子曰："是道也，何足以'臧'[2]！"

今注

1　这一段，当自为一章；皇、邢、朱三家都以合于上章。（刘疏本依孔广森《经学卮言》说分出独自为一章。）"不忮不求，何用不臧"见《诗·邶风·雄雉》篇。毛传："忮，害；臧，善也。""不忮不求，何用不臧"，是说一个人能够不嫉妒、不贪求，是不会不好的。

2　不忮不求，何用不臧！这两句诗实在是值得终身常诵的！孔子绝不会以子路常诵这两句诗为不对而批评他。孔子所以说"是道也，何足以臧"完全是对子路的戏言。子路常诵这两句诗，孔子听到，心里必很喜悦。心里喜悦而发戏言，这和孔子对子游说"割鸡焉用牛刀"是一样的情形。"何足以臧"的"臧"字，不可再训为"善"。因为孔子说的是戏言，我们应当从戏言的情形来讲"臧"字。一个讲法，是把"臧"字作为藏匿的"藏"。孔子说：

“这是道理呀，怎么可以藏呢！”孔子故意把训“善”的臧认作训“匿”的藏以发一笑。又一个讲法是把用在“何足以臧”的“臧”字看作没有意义的，只是取它的声。子路时常诵这两句诗。而这两句诗的末字为“臧”。可能子路诵这句诗时，把“臧”字读得比较重，拉得比较长，所以别人好像只听见子路老在那边唱个“臧”字。孔子所说的“何足以臧”的“臧”字，乃是模拟子路所诵的“何用不臧”的“臧”字。孔子说：“这个道理，平常得很，怎么值得老是这样‘臧’下去呢！”自然，孔子并不是真的说不值得；他只模拟子路诵“臧”字的声音，表明这是对子路讲笑话。（译文用前一义。）

今译

“不忮不求，何用不臧！”子路常常诵这两句诗。孔子说：“这有道理呀，怎么可以‘藏’呢！”

子曰：“岁寒，然后知松柏之后彫也[1]！”

今注

1 《释文》：“彫，依字当作凋。”《说文》：“凋，半伤也。”《论语》各本都作“彫”，唯皇疏除文明本作“彫”外，诸本俱作“凋”。后凋，凋落比别的树木为后；松柏耐寒而不容易凋落。（《荀子·大略》篇：“岁不寒无以知松柏；事不难无以知君子。”）

今译

孔子说：“到了天气寒冷的时候，我们才知道松柏不容易凋落！”

子曰："知者不惑[1]；仁者不忧；勇者不惧[2]。"

今注

1　知，音智。

2　这三句又见《宪问》篇。《申鉴》卷五《杂言下》："君子乐天知命故不忧；审物明辨故不惑；定心致公故不惧。"（"乐天知命故不忧"，见《易·系辞上》。）

今译

孔子说："有智慧的人不会疑惑；有仁德的人不会忧虑；有勇的人不会恐惧。"

子曰："可与共学[1]，未可与适道[2]；可与适道，未可与立；可与立，未可与权。"

今注

1　与，义同"以"。共学，指共同讲习。(《淮南子·泛论训》:"孔子曰:'可以共学矣，而未可与适道也；可与适道，未可以立也。可以立，未可与权！'")

2　适，意同"之"，有"达到"的意思。这章的意思，不十分清楚；"立"和"权"两字，意义尤难以明白。(译文实不应有！)

今译

孔子说："可以让一个人共同讲习，他未必就可以学到好的道理；可以学到好的道理，未必就能有所立；可以有所立，未必就能权衡得当。"

“唐棣之华，偏其反而。岂不尔思，室是远而[1]！”子曰：“未之思也夫[2]！何远之有[3]！”

今注

1　这四句当是孔子弟子当时所诵的诗。（现在《诗经》上没有这四句；《集解》《集注》都以为逸诗。）唐棣，见《尔雅·释木》。华，同花。“偏其反而”，意义不很可懂。译文姑依《集注》。《集注》说：“上两句无意义，但以起下两句之辞耳。”

2　夫，音符。

3　孔子评诗的话，乃是戏言！他听见学生诵这四句诗，一时高兴，便作了这个批评。记录的弟子，当然亦知道老师的话是戏言；但因为这个戏言亦有几分意思，所以便记录下来而流传到现在。这虽是一种臆测，但或许符合当时的情形。“皇疏”和“邢疏”竟把这章合上章为一章，使读者更为惑乱。

今译

“唐棣的花，翩然在摇动。我难道不想念你，但是你的家实在太远了！”孔子说：“恐怕并没有想念吧！〔要是真的想念，〕哪〔还会〕有什么远！”

卷十 乡党

孔子于乡党，恂恂如也[1]，似不能言者。其在宗庙朝廷[2]，便便言[3]，唯谨尔！

今注

1 《释文》："恂音荀，又音旬。"郑注："恂恂，恭慎貌。"《集注》："似不能言者，谦卑逊顺，不以贤知先人也。乡党，父兄宗族之所在；故孔子居之，其容貌辞气如此。"

2 朝，直遥切。下同。

3 便，旁连切。郑曰："便便，辩也。虽辩而敬谨。"按：《孔子世家》作"辩辩言"。《集注》："宗庙，礼法之所在；朝廷，政事之所出：言不可以不明辨，故必详问而极言之；但谨而不放尔。"《集注》："此一节，记孔子在乡党、宗庙、朝廷言貌之不同。"按：《乡党》篇旧不分章。（《释文》："此篇凡一章。"）邢疏本分为二十一节；《集注》分为十七节。我们现在的分节，全从《集注》。《乡党》篇大致是记孔子生平的行为的；但篇中有许多地方恐怕是出于传说，或杂记当时的仪文的。

今译

孔子在家乡，态度恭慎，好像不能说话的样子。他在宗庙和朝廷中，言辞明辨，不过说话的态度是很谨慎的。

朝，与下大夫言，侃侃如也[1]；与上大夫言，訚訚如也[2]。君在，踧踖如也；与与如也[3]。

今注

1 侃，苦旦切。孔曰："侃侃，和乐之貌。"刘疏："《尔雅·释诂》：衎，乐也。侃衎古通，故注训侃为和乐。"

2 訚，鱼巾切。孔曰："訚訚，中正之貌。"（《说文》："訚，和说而诤也。"）

3 踧，子六切；踖，子亦切。与音余。马曰："踧踖，恭敬之貌；与与，威仪中适之貌。"（皇疏："与与，犹徐徐也。"）《集注》："此一节记孔子在朝廷事上与接下之不同也。"

今译

在朝中，孔子和下大夫谈话，显得非常和乐的样子；和上大夫谈话，显得很严正的样子；国君在场，便保持着恭敬而安和的样子。

君召使摈[1]，色，勃如也[2]；足，躩如也[3]。揖所与立，左右手；衣前后，襜如也[4]。趋进，翼如也[5]。宾退；必复命曰："宾不顾矣[6]！"

今注

1 《释文》："摈，必刃反。本又作傧；亦作宾。"（《说文》："傧，导也。擯，傧或从手。"）《周礼·司仪注》："出接宾曰擯；入诏礼曰相。"

2 郑注："勃，谨庄貌也。"按：勃，借为孛。《说文》："孛，㝈也。人色也，故从子。《论语》曰，色，孛如也。"孛含有壮盛意。

3 躩，丘缚切。包曰："足躩如，盘辟貌。"（皇疏："盘辟，即是足转速也。"段《说文》注："盘，当作般。般辟，汉人语，谓退缩旋转之貌也。"）

4 襜，赤占切。《乡党图考》："襜襜，动摇之貌。"《说文通训定声》："襜如也：按开张之貌。"

5 孔曰："言端好。"

6 "宾不顾矣"，即"宾已经去了"。《集注》："此一节，记孔子为君擯相之容。"

今译

君上命令孔子招待国宾，孔子颜色勃勃有神，脚步很轻快。他向两旁的人作揖：向左、手左，向右、手右；他的衣服也前后摆动，很开张的样子。快步向前时，仪容是端正的。国宾已退，便向君上报告说："宾不回顾了！"

入公门，鞠躬如也；如不容[1]。立不中门；行不履阈[2]。过位，色，勃如也；足，躩如也；其言似不足者。摄齐升堂[3]，鞠躬如也；屏气似不息者。出，降一等，逞颜色，怡怡如也。没阶[4]，趋进[5]，翼如也。复其位，踧踖如也。

今注

1 公门，君门；鞠躬，谨敬的样子。《集注》："公门高大、而若不容，敬之至也。”

2 《释文》：阈，于逼反，一音况逼反；门限也。

3 《说文》：“摄，引持也。”段注：“凡云‘摄’者，皆整饬之意。”齐，借作齋。《释文》：“齐音资，裳下也。篇末皆同。”孔曰：“衣下曰齐。摄齐者，抠衣也。”（《论语骈枝》：“摄，敛也，整也。举足登阶，齋易发扬，故以收敛整饬为难。传记言摄衣，未有解为抠衣者。”按：《骈枝》以孔说为误；而《论语补疏》则说：“升堂上加摄齐二字，所以别于执圭之升堂也。孔氏以抠衣解之，精不可言。”焦似是以匡正刘说的。）

4 皇疏：“没，犹尽也；尽阶，谓下阶级尽，至平地时也。”

5 《释文》：“没阶趋；一本作‘没阶趋进’，误。”唐石经、正平本、皇本、元翻廖本，都有‘进’字；朱依陆氏说删去。臧琳《经义杂记》：“《史记·孔子世家》作没阶趋进；《仪礼·聘礼》注引《论语》同。趋进者，趋前之谓也。‘进’字不作入字解；旧有此字，非误。”按：‘进’字似误衍。《集注》：“此一节记孔子在朝之容。”（这节以前，记“君召使摈”；这节以后，记“执圭”的容仪；而郑玄注《仪礼·聘礼》（记），又引这节的文作说明。所以清代学者（如刘端临）便以这节和下节都是记孔子为聘宾的事的。因而解上文的“公门”为“所聘之国”的公门；解“复其位”为“复聘宾”的位。按：孔子做过聘宾没有，是一问题。我们若以这节为在本国朝君的礼，以下节为在他国做聘宾的礼，于理亦可通。人臣见君，无论在已国或在他国，有许多仪容是相同的。郑君用这节注《聘礼》（记），并不足证这节为《聘礼》。

今译

孔子入君门时，态度谨敬；好像国君的门容不下他的样子。

他不站在门中央；他不踏上门限。经过君位的前面，容色很庄敬，脚步也迅速；说话好像不能说的样子。提起下裳登上堂阶的时候，很谨敬；闭住鼻息，好像没有呼吸似的。出堂降阶一级，容色便不紧张；显得和悦的样子。下完了台阶，便恭敬地疾向前走。到了自己原来的位子，保持着敬慎的样子。

执圭[1]，鞠躬如也：如不胜[2]。上如揖，下如授[3]；勃如战色[4]；足蹜蹜、如有循[5]。享礼[6]，有容色；私觌[7]，愉愉如也。

今注

1 《说文》："圭，瑞玉也。"包曰："为君使聘问邻国，执持君之圭。"

2 胜，音升。《说文》："胜，任也。"（胜任平声；胜负去声。）执圭而"如不胜"，乃极言执圭人的谨敬。（《聘礼》（记）："执圭，入门、鞠躬焉，如恐失之。"《曲礼》："凡执主器，执轻如不克。"）

3 《集注》："上如揖；下如授：谓执圭高不过揖、卑不过授也。"（这两句异解多；我们取《集注》为例。）

4 勃如，壮盛的样子。郑曰："战色，敬也。"

5 郑曰："足蹜蹜如有循：举前曳踵行也。"（皇疏："循，犹缘循也。"）

6 郑曰："享，献也。《聘礼》：既聘而享；享用圭璧，有庭实。"（皇疏："享者，聘后之礼也。诸侯朝天子为朝；使臣礼主国之君为聘。聘，问也：使臣来问'安否'也。其礼质敬，唯有瑞玉表至诚而已。朝聘既竟，次行享礼。享者献物也。亦各有玉，不与聘同。又皆有物将之；或用皮马，或用锦绣。又献土地所生；罗列满庭，谓之庭实。"刘疏："聘记云，及享，发气焉盈容。注云：'发气，舍气也。孔子之于享礼有容色。'按舍与舒同，谓颜色舒解。")

7　郑曰："觌，见也。既享乃以私礼见。愉愉，颜色和。"（皇疏："聘享公礼已竟，别日使臣私赍己物以见于主君，故谓为私觌也。"）《集注》："此一节，记孔子为君聘于邻国之礼也。"（按：这或是当时礼文；未必是孔子一人的仪容。）

今译

拿着圭，很谨慎；好像拿不起的样子。拿得高的时候，好像作揖；拿得低的时候，就好像给人家东西一样：容色庄而敬。移步时脚尖稍起而后跟不离地，好像是循着什么走的样子。到了聘毕行享礼时，容色舒畅：享后行私见礼，容色便显得和悦了。

君子不以绀緅饰[1]；红紫不以为亵服[2]。当暑，袗絺绤[3]；必表而出[4]。缁衣羔裘；素衣麑裘，黄衣狐裘[5]。亵裘长，短右袂[6]。必有寝衣，长一身有半[7]。狐貉之厚以居[8]。去丧[9]，无所不佩。非帷裳，必杀之[10]。羔裘玄冠不以吊[11]。吉月[12]，必朝服而朝。

今注

1　邢疏："君子，谓孔子也。"（按：《礼运》记言偃当面问孔子"君子何叹"。《孟子·尽心下》："君子之厄于陈蔡之闲。"赵注："君子，孔子也。"）绀，古暗切。《说文》："绀，帛深青而扬赤色也。"（段注："今之天青。亦谓之红青。"）緅，音邹。《说文》："才，帛雀头色也。一曰，微黑色，如绀。"（段注："今经典緅字，许无；才即緅字也。"）郑注："饰，谓纯缘也。"（《尔雅·释器》："纯谓之缘。"郭注："衣缘饰也。"按：衣服边饰叫作纯，亦叫作缘。）

2　《说文》："亵，私服。"王曰："亵服，私居服，非公会之服。”（这两个“不以”的原因，或为当时的风气；或为个人的嗜好：后人似不必勉强推测。）

3 袗，邢、朱、廖本同；释文、唐石经作纱；正平本、皇本作缜。《曲礼》“袗絺绤”；《玉藻》袗作振。袗，单；絺，细葛；绤，粗葛。

4 表，上衣。皇疏：“当暑絺绤可单；若出，则必加上衣。”“必表而出”依正平本、皇本；唐石经、邢、朱、廖本出下有“之”字。

5 孔曰：“服皆中外之色相称也。”（古礼，衣裘必加裼衣。这三句里的“衣”，都指裼衣说。）缁，帛黑色；羔，小羊。刘疏：“经传凡言羔裘，皆谓黑裘。”素，白色的细缯；麛，小鹿；麛音迷。（各本麛作麑；今据《玉藻注》和《聘礼注》所引《论语》订。依《说文》，“鹿”字当作“麛”。）刘疏：“麛裘之色，当亦近白。”狐，色黄。

6 亵裘，家居常穿的裘。胡绍勋《拾义》：“《说文》：又，手也。单言手不言右手，明又为两手之统词。右袂之右，即又之同音借字。袂独短者，或较礼服之裘稍短，或因裘之长而适形其短。”（夏炘亦说：“右袂，即世俗所谓手袖也。”按：“右袂”当存疑。）

7 郑注：“寝衣，今小卧被是也。”《说文》：“被，寝衣也；长一身又半。”宋程子以为“必有寝衣长一身有半”九字，应当在后文“齐必有明衣布”下。

8 这里的“居”，和“居，吾语汝”的“居”同，义为“坐”。“狐貉之厚以居”，是说，把狐貉皮厚的部分做坐褥。（狐貉，《说文》引作“狐”。段注：凡狐貉连文，当作貈。）

9 去，起吕切。

10 杀，所拜切。郑注：“帷裳，谓朝祭之服，其制正幅如帷也。非帷裳者，谓余衣也。杀之者，削其幅使缝齐倍腰也。”（皇疏引“缝齐倍腰”，是说下摆为腰围的一倍。《礼记》深衣“要缝半下”，即“缝齐倍腰”。按：“非帷裳、必杀之”，当是那时服制普通的式样。）

11 孔曰：“丧主素，吉主玄：吉凶异服。”

12 “吉月”，《集解》《集注》都释为“月朔”；但王引之以“吉月”为“告月”的文。〔按：王说极有理。但告月（视朔）亦应在月朔，所以我们的译文里仍用“月朔”。〕《集注》：“此一节，记孔子衣服之制。苏氏曰：此孔氏遗书杂记《曲礼》，非特孔子事也。”

今译

君子不用绀色和緅色做衣服的缘边；不用红紫做私居的衣服。在热天，可穿单的细葛衣或粗葛衣；但出门时必须加上外衣。黑裼衣配紫羔皮裘；白裼衣配小鹿皮裘；黄裼衣配狐皮裘。家居常穿的皮衣很长，不过手袖比较短。（必须有小卧被；比人要长半身。）用狐貉的厚皮当坐褥。丧服已除，什么都可以佩带。除了帷裳，别的衣服要有杀缝。不用紫羔皮裘和黑礼帽去吊丧。月朔，必穿朝服朝君。

齐[1]，必有明衣[2]；布[3]。齐，必变食[4]；居，必迁坐。

今注

1 齐，侧皆切。这个“齐”字，借用作“斋”字。《说文》：“斋，戒絜也。”（古人要接于神明时，如行祭祀礼须先斋戒。《礼记·祭统》：“君子之齐也，专致其精明之德也。”古书里用“齐”字为“斋”字的地方很多。最初当只有“齐”字，后乃加偏旁而成“斋”字；因笔画重复而减去两画。）

2 明衣，是斋戒时沐浴后所穿的亲身衣。

3 宋程子以为“布”字下应有“必有寝衣，长一身有半。”一句。

4 《集注》：“变食，谓不饮酒、不茹荤。迁坐，易常处也。”

按："不饮酒、不茹荤"为"祭祀之斋"，见《庄子·人间世》。（《礼记·玉藻注》："荤者，姜及辛菜也。"后世以茹荤为食肉，而于姜薤反不禁；又，后世斋时不食肉，而古代则斋时食肉或更多：这是古今的不同。）《集注》："此一节，记孔子谨齐之事。"

今译

斋戒时，必须有沐浴后所穿的亲身衣，用布做的。〔必须有小卧被，比人要长半身。〕斋戒时，必须改变平常吃的东西；必须改变平常坐息的地方。

食不厌精[1]；脍不厌细[2]。食饐而餲[3]、鱼馁而肉败[4]，不食；色恶，不食[5]；臭恶，不食；失饪[6]，不食；不时[7]，不食；割不正[8]，不食；不得其酱[9]，不食。肉虽多，不使胜食气[10]。唯酒无量；不及乱[11]。沽酒、市脯，不食[12]。不撤姜食[13]；不多食。祭于公，不宿肉：祭肉，不出三日；出三日，不食之矣[14]！食不语；寝不言[15]。虽疏食、菜羹，必祭[16]；必齐如也[17]。

今注

1　食音嗣；义同饭。（下文"食饐"的食同。）厌有饱义，因而有厌足、厌恶的意义。精，上等米；引申有精致的意义。

2　脍，细切的肉。《集注》："食精则能养人；脍麤则能害人。不厌，言以是为善，非谓必欲如是也。"

3　皇疏："饐，谓饮食经久而腐臭也；餲，谓经久而味恶也。"餲，乌迈切；一音遏。

4　《集解》："鱼败曰馁。"

5　《集注》："色恶、臭恶、未败而色臭变也。"（色臭，指烹前的色臭讲。）

6　方言：“饪，熟也。”失饪，是不熟或过熟的意思。（《礼记·文王世子》郑注：“饪，生熟之节。”）

7　郑注：“不时，非朝、夕、日中时。”一日里边，吃东西应有定时；不到定时不食。（《礼记·王制》：“五谷不时，果食未熟，不粥于市。”这是“不时不食”的另一种解释。）

8　《集注》以方正释正，似不妥。“割不正”，当是说“割的方法不正当”。不过怎么是割的正当方法，我们也只得阙疑。

9　设食必有酰酱，自古已然。《曲礼》：“脍炙处外；酰酱处内。”凡鱼肉各有气味相宜的酱。马曰：“鱼脍非芥酱不食。”只举一例讲。“其酱”的“其”，指相配的食物。

10　“食气”的食，释文“如字”；《集注》“音嗣”。按：《集注》是。刘疏：“周官医五气，即五谷之气。人食肉多则食气为肉所胜而或以伤人。”

11　乱，醉。

12　沽酒市脯，从市上买来的酒脯。不食，当是怕这种市上出卖的酒脯有害身体健康的缘故。

13　古人以姜为御风湿的菜，有去臭气、通神明的功效，所以不撤。

14　祭肉，指家祭的肉。

15　《大雅·公刘传》：“直言曰言；论难曰语。”（《说文》同。）食时寝时本不应有言语。若不得已，则食时尚可作简单的说话，寝时则什么都不应有。（当然，若有危急，则寝亦可言！）

16　疏食（音嗣），粗饭。“必”，各本作“瓜”。郑注：“鲁读瓜为必；今从古。”作“必”义较长，所以我们的经文改从《鲁论》。（郑玄所以从古论作瓜，因“瓜祭”亦是礼所有的。）

17　齐如，严敬的样子。“齐，音斋”。（古人将食，先取各种盘馔少许，放在笾豆的中间，以祭古昔造食的人。这个礼节，叫作祭食。“必祭”的“祭”字，指祭食讲。）《集注》：“此一节，记孔子饮食之节。”

今译

饭越精越好；脍越细越好。饭有气味，鱼肉腐败，不吃。吃的东西，颜色不好，不吃；气味不好，不吃；火候不正，不吃；不是吃的时候，不吃。肉切得不正，不吃；没有适合的酱，不吃。肉虽备得多，却不能比饭多吃。酒可以随意吃，只要不吃醉。街上买来的酒和干肉都不吃。姜是永不收起来的，但也不多吃。在公家助祭所得的祭肉，当天就得分赐。家祭的祭肉，也不能过三天；过了三天，就不吃了。吃东西的时候不和人辩论；睡在床上的时候不讲话。即使是粗饭、菜羹，也必祭食；祭食时也必肃敬。

席不正不坐[1]。

今注

1　古人席地而坐；席有再、三重的。凡蒲苇、禾秆、竹篾等都可织席。席铺地上，或移动而致偏斜，可以引起邻座的不便：所以孔子必正席才坐。《曲礼》：“主人跪正席；客跪抚席而辞。”“正席”似是那时的一种礼节。（皇疏：“范宁曰，正席，所以恭敬也。”）《集注》以这一句为一节。

今译

座席若不端正，不坐。

乡人饮酒，杖者出[1]，斯出矣！乡人傩[2]，朝服而立于阼阶[3]。

今注

1 杖者，老年人。（《王制》：“五十杖于家；六十杖于乡；七十杖于国；八十杖于朝。”）

2 傩，诺何切；古代一种驱逐疫鬼的举动。

3 阼阶，东阶；是主人上下的阶。孔曰：“恐惊先祖，故朝服而立于庙之阼阶。”《集注》：“此一节，记孔子居乡之事。”

今译

行乡饮酒礼的时候，老年人走了，就应该走了。乡人驱逐疫鬼的时候，便穿着朝服立在祖庙的东阶上。

问人于他邦[1]，再拜而送之[2]。康子馈药[3]，拜而受之；曰：“丘未达，不敢尝。”

今注

1 问，有问讯、问候、慰问等意义，又有馈遗的意义。《周礼·大宗伯》：“时聘曰问。”《仪礼·聘礼》：“小聘曰问。”《礼记·曲礼》：“凡以弓剑、苞苴、箪笥问人者。”注：“问，犹遗也。”《诗·女曰鸡鸣》：襍佩以问之。《左传·成公十六年》：问之以弓。《左传·哀公十一年》：使问弦多以琴。这些“问”字，都应训“赠送”。

2 “之”，指使者。拜送使者，乃是向所问的人示敬。

3 馈，馈遗。（《说文》段注：“馈之言归也；故馈多假归为之。《论语》‘咏而馈’‘馈孔子豚’‘齐人馈女乐’：古文皆作馈；鲁皆作归。郑皆从古文。今本《集解》《阳货》篇《微子》篇作归：依《集解》引孔安国语，则当作馈也。今字以餽为馈；此乃假借。其义本不相通也。《孟子》'餽孔子豚'，汉《礼乐志》'齐人餽鲁而孔子行'，已作此字。")《集注》："此一节，记孔子与人交之诚意。"

今译

使人到别国去问候（或馈赠）朋友时，送使人时行再拜礼。季康子赠药给孔子，孔子拜而收药；并说："我对这药的用法，还没有知道清楚，所以不敢尝试。"

厩焚[1]。子退朝；曰："伤人乎？"不问马[2]。

今注

1　厩，马房。

2　《礼记·杂记》："厩焚，孔子拜乡人之为火来者。"据《杂记》，则厩是孔子的家厩；郑玄亦以"退朝"为"自鲁君之朝来归"。但《盐铁论·刑德》篇："鲁厩焚；孔子罢朝，问人不问马：贱畜而重人也。"是汉世学者有以厩为国厩的。译文从郑注。《集注》以这十二字为一节。弟子所以记这事，当然是要明孔子重人轻物的意思。《礼记·檀弓记》孔子的话："吾闻之也：敝帷不弃，为埋马也。"仁人爱物，孔子自亦当然。孔子的不问马，必有不须问的理由；当不是故意不问的。

今译

马房失火了。孔子从朝中回来，说："伤人了吗？"他没有问马。

君赐食，必正席先尝之[1]；君赐腥[2]，必孰而荐之[3]；君赐生，必畜之[4]。侍食于君，君祭，先饭[5]。疾，君视之，东首[6]，加朝服，拖绅[7]。君命召，不俟驾行矣[8]。

今注

1 食，煮熟的食物。先尝，表示对君的敬意；尝过乃以分赐。

2 腥，音星，没有经过烹调的肉。

3 孰，古书多作"孰"；"熟"字始见于顾野王《玉》篇。荐，祭于祖先。

4 生，活的畜牲。畜，养。《集注》："畜之者，仁君之惠，无故不敢杀也。"

5 祭，指食时的祭。皇疏："礼，食必先取食，种种出片子、置俎豆边地，名为祭。祭者，报昔初造此食者也。君子得惠不忘报，故将食而先出报也。当君正祭食之时，而臣先取饭食之，故云'先饭'。饭，食也。所以然者，亦为君先尝食，先知调和之是非也。"（"祭食"，已详于上文"食不厌精"节注中。这里引皇疏，是要使读者略知六朝时疏讲文字的大概。）饭，扶晚切。

6 东首，头向东方。首，手又切。（首训头，上声；含有动意，去声。）

7 拖，同拕。绅，大带。

8 俟，等待。郑曰："急趋君命，出行而车驾随之。"（《孟子·公孙丑》篇："礼曰：君命召，不俟驾。"）《集注》："此一节，记孔子事君之礼。"

今译

君上赐熟食，必正席坐下先尝，再以分赐；君上赐生肉，必煮熟而荐于祖先；君上赐活物，必把它养在那里，等祭祀时再用。陪君上吃饭，君上祭，便先替君上尝饭。孔子生病时如君上来探视，孔子头向东卧，上加朝服，拖着大带。君上召见，不等车驾便行了。

入大庙，每事问[1]。

今注

1 大，音泰。这一句亦见《八佾》篇。郑曰："为君助祭也。大庙，周公庙也。"（皇疏："旧通云，前是记孔子对或人之时，此是录平生常行之事。故两出也。"）

今译

进入大庙，对每件不明白的事都要向人请教。

朋友死，无所归[1]。曰："于我殡！"朋友之馈，虽车马，非祭肉不拜[2]。

今注

1 孔曰："无所归，无亲昵也。""于我殡"句，包括丧事的一切责任讲。

2 孔曰："不拜者，有通财之义也。"《集注》："此一节，记孔子交朋友之义。"

今译

朋友死了，若没有亲近的人主丧，孔子就说："我来主丧！"朋友有所馈遗，除了祭肉以外，即使是车马，也不行拜礼。

寝不尸[1]；居不客[2]。见齐衰者[3]，虽狎必变：见冕者与瞽者，虽亵必以貌。凶服者式之；式负版者[4]。有盛馔，必变色而作。迅雷，风烈，必变[5]。

今注

1 包曰："不偃卧四体、布展手足、似死人也。"

2 "客"字依陆德明《经典释文》和唐石经、邢本、朱本、廖本、正平本、皇本都作"居不容"。段玉裁说："《论语》'寝不尸、居不客'，谓生不可似死；主不可似客也。今本误作'不容'。"（按：臧琳已主张从陆氏作"客"字；但段说较明晰。）

3 齐，音资；衰，七雷切。

4 式是古代乘车的人一种礼貌。皇疏："古人乘露车，皆于车中倚立。倚立难久，故于车厢上安一横木以手隐凭之，谓之为较。又于较之下未至车床半许安一横木，名为轼。若在车上应为敬时，则落手凭轼。凭轼则身俯偻，故云'式之'。"邢疏："式者，车上之横木。男子立乘；有所敬则俯而冯式，遂以式为敬名。"负版者，旧注以为是"持邦国之图籍"的人。武亿和朱彬都以为"版当读如《曲礼》'虽负贩者必有尊也'之'贩'"。俞樾《群经平议》也说："式负版者，与上句'凶服者式之'共为一事；言，子见凶服者必式；虽负贩者亦式之也。"

5 《礼记·玉藻》："若有疾风、迅雷、甚雨，则必变。虽夜必兴；衣服冠而坐。"《集注》："此一节，记孔子容貌之变。"

今译

孔子睡时，不布展手足像一个死人；居家，不矜持威仪像一个客人。见着有丧服的人，即使平日很熟的也一定改容相见；见着穿礼服的人和盲人，即使是常相见的，也一定以礼貌相待。在车上见着有丧服的人，必行式礼；即使这人是一个小贩，也是一样。食时主人上美盛的食物，必整容起立。遇了急雷，狂风，必庄敬慎备。

升车，必正立，执绥[1]；车中，不内顾[2]，不疾言，不亲指[3]。

今注

1 绥，牵以上车的索。

2 皇疏："内，犹后也；顾，回顾也。升在车中，不回头内顾也。所以然者，掩人不备，非大德之所为也。"

3 刘疏："案亲字义不可解。《曲礼》云：'车上不妄指。'亲，疑即妄字之误。（郑彼注云，'为惑众'。）"《集注》："此一节，记孔子升车之容。"

今译

上车时，必须站定，拉着上车的绳索。在车上，不回头后顾；不急疾说话；不随便举手有所指。

色，斯举矣[1]！翔而后集[2]。曰："山梁雌雉，时哉！时哉！"子路共之；三嗅而作[3]。

今注

1 马曰："见颜色不善则去之也。"（皇疏："谓孔子在外观人颜色而举动也。"）

2 周曰："回翔审慎而后下止也。"（皇疏："谓孔子所至之处必回翔审观之后乃下集也。”)《集注》:“言鸟见人之颜色不善,则飞去;回翔审视而后下止。人之见几而作,审择所处,亦当如此。然此上下必有阙文矣!”

3《释文》:“共,本又作供;九用反,又音恭。”《集解》:“言山梁雌雉得其时,而人不得其时,故叹之。子路以其时物故共具之;非其本意、不苟食,故三嗅而作。作,起也。”(皇疏:“梁者,以木架水上,可渡水之处也。孔子从山梁闲见有此雌雉也。时哉者,言雉逍遥得时也。言人遭乱世、翔集不得其所,而不如梁闲之雉。十步一啄,百步一饮,是得其时,故叹之也。独云‘雌’者,因所见而言矣。子路不达孔子‘时哉时哉’之叹,而谓叹雌雉是时月之味,故驰逐驱拍遂得雌雉、煮熟而进以供养孔子,乖孔子本心。孔子若直尔不食者,则恐子路生怨,故先三叹气而后乃起。”)《集注》:邢氏曰:“梁,桥也。时哉,言雉之饮啄得其时。子路不达,以为时物而共具之。孔子不食;三嗅其气而起。”晁氏曰:“石经‘嗅’作‘戛’;谓雉鸣也。”刘聘君曰:“嗅,当作‘臭’;古阒反,张两翅也。见《尔雅》。”愚按:如后两说,则“共”字当为拱执之义。然此必有阙文,不可强为之说;姑记所闻以俟知者。按:从“色斯举矣”到篇末,文义难晓。《吕氏春秋·审己》篇:“故子路揜雉而复释之。”子路揜雉复释的故事,在战国时当已流行,所以吕氏著书引以为说。《论语》这段文字,是根据这个寓言式的故事而撰的呢,或这个故事是为解释《论语》这段文字而造的呢?我们现在已难断定了。但这二十五个字不是当时随从孔子的人所记的原文,则是没有疑问的。这章列在《乡党》篇末,当亦是后加的缘故。朱子既录邢疏,又存晁刘二说,且在这章前后二节注中都说“必有阙文”;于使读者多识前哲的义训以外,又启示以盖阙的识度。在这一点上,朱子对后学的益处很大。(译文从阙。)

卷十一 先 进

子曰："先进于礼乐，野人也；后进于礼乐，君子也。如用之，则吾从先进[1]。"

今注

1 包曰："先进后进，谓仕先后辈。"《集注》："野人，谓郊外之民；君子，谓贤士大夫也。"这章旧解，都很难令人满意。傅斯年在《周东封与殷遗民》一文里解释《论语》这章说："野人，即农夫。《论语》中君子有二义：一谓卿大夫阶级，即统治阶级；二谓合于此阶级之礼度者。此处所谓君子者，自当是本义。先进、后进，自是先到、后到之义。礼、乐，自是泛指文化，不专就玉帛钟鼓而言。名词既定，试翻做现代的话如下：'那些先到了开化的程度的，是乡下人；那些后到了开化程度的，是上等人。如问我何所取，则我是站在先开化的乡下人一边的。'先开化的乡下人，自然是殷遗；后开化的上等人，自然是周宗姓婚姻了。"傅先生这个说法，比起以前许多学者关于这章的解释实较为讲得通。（江永亦以"先进"为指殷人言；但他释君子野人和傅不同。）所以我们的翻译用傅说。（按：傅说自有难通的地方。一、《论语·先进》篇除第一章外，都是关于孔子弟子的记载；

编《论语》的人似不应把一章和孔子弟子没有关系的话放在这篇的开头。二、孔子尝有“吾从周”的话，亦似和“吾从先进”的意思不合。但对于第一点，则编《论语》的人也许有误解孔子的地方；至于第二点从殷从周的不同，当因说话时期的不同而生的。当然，我们并不能说傅说是这章不可变易的定论。对古圣的遗言，我们见到较通达的解释，我们便应采取。）

今译

孔子说：“那些先到了开化的程度的，是野人；那些后到了开化的程度的，是君子。如果问我何所从，则我是站在先到了开化程度的人那一边的。”

子曰：“从我于陈蔡者，皆不及门者也[1]。”

今注

1 从，才用切。门下者字，依皇本、正平本。郑曰：“言弟子之从我而厄于陈蔡者，皆不及仕进之门而失其所也。”《集注》：“孔子尝厄于陈、蔡之间；弟子多从之者。此时皆不在门，故孔子思之。”这章文意难以十分明了；译文从阙。

德行：颜渊，闵子骞，冉伯牛，仲弓；言语：宰我，子贡；政事：冉有，季路；文学：子游，子夏[1]。

今注

1 行，下孟切。《释文》：“郑氏以合前章。”（按：宋世程、朱二氏亦同郑氏。）但皇本和邢本都把这三十字自为一章。

今从皇邢本。皇疏："此章初无'子曰'者，是记者所书，并从孔子印可而录在论中也。王弼云，此四科者，各举其才长也。"按：四科的名目，可能孔子在世时便有了。"四科"这个名字，当起于汉代。《后汉书·文苑传·郦炎传》："安得孔仲尼，为世陈四科！"孔子似没有分立这四科以施教的意思。即《述而》篇所记的"子以四教：文，行，忠，信"亦出于弟子的观察，并不是孔子当日有这个区分。至皇疏"从孔子印可"的话，自出于皇氏的臆测。这章当是孔子的门人从孔门中平日的谈论而撰成的。我们从皇疏分章，是以为这样较合，并不是说郑、朱一定不对。编《论语》的人，可能以为这十人是从孔子于陈蔡的。不过由于文献不足，我们难以判定这个疑案罢了。

今译

德行方面可称道的：颜渊，闵子骞，冉伯牛，仲弓；言语方面可称道的：宰我，子贡；政事方面可称道的：冉有，季路；文学方面可称道的：子游，子夏。

子曰："回也，非助我者也；于吾言无所不说[1]。"

今注

1　孔曰："助，犹益也。言回闻言即解，无可起发增益于己也。"说音悦。按：《礼记·学记》篇里有"教学相长"的话；道理是很明白的。若教者因学者的发问而更深思，那就是学者有益于教者。颜回于孔子所讲，没有不明了的，不再问难，所以对孔子没有帮助。

今译

孔子说："颜回，并不是有益于我的；他对我的话没有不悦怿的！"

子曰："孝哉闵子骞！人不闲于其父母昆弟之言[1]。"

今注

1《释文》："闲，闲厕之闲。"陈曰："言闵子骞为人，上事父母，下顺兄弟，动静尽善，故人不得有非闲之言也。"焦循《论语补疏》："循按《汉书·杜邺传》：举方正，对曰：'昔曾子问从令之义；孔子曰：是何言与！善闵子骞守礼，不苟从亲，所行无非礼者，故无可闲也。'升奏记王邑曰：'升闻子以人不闲于其父母为孝；臣以下不非其君上为忠。'（《后汉·范升传》）又云：'知而从令，则过大矣！'二者皆引为从令之证。盖以从令而致亲于不义，则人必有非闲其父母昆弟之言；唯不苟于从令，务使亲所行均合于义，人乃无非闲其亲之言，是乃得为孝。然则闵子之孝，在人无闲于其父母昆弟之言；人所以无闲于其父母昆弟之言者，以其不苟从亲令也。陈注'动静尽善'，或即指此。'不'字作'无'字解，自明。人无非闲之言，不是无非闲闵子之言，乃无非闲其父母昆弟之言也。"按：这章可疑的地方有很多。我们这里选录《集解》所用的陈注，乃是因为集注比陈注更不妥当。焦氏《补疏》虽未必合注意，但这个说法，根据汉世经师的引用，意义很好，而且也勉强说得通，所以录存以备读者的思考。这当然不能便作为定解的！焦氏《补疏》并取证于《艺文类聚·孝部》所引的《说苑》和《太平御览》所引的《孝子传》，这些似都是不足取信的。（朱子《论语》或问里所称的吴氏说所引用的《韩诗外传》，亦当是这样的！）

今译

孔子说："闵子骞真孝！使人没有非闲他父母兄弟的话。"

南容三复白圭[1]；孔子以其兄之子妻之[2]。

今注

1 南容已见《公冶长》篇。《释文》："三，息暂反，又如字。"《诗·大雅·抑》篇："白圭之玷，尚可磨也；斯言之玷，不可为也。"（传："玷，缺也。"）孔曰："南容读诗至此，三反覆之；是其心慎言也。"按："三复"，只是"常诵"的意思。

2 妻，七细切。（《大戴礼·卫将军·文子》篇："独居思仁，公言言义；其闻诗也，一日三复'白圭之玷'：是南宫绍之行也。夫子信其仁，以为异姓。"）

今译

南容常常讽诵"白圭之玷"的诗句；孔子把他哥哥的女儿嫁给他。

季康子问："弟子孰为好学[1]？"孔子对曰："有颜回者，好学。不幸短命死矣！今也则亡[2]。"

今注

1 好，呼报切。

2 亡，音无。

今译

季康子问道："你的弟子里边谁最好学？"孔子回答说："有个叫颜回的最好学。不幸短命死了！现在实没有那样好学的人了。"

颜渊死；颜路请子之车以为之椁[1]。子曰："才、不才，亦各言其子也[2]！鲤也死[3]，有棺而无椁。吾不徒行以为之椁；以吾从大夫之后，不可徒行也[4]。"

今注

1 《仲尼弟子列传》："颜无繇，字路。路者颜回父；父子尝各异时事孔子。"《集注》："椁，外棺也。"宦懋庸《论语稽》："请车为椁，朱注从孔说，以为卖车买椁。笺注家皆无以正其误。按：卖车买椁之说有八不可解。……今考《礼经》，乃知颜路请车为椁，盖欲殡时以孔子之车蔽涂为椁，非葬时之椁也。"按：这章可疑的地方有很多。宦懋庸的解释，虽不能说为尽善，实是"请车为椁"一种可通的讲法。这个讲法，非特免去卖车买椁的曲解，且可以使我们想到颜路请车和孔子拒绝的理由。士的殡礼，根本用不到"椁"！

2 皇疏："言才与不才诚当有异；若各本天属，于其父则同是其子也。"

3 《孔子世家》："孔子生鲤，字伯鱼；伯鱼年五十，先孔子卒。"

4 《说文》："徒，步行也。"（《礼记·王制》："君子者，老不徒行。"）

今译

颜渊死了，颜路请求孔子把车用作颜渊殡时的椁。孔子说：“回和鲤虽有才不才的分别，但从我的角度来讲，则同是儿子。鲤死的时候，只有棺而没有椁。我并没有把车给他做椁；因为我曾居大夫的职位，依礼是不应当步行的。”

颜渊死。子曰：“噫[1]，天丧予[2]！天丧予！”

今注

1 噫，痛伤的声气。

2 《释文》：“丧，如字，亡也。旧息浪反。”《集注》：“悼道无传，若天丧己也。”按：“天丧予”，犹现在人说“我完了”，乃是一个人绝望的话。

今译

颜渊死了。孔子发了痛伤的声气，说：“我完了！我完了！”

颜渊死；子哭之，恸[1]。从者曰[2]：“子恸矣！”曰：“有恸乎？非夫人之为恸而谁为[3]！”

今注

1 马融曰：“恸，哀过也。”按：过哀的意思。

2 从，才用切。

3 夫，音符；为，于伪切。“非夫人之为恸而谁为”：“非为这人恸而为谁恸”。

今译

颜渊死，孔子哭得很伤心。随从的弟子们说："老师哭得太伤心了！"孔子说："太伤心了吗？不为这样的人伤心而为谁伤心呢！"

颜渊死；门人欲厚葬之。子曰："不可[1]！"门人厚葬之。子曰："回也，视予犹父也；予不得视犹子也[2]。非我也；夫二三子也[3]！"

今注

1 《集注》："丧具称家之有无；贫而厚葬，不循理也。故夫子止之。"按：孔子以为厚葬颜渊，于礼非宜。

2 马曰："言回自有父；父意欲听门人厚葬，我不能制止也。"

3 夫，音符。

今译

颜渊死了，弟子们想要厚葬他。孔子说："不可以！"弟子们还是厚葬了颜渊。孔子说："颜回把我看作父亲一样；我却不能把他看作儿子一样。厚葬并不是我的意思；是我几个学生的主张！"

季路问事鬼神[1]。子曰："未能事人，焉能事鬼[2]！""敢问死。"曰："未知生，焉知死！"

今注

1 事鬼神，自是指祭祀的事情。但季路的意中，或尚未脱去时俗所流行的迷信。"未能事人，焉能事鬼"，和答樊迟"务民之义，敬鬼神而远之”的话同义。从孔子对季路和樊迟说的话中，我们可以知道孔子对“鬼神”的意见了。（《论语后案》：夫子不答，犹是不语怪、神之意也。）

2 焉，于虔切；下同。

今译

季路问怎样服事鬼神。孔子说：“人，我们还服事不好，怎么能够服事鬼神呢！”又问死后是怎样的。孔子说：“我们对一个人活着时的道理都还没有知道清楚，怎么能够知道死后的情形呢！”

闵子侍侧，訚訚如也[1]；子路，行行如也[2]；冉有、子贡，侃侃如也：子乐[3]。曰：“若由也，不得其死然[4]！”

今注

1 訚訚、侃侃的音义已见《乡党》篇注。

2 《释文》：“行，胡浪反，或户郎反。”郑曰：“行行，刚强之貌也。”

3 《释文》：“乐音洛。”（《集注》同。）孙奕《示儿编》：“‘子乐’必当作‘子曰’；声之误也。始以声相近而转‘曰’为‘悦’；又以义相近而转‘悦’为‘乐’。知由也不得其死，则何乐之有！”按：阮氏《校勘记》似以孙说为是。但《集解》引郑注有“乐各尽其性也”一语，则郑时经文已作“子乐”了。刘疏：“乐字郑注已释之，断非曰字之误。夫子是乐四贤才德足用，不必专言子路。朱子《集注》云：‘乐得英才而教育之。’亦通。”

4 “若”上“曰”字，据皇疏本。除皇疏本外，各本《论语》

都没有这个“曰”字；只《汉书》叙传注引《论语》同皇疏本。“子乐”已值得保全，这个“曰”字自应有。宋蔡节的《论语集说》有“子乐下脱子曰二字”一语，很对。清洪颐煊在他的《读书丛录》里说：“此句本别为一章，曰字上脱子字。《文选》注引皆作‘子曰’。《淮南子·精神训》注：‘季路仕于卫；卫君父子争国，季路死。孔子曰：若由也不得其死然。言不得以寿命终也，故云然。’”按：洪氏以“曰”字下应别为一章而“曰”字上脱去“子”字，亦颇有理。编《论语》的人以孔子这句话和上文“子路行行如也”一语有关，所以把这两章相次。后来因上章“子乐”的“子”而写书的人省去“子曰”的“子”，便成了现在的皇疏本；或因“子乐”而误脱“子曰”，便成了唐石经的本子。(辅广《论语答问》曰，“子乐”，不若“子曰”之协于文势也。)《经传释词·七》：“然，犹焉也。”

今译

闵子骞在孔子的旁边，很中正的样子；子路，很刚强的样子；冉有、子贡，很和乐的样子：孔子很高兴。他曾说：“仲由这样的人，好像难以得到寿终！”

鲁人为长府[1]；闵子骞曰：“仍旧贯，如之何？何必改作！”子曰：“夫人不言[2]，言必有中！”

今注

1 郑注：“长府，藏名也。藏货财曰府。仍，因也；贯，事也。因旧事则可，何乃复更作为！”《四书释地》：“《左传·昭公二十五年》：‘公居于长府。九月戊戌，伐季氏；遂入其门。’意公微弱，将攻权臣，必先据藏货财之府，庶可结士心。”刘疏：“周官内府职云：‘掌受货财良兵良器以待邦之大用。’鲁之长府，自是在内而为兵器货贿所藏。鲁君左右，多为季氏耳目；公欲伐季氏而不敢发，故居于长府，欲借其用以伐季氏，且以使之不疑耳。昭公伐季氏在廿五年；孔子时正居鲁。则知鲁人为长府，正是昭公欲有所改作以为不虞之备。但季氏得民已久，非可以力相制，故闵子言‘仍旧贯，何必改作’以讽，使公无妄动也。闵子所言，辞微而婉，故夫子称其‘言必有中’也。”（这章异说很多；刘说似较合事理。）

2　夫音符。夫人，指闵子骞。《经传释词》：“夫，犹此也。《礼记·檀弓》：夫夫也。郑注：夫夫，犹言此丈夫也。”中，丁仲切。

今译

鲁人修治长府。闵子骞说：“最好仍旧不动！那还能怎么样？何必要修治呢！”孔子说：“这个人不轻易说话；一说话定会说对！”

子曰：“由之瑟，奚为于丘之门[1]！”门人不敬子路[2]。子曰：“由也，升堂矣！未入于室也[3]。”

今注

1　孔子这话当是一时的戏言；孔子当不会反对子路鼓瑟的。（《说苑·修文》篇：“子路鼓瑟，有北鄙之声。”马注：“子路鼓瑟、不合雅颂。”似都是后人因《论语》这章而附会的话。）

2　王若虚《滹南遗老集·六》：“子路之为人，门人知之亦孰矣。鼓瑟一事，虽夫子所不取，未为大过也。而遽不敬焉，何好恶之轻乎！盖其所以不敬者，不独在此也。当是两章。”按：王说亦可备一解。

3　升堂、入室，比喻学问进步的次第。（古人的房屋，阶上为堂，堂后为室。）

今译

孔子说："仲由为什么在我这里鼓瑟？"孔子的门人不敬子路。孔子说："仲由已经登上我的堂，只是还没有进我的室罢了。"

子贡问："师与商也孰贤？"子曰："师也过；商也不及[1]。"曰："然则师愈与[2]？"子曰："过，犹不及也[3]！"

今注

1　《集注》："子张才高意广，而好为苟难，故常过中；子夏笃信谨守，而规模狭隘，故常不及。"

2　与，音余。

3　《集注》："道以中庸为至；过虽若胜于不及，其失中则一也。"句末"也"字依皇本、正平本。

今译

子贡问："师和商，哪个好一点？"孔子说："师太过；商不及。"子贡说："那么师好一点吗？"孔子说："太过和不及，同样不好！"

"季氏富于周公，而求也为之聚敛而附益之[1]。"子曰，"非吾徒也！小子鸣鼓而攻之可也[2]。"

今注

1　为，于伪切。这两句当亦是孔子的话；录《论语》的人把这话记在“子曰”的前面，作为事由。（因为若出于记《论语》的人，当不会称冉有为“求也”的。《八佾》篇的“三家者以雍彻”，也当是孔子的话；但因那句话里没有像“求也”这种字样，所以读者亦可以把那句话当作记《论语》的人的话。）周公，孔注以为指孔子时周室“天子之宰”言；《集注》则以为指周初封于鲁的周公。孔注的讲法似较合。《左传·哀公十一年》：“季孙欲以田赋；使冉有访诸仲尼。仲尼不对，而私于冉有曰：‘君子之行也，度于礼：施取其厚；事举其中；敛从其薄。如是，则以丘亦足矣。若不度于礼而贪冒无厌，则虽以田赋将又不足。且子季孙若欲行而法，则有周公之典在；若欲苟而行，又何访焉！’弗听。”（按：“丘”，指鲁成公元年所作的赋制“丘甲”言。“周公之典”，指鲁国第一位国君周公所制的法典。《国语·鲁语》亦载孔子关于这件事对冉有所说的话。）

2　郑曰：“小子，门人也；鸣鼓，声其罪以责之。”

今译

孔子说：“季氏比周公富有，而冉求却还替他聚敛以增加他的财富。求不是我的学生，你们可以声讨他！”

“柴也愚，参也鲁，师也辟，由也喭[1]。”子曰，“回也其庶乎[2]！屡空[3]！赐不受命而货殖焉[4]；亿则屡中[5]！”

今注

1《集注》以这四句为一章，而于章末注里说：“吴氏曰，此章之首，脱‘子曰’二字。或疑下章‘子曰’当在此章之首而通一章。”按：《释文》：“子曰：回也其庶乎，或分为别章；今所不用。”盖唐以前已有以首四句自为一章的。我们以为这四句实应连下文为一章。（这章“子曰”二字安置在“回也”上，记法和上章相同。“三家者以雍彻”章的“子曰”，用法亦和这两“子曰”相同。大概春秋末年记言的人用过这种方式；后来便少有人仿效了。）《仲尼弟子列传》：“高柴，字子羔；少孔子三十岁。”《集解》：“愚，愚直之愚。”（《阳货》篇：古之愚也直。）孔曰：“鲁，钝也；曾子性迟钝。”（《集注》引程子曰：“曾子之学，诚笃而已。圣门学者，不为不多；而卒传其道，乃质鲁之人尔。故学以诚实为贵也！”）辟，匹亦切；《弟子传》作僻，皇疏本同。马曰：“子张才过人，失在邪僻文过。”《论语后案》：“辟，偏也；以其志过高而流于一偏也。马注非。”吚喭，五旦切。（音义近硬。）郑曰：“子路之行失于吚喭。”皇疏引王弼曰：“喭，刚猛也。”邢疏：“字书：吚喭，失容也。言子路性行刚强，常吚喭失于礼容也。”

2 《集解》：“言回庶几圣道。”（《易·系辞传》：颜氏之子，其殆庶几乎！）

3 《集解》：“虽数空匮，而乐在其中矣！一曰，屡，犹每也；空，犹虚中也：不虚心不能知道。”（刘疏：“《史记·伯夷列传》：然回也屡空，糟糠不厌。《盐铁论·地广》：贫不妨行；颜渊屡空，不为不贤。《后汉·贾逵传》：帝谓马防曰，贾逵母病；此子无人事于外，屡空，将从孤竹之子于首阳矣。是汉人解‘屡空’皆为空匮，注前说是也。”）

4 《集解》：“赐不受教命，惟财货是殖。一曰：非天命而偶富。”《集注》：“命，谓天命。货殖，货财生殖也。言子贡不如颜子之安贫乐道。”（刘疏：“《广雅·释诂》：殖，积也。《周语》：财，蓄殖。韦解：殖，长也。子贡货殖，谓居货财以生殖也。”）

5 亿，皇本、正平本都作忆；《汉书·货殖传》《汉陈度碑》引并作意。《集解》以亿度是非释亿，《集注》以意度释亿，都就事理上讲。大概都因为《左传·定公十五年》有孔子的“赐不幸言而中”一句话，所以讲书的人便以“穷理幸中”或“料事多中”释“亿则屡中”。中，丁仲切。近代学者，多以“屡中”指货殖言，似较着实。(焦循《论语补疏》：“赐能屡中，谓如其所亿度而得盈余也。”刘疏：“《货殖传》云：‘孔子讥子赣曰，赐不受命而货殖焉；意则屡中。’班传以赐不受命二句为孔子所讥，是意则屡中即承上货殖言。《论衡·知实》篇：‘赐不受命而货殖焉；亿则屡中。罪子贡善居积，意贵贱之期数得其时，故货殖多、富比陶朱。’盖《论衡》以‘意贵贱之期’解‘亿’字，‘数’解‘屡’字，‘得其时’解‘中’字：此汉人解谊之最显然可据者。”黄式三《论语后案》亦以《论衡·知实》篇解释为“汉师相传旧说”。)这章我们虽然可以这样讲，但孔子说话的意旨，我们实在不完全明白。(“受命”句应阙疑！)

今译

孔子说：“柴，愚直；参，鲁钝；师，太偏；由，太猛。回，是比较有希望能有成就的；只是常困于贫穷！赐，不受教命而经营货殖；常能猜中物价的贵贱。”

子张问善人之道。子曰：“不践迹，亦不入于室[1]。”

今注

1　孔曰：“践，循也。言善人不但循追旧迹而已，亦少能创业；然亦不入于圣人之奥室。”《集注》：“程子曰：践迹，如言循途守辙。善人虽不必践旧迹而自不为恶，然亦不能入圣人之室也。”《四书考异》：“《四书释地三续》曰：‘之道二字宜衍；以答不贴道字故。’按：善人生质虽美，不由实践则亦不能造于深奥。若以答辞作如是解，庶于道字贴合。”按：《集解》所引孔说和《集注》所用程说，实是大同小异。孔、程都以为善人终不能做到圣人。但孔以为善人虽亦循旧迹，却稍能创业；程则以为善人所以善，在不践旧迹而自不为恶。翟灏独出心裁，认为孔子并没有说善人不能做到圣人；他认为孔子只说，善人若不从实践，则亦不能达到深奥。翟氏这个解释，亦自有他的根据。“中人可以语上”：孔子决不会说善人必不能入圣域！孔广森的《经学卮言》里亦有和翟氏相似的意见：“言问善人之道，则非问何如而可以为善人，乃问善人当何道以自处也。故子告以当效前言往行以成其德。譬诸入室，必践陈除堂户之迹而后循循然至也。善人苟践迹，斯必入于室；若不践迹，则亦不能入于室耳！”孔氏这里所谓“效前言往行”，即翟氏所谓“实践”；所谓“成其德”，即翟氏所谓“造于深奥”。“践迹”义难确知，但翟、孔的说法使两句经文从并列变成相关。（译文中更试一“道”字的新解。）

今译

子张问做善人的成就。孔子说：“善人能不循恶俗，但亦不能到至德。”

子曰[1]：“论笃是与君子者乎色庄者乎？”

今注

1　这章旧合前章为一章。皇疏：“此亦答善人之道也。当是异时之问，故更称‘子曰’。俱是答善，故共在一章也。”因为这章的文理难懂，我们实不能说这章亦是讲“善人之道”的，并且也不能略作解释和翻译。（元陈天祥《四书辨疑》：“此与上章‘不践’，文皆未详；不敢妄说。”）

子路问：“闻斯行诸[1]？”子曰：“有父兄在，如之何其闻斯行之！”冉有问：“闻斯行诸？”子曰：“闻斯行之！”公西华曰：“由也问‘闻斯行诸’，子曰‘有父兄在’；求也问‘闻斯行诸’，子曰‘闻斯行之’。赤也惑；敢问。”子曰：“求也退，故进之；由也兼人，故退之。”

今注

1 “闻斯行诸”的“闻”，意同听到一种可行的道理或事情。（包注：“赈穷救乏之事。”刘疏：“义事多端；必指赈穷救乏者，举所重言之。”按：赈穷救乏，是社会中比较常见的义举；但子路意中，恐还有更重大的事情，例如“见危授命”“杀身成仁”等。）

今译

子路问：“一个人听到一件应当做的事是不是应该立刻去做？”孔子说：“有父亲兄长在，怎么可以听到就做呢！”冉有问：“一个人听到一件应当做的事是不是应该立刻去做？”孔子说：“听到就做！”公西华说：“仲由问‘是不是听到就做’，老师说‘有父兄在’；冉求问‘是不是听到就做’，老师说‘听到就做’。弟子实在不明白。敢请教老师。”孔子说：“冉求生性畏缩，所以我要催催他；仲由勇气过人，所以我要压压他。”

子畏于匡[1]；颜渊后。子曰：“吾以女为死矣[2]！”曰：“子在，回何敢死！”

今注

1 “畏”字在春秋战国时似有一种特殊的意义。《吕氏春秋·劝学》：“曾点使曾参；过期而不至。人皆见曾点曰：‘无乃畏耶？’曾点曰：‘彼虽畏，我存，夫安敢畏！’孔子畏于匡；颜渊后。孔子曰：‘吾以汝为死矣。’颜渊曰：‘子在，回何敢死！’颜回之于孔子也，犹曾参之事父也。”这两段里四个“畏”字，似有两种意义：第二、第四可讲作“有难”；第一、第三可讲作“拼命”或“死亡”。（参考《子罕》篇“子畏于匡”章。）

2 女，音汝。

今译

孔子在匡被围困；解围后过了些时日颜渊才来和他会合。孔子说：“我以为你死了。”颜渊说：“有老师在，弟子怎敢死！”

季子然问[1]：“仲由、冉求，可谓大臣与[2]？”子曰：“吾以子为异之问；曾由与求之问！所谓大臣者，以道事君；不可，则止。今由与求也，可谓具臣矣！[3]”曰：“然则从之者与[4]？”子曰：“弑父与君，亦不从也！”

今注

1 孔曰：“子然，季氏子弟。”

2 与，音余。

3 孔曰：“言备臣数而已也。”

4 之，指季氏言。与音余。

今译

季子然问："仲由、冉求，可以算得上大臣吗？"孔子说："我以为你有什么特别的问题；哪知道只是问仲由和冉求！凡可以称为大臣的人，应该是这样的：用正道来服事君上；如果行不通，就不再服事。现在仲由和冉求，只可算是备位的臣子！"季子然说："那么，他们什么事都顺从季氏吗？"孔子说："弑父弑君的事，他们是不会顺从的！"

子路使子羔为费宰[1]。子曰："贼夫人之子[2]！"子路曰："有民人焉；有社稷焉[3]：何必读书、然后为学[4]！"子曰："是故恶夫佞者[5]！"

今注

1 费，悲位切。《仲尼弟子列传》作"使子羔为费邦宰"。沈涛说："《史记》费字衍文。盖古本《论语》作'邦宰'不作'费宰'。（《论衡·艺增》篇正作'邦宰'。）"

2 贼，害。夫音符；下同。

3 古代政事，除人民的教养外，祭祀亦很重要。社是土神；稷是谷神。土和谷乃是人民所赖以生存的；所以亦用"社稷"以代表"国家"和"国家的政事"。

4 书，似指一切书籍言，不专指"诗书"的"书"。（子路这个"读书"，意同孔子说的"则以学文"的"学文"。）

5 恶，乌路切。

今译

子路使子羔做费宰。孔子说："害了人家的儿子！"子路说：

“〔做个邑宰，〕有治民的事情；有事神的事情。〔尽够他学习的！〕为什么一定要读书才算‘学’呢！”孔子说：“这就是我一向讨厌利口的人的缘故！”

子路，曾皙[1]，冉有，公西华，侍坐[2]。子曰：“以吾一日长乎尔[3]；毋吾以也[4]！居则曰‘不吾知也’；如或知尔[5]，则何以哉[6]？”

今注

1 孔曰：“皙，曾参父；名点。”《仲尼弟子列传》：“曾蒧，字皙。”（蒧，《史记集解》“音点”；《索隐》“音点，又其炎反”。）《史记》虽没有说曾点为曾参的父，但孟子已以曾点为曾子的父了。

2 刘疏：“上篇或言侍；或言侍侧：此独言侍坐，明四子亦坐也。”

3 长，丁丈切。

4 毋，音无。孔曰：“女无以我长故难对。”

5 或，借为有。

6 《说文》：“以，用也。”（如有人知道你，你将用什么表现自己？）

子路率尔而对曰[7]：“千乘之国，摄乎大国之闲[8]；加之以师旅，因之以饥馑：由也为之，比及三年，可使有勇，且知方也[9]。”夫子哂之[10]。

今注

7 率尔，皇疏本作“卒尔”；注同。古多用“卒”为“猝”；似以作“卒尔”为合。《孟子·梁惠王上》：“卒然问曰。”

8 乘，实证切。摄，义同夹。（摄音同篜。）

9 比，必利切；义同近。郑注：“方，礼法也。”

10 哂，诗忍切。马曰：“哂，笑也。”（三苍：哂，小笑也。）

“求，尔何如？”对曰：“方六七十，如五六十[11]：求也为之，比及三年，可使足民[12]。如其礼乐，以俟君子。”

今注

11 刘疏：“方六七十里者，谓国之四竟以正方计之有此数也。”《经传释词》七：“如，犹与也，及也。《论语·先进》篇曰：‘方六七十，如五六十。’又曰：‘宗庙之事如会同。’‘如’字并与‘与’同义。”

12 孔曰：“求自云能足民而已；谓衣食足也。”

“赤，尔何如？”对曰：“非曰‘能之’；愿学焉。宗庙之事如会同[13]，端章甫，愿为小相焉[14]！”

今注

13 胡绍勋《四书拾义》：“宗庙之事，祭祀在其中；独此经不得指祭祀，宜主朝聘而言。”刘疏：“案胡说是也。大夫士助祭，无用端服者；则宗庙为朝聘可知。如会同者，如，犹与也。”《周礼·大宗伯》：“时见曰会；殷见曰同。”（注：殷，犹众也。）这指诸侯朝于天子而言。但在春秋时，诸侯相会合通称“会同”。

《左传·定公四年》："会同难。"

14　端，玄端，古代的礼服；章甫，古代的礼帽。（玄端章甫，应是当时朝聘会同时摈相的衣冠。）相，息亮切。

"点，尔何如？"鼓瑟、希[15]，铿尔，舍瑟而作[16]；对曰："异乎三子者之撰[17]。"子曰："何伤乎！亦各言其志也。"曰："莫春者[18]，春服既成，冠者五六人，童子六七人，浴乎沂，风乎舞雩，咏而归[19]。"夫子喟然叹曰[20]："吾与点也！"

今注

15　孔曰："思所以对故音希。"

16　《释文》："铿，苦耕反。投琴声。本今作瑟声。"孔曰："置瑟起对。"

17　《释文》："撰，士免切，具也。郑作僎，读曰诠；诠之言善也。"（按："巽"音含"善"义；《汉书·武帝纪》注：选，善也。）

18　《说文》："莫，日且冥也。"（莫引申有晚义。《经传》多借莫为有无的无；将莫字又加日作暮以作日晚字。今莫字训无音慕各切，训日晚则音同暮。）莫春，意同"晚春"，是春天的最后一段。

19　冠，古乱反。雩，音于。舞雩，祷雨的坛。郑注："沂水在鲁城南；雩坛在其上。"包曰："莫春者，季春三月也。春服既成者，衣单袷之时也。我欲得冠者五六人、童子六七人，浴乎沂水之上，风凉于舞雩之下；歌咏先王之道，归夫子之门也。"按：浴是洗身；暮春而浴于沂水，似不合时。因而学者纷作别解。《论衡·明雩》篇："鲁设雩祭于沂水之上。暮者晚也；春，谓四月也，春服既成，谓四月之服成也。冠者童子，雩祭乐人也。浴乎沂，涉沂水也。风乎舞雩：风，歌也。咏而馈：咏，歌也；馈，祭也。歌咏而祭也。说论之家以为浴者，浴沂水中也；风，干身也。周之四月，正岁二月也；尚寒，安得浴而风干身！由此言之，涉水不浴，雩祭审矣！孔子曰，吾与点也。善点之言，欲以雩祭调和阴阳，故与之也。"《集注》："浴，盥濯也；今上巳祓除是也。风，乘凉也。舞雩，祭天祷雨之处，有坛墠树木也。咏，歌也。"（《论语发微》："王仲壬说《论语》此条最当。"按：宋翔凤赞同王充以舞雩为雩祭而不赞同王充释浴为涉。他说："浴沂，言祓濯于沂水而后行雩祭。"）《论语笔解》："浴当为沿字之误。周三月，夏之正月也；坚冰未解，安有浴之理哉！"《群经平议》："世传韩昌黎《论语笔解》，皆不足采。惟此经浴字谓是沿字之误，则似较旧说为安。"按：据《水经·泗水注》，沂水经鲁县故城南稷门（亦曰雩门）；门南隔水有雩坛，曾点所欲风舞处。是曾点风乎舞雩，出城涉沂即可，不须沿沂行的。《笔解》以浴为沿的形误，实亦未安。《论衡》用涉字，似较合。但是浴字和涉字，在形、音、义上都不相近似。（我们译文中姑暂用渡字。）宋翔凤取雩祭和上巳祓除的说法，似勉强说得通。但若曾皙真要说雩祭，便不会说"异乎三子者之撰"了！且《集注》上巳祓除的话，虽有周礼岁时祓除为据，恐亦不可以说孔子时代的事。

20　《释文》："喟，起愧反，又苦怪反。"孔子"吾与点也"的感叹，王充以为由于"善点之言，欲以雩祭调和阴阳"。我们已不信雩祭的说法，自然亦不能信王氏这个推论。《集注》："曾点之学，盖有以见夫人欲尽处，天理流行，随处充满，无少欠阙，故其动静之际从容如此。而其言志，则又不过即其所居之位、乐其日用之常，初无舍己为人之意，而其胸次悠然，直与天地万物上下同流，各得其所之妙，隐然自见于言外。视三子之规规于事为之末者，其气象不侔矣。故夫子叹息而深许之！”按：朱子这注，毛病颇多；最大的毛病当然是用了许多意义似太过于高远的话。张甄陶《四书翼注论文》：“注中只有‘即其所居之位、乐其日用之常’是正解；其余俱错，不可附会！夫子‘与点’，不是惊喜其尧舜气象；尧舜气象，曷尝有春风沂水来！”我们可以说，在过去学者里面，朱子是一位对《论语》有很大贡献的人。他之所以犯了这个错误，完全是因为世俗都以为圣人必有几分玄秘。这在《里仁》篇“吾道一以贯之”和“侍坐”章“吾与点也”两句的注中可以看出。“一以贯之”的“一”，当然就是“一言而可以终身行之者”的“恕”。我们可以说，朱子一定能够看出这个道理的。但因为以前许多学者把“一贯”的意义说得玄之又玄，所以朱子在“忠恕而已矣”句下，除却“尽己之谓忠；推己之谓恕；‘而已矣’者，竭尽而无余之辞也。”三句“正解”外，也不得不说些附会的话以餍世人。“吾与点也”下的注，亦有同样的毛病。前哲已有批评，我们不必再讲。我们只需把曾皙说话的本意略作解释。曾皙似是期待在风日清和的天气，跟一班青年在高旷的地方歌咏。游观歌咏，有益身心：乃教育家所共知。郊特牲正义引郑注：“沂水在鲁城南；雩坛在其上。”雩坛即舞雩。这个舞雩，可能是孔门师生课余常来游观的地方。（《颜渊》篇：“樊迟从游于舞雩之下；曰：敢问崇德、修慝、辨惑。”）曾皙或曾跟着孔子游过舞雩。他生平觉得教育是他终身所能做的事情，所以他便趁孔子叫他言志的机会说出他个人的愿望。（汉唐扶颂：“四远童冠，抠衣受业；五六六七，化导若神。”按：唐扶颂似以曾皙这段话是讲教育的乐趣。实在说，只有这个解释，曾皙的话才有意义。）而这个教育的愿望，正是孔子生平所常有的；现在竟有弟子也说出这个志怀，所以他便喟然兴叹而说了一句“吾与点也”。

三子者出；曾皙后。曾皙曰：“夫三子者之言何如[21]？”子曰：“亦各言其志也已矣！”曰：“夫子何哂由也[22]？”曰：“为国以礼；其言不让，是故哂之[23]。唯求则非邦也与[24]？安见方六七十如五六十而非邦也者！唯赤则非邦也与？宗庙会同，非诸侯而何！赤也为之小，孰能为之大！”

今注

21 夫，音符。曾皙答问在最后，且要把瑟安置好，所以后三子出讲堂，亦可能有意要听一听老师的意见。

22 《论语》这章，是我国古代留下的一篇极有趣的文字。因为“夫子何哂由也”句用“夫子”一词，崔述遂以这章为可疑。(《洙泗考信录·二》：“凡‘夫子’云者，称甲于乙之词也。春秋传皆然；未有称甲于甲而曰‘夫子’者。至孟子时，始称甲于甲而亦曰‘夫子’；孔子时无是称也。称于孔子之前而亦曰‘夫子’者，盖皆战国时所伪撰，非门弟子所记。”）崔氏的疑，是有理据的。但我们以为孔子生时不见得就没有像“侍坐”章这段谈话。至于这章的文字有经过后人修饰、润色的地方，那是难免的。现在《论语》的本子，大部分可能是战国时所写定的。战国时代写定的本子，偶然有弟子当面称孔子为“夫子”的记载，亦不足怪！（现在流行的皇侃义疏本的经文作“吾子何哂由也”，乃是值得校勘家注意的地方。皇疏：“点呼孔子为‘吾子’也。”是皇氏所见的经文确作“吾子”了。若这个“吾”字来自原始的经文，则崔述所提出的“夫子”的问题亦就没有了。）

23　包曰：“礼贵让；子路言不让，故笑之。”按：“君子曰：让，礼之主也。”《左传·襄公十三年》（《里仁》篇：“能以礼让为国乎？”把“礼”“让”二字连言。）

24　与，音余。

今译

子路、曾皙、冉有、公西华，陪孔子坐着。孔子说：“你们可能因我年长一点而不敢尽情说话；不要这样！人们平日常说‘没有人知道我’；若现在有人知道你们，你们要怎样做？”

子路马上答道：“一个千辆兵车的国家，夹在大国的中间：已有敌军侵犯，又接上年岁饥荒：让我来治理，过了三年，就能使人民勇于作战，并且懂得礼义。”孔子微微一笑。

“求，你怎样呢？”冉有回答：“六七十里见方或五六十里见方的国家，让我来治理，过了三年，就能使人民富足。至于制礼作乐的事情，只能等待有德行的人来做了。”

“赤，你怎样呢？”公西华回答：“我不敢说我能够做什么；我只希望得到学习的机会。友邦朝聘以及诸侯会盟，我希望穿着礼服、戴着礼帽，做一个小摈相！”

“点，你怎样呢？”曾皙有一声没一声地弹着瑟；〔听了孔子问他，〕“铿”的一声放下瑟，站起来答道：“我不像他们三人那样有作为！”孔子说：“那又何妨呢！这是各说各的志趣呀！”曾皙说道：“晚春时候，穿上春天的衣服；和五六个青年、六七个少年，渡过沂水，到雩坛上放声高歌，然后一路吟咏而归。”孔子叹道：“我倒赞成点呀！”

子路、冉有、公西华三人都出去了，曾皙落在后面。曾皙说：

“他们三个人的话怎样？”孔子说：“这不过是各说各的志趣罢了！”曾皙说：“老师为什么笑仲由呢？”孔子说：“治国应当用礼；他说话的态度不谦让，所以笑他。求，不也是讲到治国吗？难道方六七十里或五六十里的地方还不算是一个国家吗！赤，不也是讲到治国吗？朝聘和会同，不是诸侯的事情是什么！如果赤只当个‘小相’，还有哪个能当得‘大相’呢！”

卷十二　颜　渊

颜渊问仁。子曰："克己复礼为仁[1]。一日克己复礼，天下归仁焉[2]。为仁由己；而由人乎哉！"颜渊曰："请问其目。"子曰："非礼勿视；非礼勿听；非礼勿言；非礼勿动[3]。"颜渊曰："回虽不敏，请事斯语矣！"

今注

1　复，有遵循故道的意义。所谓"故道"，乃指日常所应当履行的正道而言。礼，就是人们应当履行的正道；人们有时因为情感的冲动而离开正道，就是违礼。一个人能够常常控制自己的情感，避免做出违礼的事情，就是克己复礼（孟子说作"强恕而行"）。（《左传·昭公十二年》："仲尼曰：古也有志：'克己复礼、仁也。'信善哉！"依《左传》，则"克己复礼为仁"的话，是根据古志的。）

2《礼记·哀公问》："百姓归之名，谓之君子之子。"《正义》："言己若能敬身，则百姓归己善名，谓己为君子所生之子。""归仁"的"归"，和礼记这个"归"字一样。（《广雅·释诂·三》：归，遗也。）

3　仁是孔门中最高的德行；颜渊是孔门中天资最高的学生。颜渊问仁，孔子教他"非礼勿视、非礼勿听、非礼勿言、非礼勿动"。

视、听、言、动，是每个人日常所有的事；勿犯非礼，又是常人都懂得的戒条。一个天资最高的弟子向孔子请教最高的德行，孔子却只给他四句最浅近的话：这不是一件足以令人惊奇的事情吗？从这一点我们可以悟到，圣人的教人养心修德，只在日常行为上用力。凡不合正当道理的事情，即所谓“非礼”；对于一切非礼，都必须谨严遵守“勿视、勿听、勿言、勿动”的戒条。同时，把好的、合理的行为往复践履，养成习惯；不让它有丝毫苟且、丝毫错误。这就是“克己复礼”的真正功夫！孟子讲到“浩然之气”说：“是集义所生者。”荀子在《劝学》篇中说：“积善成德，而神明自得，圣心备焉！”这“集义”和“积善”，可以说是孔子“克己复礼”的另外一种讲法。他们用的“集”字和“积”字，字异而意同，都是要使人知道一个人的“德操”是在日常的行为上由自己一点一点修成的。《季氏》篇：“不学礼，无以立。”《尧曰》篇：“不知礼，无以立也。”这可见孔子的重礼；但所重的不在礼的仪文。《左隐十一年传》引君子的话：“礼，经国家、定社稷、序民人、利后嗣者也。”照这个说法，一切修己济世的道理，都包括在礼的里面。《左传·昭公二十五年》：“吉也闻诸先大夫子产曰，夫礼，天之经也，地之义也，民之行也。”又：“礼，上下之纪，天地之经纬也，民之所以生也。”这些都是郑游吉对晋赵鞅说的话。但孔子以后，儒者谈到德行、政事等，多喜欢用“义”和“理”。“理”字似始用于战国时代。战国时代学者用“理”字，可能和“礼”字有语音上的关系（理礼双声）。《礼记·仲尼燕居》：礼也者，理也。又《乐记》：礼也者，理之不可易者也。又《礼器》：义理，礼之文也。又《丧服四制》：理者，义也。《墨子·非儒》：不义不处；非礼不行。《孟子·告子上》：“心之所同然者何谓也？谓理也、义也。圣人先得我心之所同然耳！故理义之悦我心，犹刍豢之悦我口。”《荀子·不苟》：诚心行义则理。《大略》：善学者尽其理。《修身》：君子，其行道理也勇。（《韩非子》里“道理”联言的尤多。）《管子·心术上》：“义者，谓各处其宜也；礼者，因人之情，缘义之理，而为之节文者也。故礼者谓有理也；理也者，明分以谕义之意也。故礼出乎义，义出乎理，理因乎宜者也。”（管子书虽不出于管子，但大部分当出于战国时代。）孟子以后，学者渐重视心的作用，把实实在在思索事物所得的知识叫作理。理的堆积和明辨，乃是学术的进步。

今译

颜渊向孔子请教为仁的道理。孔子说：“为仁就是控制自己、循礼而行。一个人能够做到这个地步，天下的人就立刻称他为仁人了。仁只是由自己做出来的；并不是别人随便给的！”颜渊说：“请问为仁的条目。”孔子说：“不合礼的不看；不合礼的不听；不合礼的不说；不合礼的不做。”颜渊说：“回虽然不聪敏，一定力行老师这话！”

仲弓问仁。子曰：“出门如见大宾；使民如承大祭[1]。己所不欲，勿施于人[2]。在邦无怨；在家无怨[3]。”仲弓曰：“雍虽不敏，请事斯语矣[4]！”

今注

1 《左传·僖公三十三年》：〔晋〕臼季曰：“臣闻之，出门如宾；承事如祭：仁之则也。”臼季对晋文公说这话时，可能在鲁僖公二十八年，在孔子出世前八十年。这和“克己复礼为仁”一样，都是仁的古训。

2　己所不欲，勿施于人：是“恕”；孔子以恕为一切道德的基本。上章的“克己”，就是实行这个恕道的一种方法。(《管子·小问》篇引语曰：“非其所欲，勿施于人；仁也。”管子书所引用的古语，即在战国时才写在简篇中，亦必是久已流行的。)

3　邦，指诸侯的国；家，指卿大夫的家。这两句是说，到处与人和平相处。

4　这和上章颜渊的话，异口同声。这种情形，可能由编《论语》的人加以修饰整理而成。（注意这个“事”字！“事”是“力行”的意思。《集注》：“内外无怨，亦以其效言之；使以自考也。”）

今译

仲弓向孔子请教为仁的道理。孔子说：“出了大门，对人要十分恭谦；用到民力的时候，要十分谨敬。凡是自己不喜欢别人对我们做的事情，我们也不要做到别人的身上。无论在什么地方，都不要招人怨恨。”仲弓说：“雍虽然不聪敏，但一定力行老师这话！”

司马牛问仁[1]。子曰：“仁者，其言也讱[2]。”曰：“其言也讱，斯谓之仁已乎？”子曰：“为之难；言之得无讱乎[3]！”

今注

1　《仲尼弟子列传》：“司马耕，字子牛。牛，多言而躁。”

2　讱，是言语迟钝的意思。（《说文》：讱，顿也。）

3　“为之难；言之得无讱乎”：孔子以为，一个仁人必须言行一致；如果做不到的事，就不能随便说。所以一个人说话迟钝，亦是修德的一种方法。（《弟子传》“多言而躁”一语，可能是后人因《论语》这章的记载而附会的！）

今译

司马牛向孔子请教为仁的道理。孔子说："仁人说话迟钝。"司马牛说："一个人说话迟钝，就算是仁人吗？"孔子说："一个人要做好一件事是很难的；所以话不能说得太快。"

司马牛问君子。子曰："君子不忧不惧。"曰："不忧不惧，斯谓之君子已乎？"子曰："内省不疚[1]，夫何忧何惧[2]！"

今注

1 《尔雅·释诂》："疚，病。""内省不疚"，自己省察自己，行为上没有什么不好。

2 夫，音符。

今译

司马牛向孔子请教怎样做个君子。孔子说："一个君子，不忧虑，不恐惧。"司马牛说："不忧虑、不恐惧，就算是君子了吗？"孔子说："一个人如反身自省而没有什么不好的行为，那还有什么可忧可惧的呢！"

司马牛忧，曰："人皆有兄弟；我独亡[1]！"子夏曰："商闻之矣：'死生有命；富贵在天[2]。'君子敬而无失，与人恭而有礼，四海之内皆兄弟也。君子何患乎无兄弟也！"

今注

1 亡，音无。《左传·哀公十四年》记宋桓魋作乱以及他的兄弟司马牛为避乱而死在鲁郭门外的事；司马牛和子夏的谈话，自当在桓魋乱前。

2 “死生”“富贵”两句，乃引以解司马牛的“忧”的；下面几句，则对司马牛的话而讲。

今译

司马牛忧虑，说：“别人都有兄弟；我独没有！”子夏说：“我听说：‘一个人的死生是有命的；富贵也完全取决于天的安排。’一个君子对事谨敬而不出过错，对人恭谦有礼，天下人都可以成为兄弟。一个君子为什么要愁没有兄弟呢！”

子张问明，子曰：“浸润之谮，肤受之愬[1]，不行焉，可谓明也已矣！——浸润之谮，肤受之愬，不行焉，可谓远也已矣[2]！”

今注

1 郑曰：“谮人之言，如水之浸润，渐以成之。”《集注》：“肤受，谓肌肤所受，利害切身也。”《说文》：“诉，告也。”或体作愬。又：“谮，愬也。谗，谮也。”按：这里的“诉”“谮”都有“谗”的意思。

2 “可谓远也已矣”的“远”字，只是“明得远”的意思。孔子说了“可谓明也已矣”以后，又想到：这样，非特可称为“明”，并且可称为“明得远”；所以再补一句。

今译

子张问怎样才可称为明。孔子说：“渐渐而入的谗言，利害切身的谤语，对你都不生作用，那你就可算得明了！实在，渐渐而入的谗言，利害切身的谤语，对你都不生作用，那你非特可称为‘明’，亦可以称为‘明得远’了。”

子贡问政。子曰：“足食；足兵[1]；民，信之矣[2]。”子贡曰：“必不得已而去[3]，于斯三者何先？”曰：“去兵。”子贡曰：“必不得已而去，于斯二者何先？”曰：“去食。自古皆有死；民无信不立[4]！”

今注

1　兵，本是指兵器而言；至于用兵器的人也叫兵，则是引申的意义。这章里的“兵”，似乎包括一切军备而言。

2　“民，信之矣”的“矣”字，当是衍文。孔子举出为政三要事：足食；足兵；民，信之（“信之”是“使民信任政府”的意思。“信之”下似乎不须更有“矣”字了。现在经文这个“矣”字，恐怕是后人加的。因为传世的《论语》中都有这个“矣”字，所以我们在经文上保留它，而在译文里则不译出。）

3　去，起吕切。《释文》：“一读而去于斯为绝句。”

4　“立”字似亦有安定的意义。（《晋语》：“晋饥。公问于箕郑曰，救饥何以？对曰，信。”）

今译

子贡问国家政治的事情。孔子说：“粮食充足；军备充实；人民信任政府。”子贡说：“在不得已要减省的时候，这三件事情中哪一件可以先去？”孔子说：“去了军备。”子贡又说：“在不得已要减省的时候，这两件事情中哪一件可以先去？”孔子说：“去了粮食。自古以来，人都有一死；只要人民信任政府，即使粮食偶然不足，人民或还可以为国家效命；但若人民对政府没有信心，则人民对国家必不能有贞固的志操！”

棘子成曰[1]：“君子质而已矣；何以文为！”子贡曰：“惜乎夫子之说君子也！驷不及舌[2]！文，犹质也；质，犹文也。虎豹之鞟，犹犬羊之鞟也[3]！”

今注

1 郑曰：“旧说云，棘子成，卫大夫。”刘疏：当时称大夫为“夫子”。

2 郑曰：“过言一出，驷马追之不及。”（《诗清人笺》：“驷，四马也。”）

3 《诗·韩奕传》：“鞹，革也。”（《说文》：兽皮治去其毛曰革。）鞟同鞹。按：子贡以为文和质是一样重要的。君子之所以别于野人，就是因为君子有文而野人没有。这好像虎豹的皮所以贵于犬羊的皮，只因为有炳蔚的文。若治皮去毛，文不可见，则虎豹的革和犬羊的革便没有区别了。（《经文》记子贡的话，似嫌太简！）章末“也”字依皇本、正平本。

今译

棘子成说：“一个君子只要有质就可以了；何必要文呢！”子贡说：“可惜棘大夫讲君子要这样讲！话一出口，四匹马也追不回来！文和质是一样重要的。〔如果没有文的不同，君子、野人便不容易区别。〕虎豹的革，看起来不是和犬羊的革一样吗！”

哀公问于有若曰：“年饥[1]，用不足：如之何？”有若对曰：“盍彻乎[2]！”曰：“二[3]，吾犹不足；如之何其彻也！”对曰：

“百姓足，君孰与不足！百姓不足，君孰与足[4]！”

今注

1 《尔雅》：“谷不熟为饥。”

2 郑曰：“盍，何不也。周法十一而税谓之彻。彻，通也，为天下之通法。”

3 孔曰：“二，谓什二而税。”按：哀公因有若提出彻，所以说“十分取二我还不够”。

4 《后汉书·杨震传》引文，“孰”作“谁”。《荀子·富国》篇：“下贫则上贫；下富则上富。”

今译

哀公问有若道：“年成不好，国家财用不够：该怎么办？”有若回答说：“何不行彻法！”哀公说：“十分取二，我还不够；怎么还可以行彻法呢！”有若说道：“百姓如足，君上怎么会不足！百姓如不足，君上怎么会足！”

子张问崇德、辨惑[1]。子曰：“主忠信；徙义：崇德也。爱之欲其生；恶之欲其死。既欲其生，又欲其死。是惑也[2]！”诚不以富，亦只以异[3]。

今注

1 辨是辨别的意思。崇德、辨惑，应当都是当时孔门中流行的成语。（下文又有“樊迟问崇德、修慝、辨惑”的记载；修慝自然亦是一句成语。）

2 恶，乌路切。“爱之欲其生；恶之欲其死”：这两句是说普通人的常情。（所谓“生”“死”，不过表示“善意”“恶意”的极端；不可拘泥于字面。）“既欲其生，又欲其死”，是说一个人既爱人而不用正道，往往至于“爱之适以害之”；如父母溺爱子女，即是一例。父母溺爱子女，事事纵容：这是“欲其生”的缘故。但这种溺爱，常使子女身体不好或品行不端，至于不可救治：这和“欲其死”有什么分别？父母对子女，当然只“欲其生”而不会“欲其死”的；但因爱的方法不对，便好像同时有两种相反的心理，即所谓“既欲其生，又欲其死”。有了这种情形，自然要称作“惑”了。不过，这只是常见的一个例子。凡做一件事情，虽有好目的，但方法不对，结果往往和目的相反。这样做事情，都可以叫作“惑”。一个人要“辨惑”，就是要明白自己的目的且知道使用适用于目的的方法。

3 “诚不以富，亦只以异”：这两句诗，见《小雅·我行其野》篇。这两句诗在“是惑也”下，可以说是毫无意义的。《集注》：“程子曰，此错简；当在第十六篇‘齐景公有马千驷’之上。”我们的译文里不译这两句诗。

今译

子张请教增进德行、辨明疑惑的方法。孔子说：“一切行为，以忠信为主；知道有什么好的道理或事情就马上去学或去做：这就是增进德行的方法。凡人喜欢一个人的时候，就希望他活得很好；厌恶一个人的时候，就希望他死。如果有人喜欢一个人，而对这个人所施的行为却是有害于这个人的健康或品行的，这可以说‘既欲其生，又欲其死’。这就是‘惑’了！”

齐景公问政于孔子[1]。孔子对曰：“君君；臣臣；父父；子子。”

公曰："善哉！信如君不君、臣不臣、父不父、子不子，虽有粟，吾得而食诸[2]！"

今注

1　鲁昭公二十五年，昭公奔齐；孔子亦因鲁乱而适齐。齐景公向孔子问政，当在这时。

2　信，义同"诚"。信如，有如果、设使的意义。诸，"之乎"的合音。释文本"吾"下有"焉"字；《孔子世家》"吾"下有"岂"字。（不能吃饭，即"不能活"的意思。）

今译

齐景公向孔子问政治的道理。孔子回答说："君，尽君道；臣，尽臣道；父，尽父道；子，尽子道。"景公说："这话好得很！如果君不尽君道，臣不尽臣道，父不尽父道，子不尽子道，就算有饭，我还能吃它吗！"

子曰："片言可以折狱者[1]，其由也与[2]！"子路无宿诺[3]。

今注

1　片言，是单辞，是一面的话。折，是断的意思。凡断一讼案，须要听取被告和原告两方的话才可以作决定。皇疏本引孙绰云，子路心高言信，未尝文过以自卫；听讼者便宜以子路单辞为正。

2　与，音余。

3　这五个字本应自为一章。（《释文》：或分此为别章。）但这句话虽不是原属这章的，而意义和这章有点相关，所以编《论语》的人把它记在这章后。（《集注》：“宿，留也。急于践言，不留其诺也。记者因夫子之言而记此，以见子路之所以取信于人者，由其养之有素也。”）孔子对子路的不说谎，似是很笃信的。

今译

孔子说：“根据一面的话以判断讼案，似只有仲由的话才可以！”子路答应别人的事，一定马上做到。

子曰：“听讼，吾犹人也。必也，使无讼乎！”

今译

孔子说：“审判讼案，我也和别人一样。我以为最好是，我们能够使人世间永远没有讼事！”

子张问政。子曰：“居之无倦；行之以忠[1]。”

今注

1 无倦，似指平日的勤政；忠，似指行事时的尽心。之，指政事。

今译

子张问政治的道理。孔子说：“居官不可懈怠；行事必须忠诚。”

子曰：“博学于文；约之以礼：亦可以弗畔矣夫[1]！”

今注

1 《雍也》篇有一章和这章文句相同。但“博学”上多“君子”二字。

子曰：“君子成人之美[1]，不成人之恶。小人反是。”

今注

1 美，善。（《谷梁·隐元年传》：“春秋成人之美，不成人之恶。”）

今译

孔子说：“一个君子帮助别人做好事，不帮助别人做坏事。小人正相反。”

季康子问政于孔子。孔子对曰：“政者正也[1]。子帅以正，孰敢不正！”

今注

1 从这章可见春秋时已有用“声训”讲道理的风气了。但“政者正也”，可以说是古来政治最好的格言。《礼记·哀公问》篇：“公曰，敢问何谓为政？孔子对曰，政者正也：君为正，则百姓从政矣；君之所为，百姓之所从也。”（参《子路》篇“其身正不令而行”章。）

今译

季康子向孔子请教政治的道理。孔子回答说：“政，就是‘正’。

你自己先依着正道而行，还有谁敢不依照着正道而行呢！”

季康子患盗；问于孔子。孔子对曰：“苟子之不欲[1]，虽赏之不窃。”

今注

1　不欲，是心里没有贪婪的意思。《说苑·贵德》篇：“上之变下，犹风之靡草也。民之窃盗，正由上之多欲；故夫子以‘不欲’勖康子也。”

今译

季康子以盗贼为忧，向孔子请教。孔子回答：“如果你自己没有贪欲，就是悬赏叫人去偷也没有人去偷。”

季康子问政于孔子，曰：“如杀无道以就有道，何如？”孔子对曰：“子为政，焉用杀[1]！子欲善而民善矣！君子之德，风；小人之德，草。草，上之风，必偃！”

今注

1　焉，于虔切。

今译

季康子向孔子请教政治的道理，说：“如果诛杀坏人以成就好人，你看怎么样？”孔子回答说：“做政治何必用杀呢！你喜欢好事，大家就会做好事的。在上位的人就好像是风；老百姓就好像是草。草，如果风来吹它，一定顺风而倒。”

子张问："士，何如斯可谓之达矣？"子曰："何哉，尔所谓达者？"子张对曰："在邦必闻，在家必闻。"子曰："是闻也；非达也[1]。夫达也者[2]，质直而好义[3]；察言而观色，虑以下人[4]。在邦必达；在家必达。夫闻也者，色取仁而行违[5]。居之不疑：在邦必闻；在家必闻。"

今注

1 闻，即现在所谓"虚名"。达，意同通；有处人处己都可通行的道理。刘疏："所谓忠信笃敬、蛮貊可行，即达义也。"亦可讲得通。

2 夫，音符；下同。

3 好，呼报切。

4 下，遐嫁切。"察言而观色，虑以下人"：这是说，能够仔细了解别人而凡事都让人。（虑有都凡的意思。）

5 行，下孟切。色取仁，外表好像是"志于仁"的；"行违"，行为和外表相反。

今译

子张问道："士，要怎样才可叫作达？"孔子说："你所谓'达'是什么意思？"子张回答说："无论他在什么地方都一定会显名。"孔子说："那是闻；不是达。那达呢，立身正直而好义；对人能够察言而观色，总想事事让人。这样，无论在什么地方都能行得通。那闻呢，外表好像是依着仁的，而实际的行为则正和外表相反，且不觉得虚伪可耻。这样，无论在什么地方都一定有虚名。"

樊迟从游于舞雩之下；曰："敢问崇德，修慝[1]，辨惑。"

子曰："善哉问！先事后得，非崇德与[2]！攻其恶无攻人之恶[3]，非修慝与！一朝之愤，忘其身以及其亲，非惑与！"

今注

1　孔曰："慝，恶也；修，治也。〔修慝〕化恶为善。"（《周礼·夏官·环人》注："慝，阴奸也。"《左传·僖公十五年》的"隐慝"，杜解为隐恶。）

2　皇疏本引范宁云："物莫不避劳而处逸；今以劳事为先，得事为后，所以崇德也。"与，音余；下同。

3　"攻其恶无攻人之恶"的"其"，意同"己"。（《卫灵公》篇："躬自厚而薄责于人，则远怨矣。"远怨和修慝，意义相近。）

今译

樊迟跟孔子游观雩坛；说："请问：怎样增进德行？怎样化解怨恶？怎样辨明惑乱？"孔子说："你问得很好！做事则争先；受禄则居后：这不就是增进德行的方法吗！责自己而不责别人：这不就是化解怨恶的作为吗！因为一时的愤怒，忘了自身而连累了亲长：这不是惑是什么！"

樊迟问仁。子曰："爱人。"问知[1]。子曰："知人[2]。"樊迟未达[3]。子曰："举直错诸枉，能使枉者直。"樊迟退，见子夏曰："乡也吾见于夫子而问知[4]；子曰：'举直错诸枉，能使枉者直。'何谓也？"子夏曰："富哉言乎！舜有天下，选于众、举皋陶[5]，不仁者远矣[6]！汤有天下，选于众，举伊尹[7]，不仁者远矣！"

今注

1　知，音智；下问知同。

2　知，平声。《大戴礼·王言》篇："孔子曰，仁者莫大于爱人；知者莫大于知贤。"

3　从下文来看，樊迟所未达的不在"仁为爱人"这一点，而在"知为知人"这一点；因为孔子的答话和樊迟对子夏说的话纯粹是就"知"讲的。

4　乡，许亮切，是借为"向"字的。《说文》："向，不久也。"（亦借用向。）见，贤遍切。

5　选，息恋切。陶，音遥。皋陶，尧舜时代著名的法官。

6　《左传·宣公十六年》："晋国之盗逃奔于秦。羊舌职曰，吾闻之：禹称善人，不善人远。此之谓也。"子夏答樊迟的话，颇似羊舌职所引的话，而不是"使枉者直"的意思。当然，"枉者直"和"不仁者远"，意义是相似的。

7　伊尹，相汤王天下的人。

今译

樊迟问仁。孔子说："爱人。"问知。孔子说："知人。"樊迟不懂。孔子说："把正直的人举荐出来安置在邪曲的人上面，就会使邪曲的人变得正直。"樊迟退出；去见子夏，说道："刚才我见了老师并且向他问知；老师说：'举直错诸枉，能使枉者直。'这是什么意思？"子夏说："这句话有意义得很！舜有天下的时候，在众人里面选出了皋陶，那坏人就远去了；汤有天下的时候，在众人里面选出了伊尹，那坏人就远去了。"

子贡问友。子曰："忠告而善道之[1]。不可，则止；毋自辱焉！"

今注

1 《释文》："告，古毒反。"忠告：对朋友的行为，尽心相告。道音导。善道：对朋友进忠告的话尽量和婉。(皇本、正平本道作导。)

今译

子贡问交友的道理。孔子说："朋友有不对的地方，要尽心劝告他，但须说得十分和婉；如果他不听，也就算了。不要自取耻辱。"

曾子曰："君子以文会友[1]；以友辅仁。"

今注

1 文，仪文；意同"礼貌"。(《左传·僖公二十三年》：子犯曰，吾不如衰之文也。)仪文，差不多是人人都能有的。用仪文可以交益友；有了益友可以帮助我们为仁。仁，乃是最可贵的德行。这个最可贵的德行，竟可用很寻常的仪文换得，这样便宜的事，我们还能不做吗！曾子把一个人容易有的"文"和最可贵的"仁"连起来讲，自然含有很深切劝勉的意义。

今译

曾子说："君子用仪文来交友；用朋友来助成德行。"

卷十三　子　路

子路问政。子曰："先之；劳之[1]。"请益[2]。曰："无倦[3]！"

今注

1　先之：一切政教，当以自身躬行在先；劳之：要民信服，须为民事而勤劳。

2　《曲礼》：请益则起。注："益，谓受说不了，欲师更说明之。"

3　"无倦"即"不倦怠地做去"。

今译

子路问为政的方法。孔子说："你要人民良善，那你就先做给他们看；为他们的事情，你必须不辞劳苦。"子路请孔子再告诉他一些。孔子说："只要不懈怠就得！"

仲弓为季氏宰，问政。子曰："先有司[1]：赦小过；举贤才。"曰："焉知贤才而举之[2]？"曰："举尔所知。尔所不知，人其舍诸[3]！"

今注

1　有司，指一首长下分管各事的属吏。先有司，是说为政要道在注意群吏。“赦小过；举贤才”，则是注意的要点。

2　焉，于虔切。

3　《释文》：“舍如字；置也。”

今译

仲弓做季氏的邑宰，问孔子为政的道理。孔子说：“先把你手下主管事务的人整顿好：恕他们的小过失；提拔贤能的人。”仲弓说：“怎么知道哪些人贤能而提拔他们呢？”孔子说：“你提拔你所知道的。你不知道的，难道别人就放弃了他们吗！”

子路曰：“卫君待子而为政[1]；子将奚先？”子曰：“必也正名乎[2]！”子路曰：“有是哉，子之迂也[3]！奚其正？”子曰：“野哉由也！君子于其所不知，盖阙如也[4]。名不正则言不顺；言不顺则事不成；事不成则礼乐不兴；礼乐不兴则刑罚不中[5]；刑罚不中则民无所错手足[6]。故君子名之必可言也；言之必可行也。君子于其言，无所苟而已矣！”

今注

1　卫君，指出公辄。辄是卫灵公太子蒯聩的儿子。蒯聩因罪出奔；灵公卒，卫人立辄为卫君；而晋国的赵鞅则助蒯聩返卫。后蒯聩得国，辄出奔，史称辄为出公。

2　《史记·孔子世家》：“是时卫君辄父不得立，在外，诸侯数以为让；而孔子弟子多仕于卫，卫君欲得孔子为政。”下接《论语》这章的问答。按：孔子于鲁哀公六年自楚返乎卫。《世家》

这里所记的“是时”，为哀公七年，即卫出公辄五年。所以这章的“正名”，宋以来的学者大都以为是指正父子的名。即司马迁恐亦有这个想法。不过汉世的马融和郑玄都不这样讲。马融以“正名”为“正百事之名”；郑玄则以“正名”为“正书字”。（郑注：“正名，谓正书字也。古者曰‘名’；今世曰‘字’。《礼记》曰：‘百名以上，则书之于策。’孔子见时教不行，故欲正其文字之误。”）按马说可通；郑说则稍迂了！正文字固然是一个国家所应有的事情；但卫国在那个时候，如孔子得为政，必不以正文字为先务的。郑君所以有这个说法，可能因为东汉末年，文字谬误，所以郑君因孔子“正名”的话，想到文字对人民的重要，便有这个解释。他注里所称的“礼记”，乃是《仪礼》中的《聘礼》（记）。〔《仪礼·聘礼》（记）：“百名以上书于策；不及百名书于方。”注：“名，书文也；今谓之字。”〕

3　迂，音于。包曰：“迂，犹远也；言孔子之言远于事也。”

4　盖阙，双声连语。（以盖为语词而把“阙如”连读，是不对的。）《汉书·儒林传》：“疑者丘盖不言。”不言所不知为“丘盖”。盖阙，意同“丘盖”。盖阙如，是阙疑的样子；如是“申申如”“恂恂如”的“如”。

5　中，丁仲切。

6　《释文》：“错，七故反；本又作措。”唐石经、皇本、邢本、廖本作“错”；《孔子世家》同。朱本、正平本作“措”。

今译

子路说：“卫国国君等老师去替他干政治；老师打算先做什么？”孔子说：“那我一定要先纠正一切不当的名义！”子路说：“老师怎么迂阔到这个地步！这有什么可正的？”孔子说：“仲

由真鄙俗！一个君子对他不知道的事，是不随便乱说的。名义不正，言辞上就不能顺理成章；言辞上不能顺理成章，事情就做不成；事情做不成，文教就不能推行；文教不能推行，法律就不能得当；法律不能得当，百姓就不知道怎样做才好。所以君子用一个名词，一定是可以说得成理的；说出一句话，一定是可以行得通的。一个君子说话，要做到不随便乱说才好！”

樊迟请学稼。子曰：“吾不如老农。”请学为圃。曰：“吾不如老圃。”[1]樊迟出。子曰：“小人哉樊须也！上好礼[2]，则民莫敢不敬；上好义，则民莫敢不服；上好信，则民莫敢不用情。夫如是[3]，则四方之民襁负其子而至矣[4]；焉用稼[5]！”

今注

1 樊迟所问的是关于民生的问题；孔子重教育。不过，为政首在富民；富民莫要于足食。这个道理，可能是孔子常向弟子讲的。若使樊迟问孔子以富民的道理，孔子必另有回答。稼是种谷；圃是种菜。这是农艺的事情；孔子所答乃是实话。至孔子说樊迟是小人，乃是就他“学稼、学为圃”而言。凡劳力以治产的人，在那时通称“小人”；和志于道的“士”不同。孔子所以在樊迟出去以后说这些话，似只是要使门人知道为学应专心。

2 好，呼报切；下同。

3 夫，音符。

4 襁，本作繈。襁是绷小儿于背的带。普通多襁褓连称。（褓，小儿衣；俗多作褓。）

5 焉，于虔切。

今译

樊迟要学种谷。孔子说："我不如老农夫。"要学种菜。孔子说："我不如老菜农。"樊迟出去。孔子说："樊迟真陋！在上位的人好礼，百姓就不敢不恭敬；在上位的人好义，百姓就不敢不服从；在上位的好信，百姓就不敢不诚实。能够这样，四方的百姓都背着子女来我们这里了；〔在上位的人只需要做好他的职务，〕用不着去种田的！"

子曰："诵《诗》三百，授之以政，不达；使于四方[1]，不能专对。虽多亦奚以为[2]！"

今注

1 使，所吏切。

2 这章是孔子教人做学问在乎懂得而能应用，不在乎多！

今译

孔子说："念了三百篇《诗》，让他去干政治，他做不通；派他到国外办事，他不能应付得当。学得虽多，又有什么用处！"

子曰："其身正[1]，不令而行；其身不正，虽令不从。"

今注

1 这章的"其"，是指当政的人讲的。（《颜渊》篇："政者正也：子帅以正，孰敢不正！"本篇下文："苟正其身矣，于从政乎何有！不能正其身，如正人何！"）

今译

孔子说："一个在位的人，本身做得正当，就是不下命令也行得通；本身做得不正当，就是下命令老百姓也不能从。"

子曰："鲁卫之政，兄弟也[1]！"

今注

1 《集注》："鲁，周公之后；卫，康叔之后。本兄弟之国。而是时衰乱，政亦相似，故孔子叹之。"按：孔子这话，发于一时的感想；语虽诙谑，意实悲伤。

今译

孔子说："鲁卫两国的政治，真是哥儿俩！"

子谓卫公子荆，"善居室。始有，曰'茍合矣[1]。'少有，曰'茍完矣[2]。'；富有，曰'茍美矣。'"

今注

1 这章的"茍"字，字形和"敬"字的左旁相同。《说文》训为"自急敕也"；因音近"极"字而借用为"极"。（和"苟有用我者"的"苟"不同。）合，是足够的意思。（合，古音阁，和够双声。）"茍合矣"是"极够了"的意思。（旧时把"茍"，讲为"聊且"："茍合矣"，就是聊且将仅有一点的东西看作已够了。这自然是一个容易满足的人；普通讲起来，也是一个很通达的人。但有了聊且的心理，便有勉强的意味。我们若把"茍"字讲作"极"，不用"聊且"的讲法，则卫公子荆的"满足"

便自然而然没有一点勉强的意味。这实在要比带有聊且心理的满足好得多。这似乎更值得孔子的称赞。）

2　《说文》：完，全也。

今译

孔子说："卫国的公子荆真懂得处世的道理：刚有一点，他就说'很够了'；稍多一点，他就说'很富足了'；再多一点，他就说'太好了'。"

子适卫，冉有仆。子曰："庶矣哉！"冉有曰："既庶矣，又何加焉？"曰："富之！"曰："既富矣，又何加焉？"曰："教之[1]！"

今注

1　这一章虽是很简单的问答，但很有意义。儒家先富后教的治国政策，最早见于这一段谈话里。后来孟子、荀子讲到治国的道理，可以说都是本源于孔子的。（《孟子·梁惠王》篇："明君制民之产，必使仰足以事父母、俯足以畜妻子。……然后驱而之善。"《荀子·大略》篇："不富无以养民情，不教无以理民性。……《诗》曰：饮之，食之；教之，诲之。王事具矣。"）

今译

孔子到卫国，冉有替孔子赶车。孔子说："人民很多了！"冉有说："有这样多的人民，下一步应该怎么办呢？"孔子说："使他们富足！"冉有说："人民富足了，下一步应该怎么办呢？"孔子说："教育他们！"

子曰："苟有用我者，期月而已可也[1]；三年有成。"

今注

1 月，应是衍文。古以一年为稘，但经传多用"期"字。期，或作朞。(《尧典》："朞，三百有六旬。"《说文》引书作稘，用本字。)这章古本，或有作"朞而已可也"的。后朞被误为"其月"，而校者又改"其"为"期"，遂误成"期月"。"期月"二字连用，应只可讲作匝一月，如《中庸》"而不能期月守也"。(期本义为周，不训一年。)解《论语》的人，自然觉得匝一月为时太短，只好把"期月"讲成一年。(皇疏："期月，谓年一周也。"皇疏是否创解，今已难考。但后来邢、朱则都同皇氏。)实则《论语》的"期月"，本只作"期"，同于《阳货》篇"期可已矣"的"期"。因为写书的人写"期"作"朞"，致误成现在《论语》中的"期月"，而讲书的人遂不得不作曲解了。

今译

孔子说："如果有人用我，一年就可以做出一点样子了；三年便可有成绩。"

子曰："善人为邦百年，亦可以胜残去杀矣[1]！——诚哉是言也[2]！"

今注

1 "胜"字旧读平声；细审文义，读去声（训克服）似较合。

2 从"诚哉是言也"这句话可知，上面十四字乃是古语。孔子当亦因"胜残去杀"的不易而赞同这古语。(一说，"诚哉是言也"

乃是后世读书者的批语，后来混入正文的。这个说法似亦可通。）

今译

孔子说："一个国家连续一百年得有善人来治理，便可以使残暴的人绝迹而不用刑戮了！——这话实在是不错的！"

子曰："如有王者[1]，必世而后仁[2]。"

今注

1 王者，能行王道以治天下的人。

2 三十年为一世。这里的"仁"，意思略同上章的"胜残去杀"。（"必世而后仁"句，有极郑重的语气：即有王者，亦必须三十年天下才得太平！）

今译

孔子说："如果一个能行王道的人来治理天下，那也必须三十年才能实现仁政。"

子曰："苟正其身矣，于从政乎何有！不能正其身，如正人何[1]！"

今注

1 这章是申明"政者正也"的道理的。参考上文"其身正"章。

今译

孔子说："如果自己做得正，那对政治还有什么难处！如果自己不能正，那怎么能够去正别人！"

冉子退朝[1]。子曰："何晏也？"对曰："有政。"子曰："其事也[2]！如有政，虽不吾以，吾其与闻之[3]！"

今注

1 朝，直遥切。

2 马融以"事"为"凡所行常事"，以"政"为"有所改更匡正、非常之事"。郑玄以为"君之教令为政；臣之教令为事"。《集注》："政，国政；事，家事。"按：马说较通。

3 与，音预。《左传·哀公十一年》："季孙欲以田赋，使冉有访于仲尼，曰：'子为国老，待子而行。'"《左传》所记，可以说明"虽不吾以，吾其与闻之"的话。（按：政和事的区别，可作孔子正名的一例。）

今译

冉有从政府办公的地方回来。孔子说："为什么这么晚回来？"冉有答道："有政。"孔子说："恐怕只是常事吧！如果有政，虽然不能用我的意见，但一定会告诉我的！"

定公问："一言而可以兴邦，有诸？"孔子对曰："言，不可以若是；其'几'也[1]！人之言曰：'为君难；为臣不易[2]。'如知为君之难也，不'几'乎一言而兴邦乎！"曰："一言而丧邦[3]，有诸？"孔子对曰："言，不可以若是；其'几'也！人之言曰：

‘予无乐乎为君[4]；唯其言而莫予违也！’如其善而莫之违也，不亦善乎！如不善而莫之违也，不‘几’乎一言而丧邦乎！”

今注

1　王曰：“几，近也。有近一言可兴国也。”按：王说在文义上似欠明晰。这个“几”字，似宜讲作“差不多”。

2　易，以豉切。

3　丧，息浪切。

4　乐，音洛。

今译

鲁定公问：“一句话就可以使一个国家兴盛起来，有没有这种事？”孔子回答说：“说话恐怕不会到这个地步；不过我们可以说一个‘差不多’的例子！有人说：‘做国君很难；做臣子也不容易。’如果能真正了解做国君的难，那这话不就‘差不多’会使一个国家兴盛起来吗！”定公又问：“一句话就使一个国家灭亡了，有没有这种事？”孔子回答说：“说话恐怕不会到这个地步；不过我们可以说一个‘差不多’的例子！有人说：‘我对于做一个国君不觉得有什么快乐，除了我的话没有人敢违抗。’如果他的话是好的而没有人违抗，那是最好不过！如果他的话不好而没有人违抗，那这话不就‘差不多’会使一个国家灭亡了吗！”

叶公问政[1]。子曰：“近者说[2]；远者来[3]。”

今注

1　叶，舒涉切。

2　说，音悦。

3　《墨子·耕柱》篇："叶公子高问政于仲尼曰：善为政者若之何？仲尼对曰：善为政者，远者近之而旧者新之。"《韩非子·难三》："叶公子高问政于仲尼。仲尼曰：政在悦近而来远。子贡问曰：何也？仲尼曰：叶，都大而国小，民有背心；故曰'政在悦近而来远'。"

今译

叶公问孔子为政的道理。孔子说："使近人欢悦；使远人来归。"

子夏为莒父宰[1]，问政。子曰："无欲速，无见小利。欲速则不达；见小利则大事不成。"

今注

1　父，音甫。郑曰："旧说云，莒父，鲁下邑。"

今译

子夏做莒父的邑长，向孔子问为政的道理。孔子说："不要图近功；不要贪小利。图近功，事情便做不好；贪小利，就成不了大事。"

叶公语孔子曰[1]："吾党有直躬者[2]，其父攘羊而子证之[3]。"孔子曰："吾党之直者异于是。父为子隐；子为父隐。直在其中矣[4]！"

今注

1　语，鱼据切。

2　直躬，一说是直身而行的意思，另一说躬是人名，这人以直著名，所以叫直躬。

3　“其父攘羊而子证之”的“子”字，当是衍文。《韩非子·五蠹》篇：“楚之有直躬，其父窃羊而谒之吏。”《吕氏春秋·当务》篇：“楚有直躬者，其父窃羊而谒之上。”从以上文字可以看出，《论语》这章的文字，应作“其父攘羊而证之”，不当有“子”字。（这个说法，五代时丘光庭的《兼明书》第三卷里就已有了。）

4　这当是孔子带点诙谐的话：孔子只用平常的人情来说明“证父攘羊”不见得就是“直”。天性的“直”乃是“父为子隐，子为父隐”的！为，于伪切。

今译

叶公告诉孔子说：“我们家乡有个叫直躬的，他父亲偷了人家的羊，而他去证明。”孔子说：“我们家乡所谓直和这不同。父亲替儿子隐瞒；儿子也替父亲隐瞒。直就在这里！”

樊迟问仁[1]。子曰：“居处恭；执事敬；与人忠：虽之夷狄[2]，不可弃也。”

今注

1　仁，疑本作“行”。我们看孔子的答话，和《卫灵公》篇孔子对子张问行的答话差不多。包注：“虽之夷狄无礼义之处，犹不可弃去而不行。”似包所见的《论语》是作“问行”的。

2　《尔雅·释诂》：之，往也。《颜渊》篇曾记有“樊迟问仁”。

今译

樊迟问仁。孔子说：“居家温恭；办事敬肃；对人忠诚：这些德行，就是到了夷狄的地方，也不可以没有！”

子贡问曰：“何如斯可谓之士矣？”子曰：“行己有耻；使于四方，不辱君命[1]：可谓士矣！”曰：“敢问其次。”曰：“宗族称孝焉；乡党称弟焉[2]。”曰：“敢问其次。”曰：“言必信；行必果[3]。硁硁然小人哉！抑亦可以为次矣。”曰：“今之从政者何如？”子曰：“噫！斗筲之人，何足算也[4]！”

今注

1　使，所吏切。

2　弟，大计切。

3　行，下孟切。

4　郑曰：“噫，心不平之声。筲，竹器，容斗二升。算，数也。”《集注》：“斗筲之人，言鄙细也。”（汉哀帝时议郎耿育上疏有“岂庸庸斗筲之臣所能及哉”的话。按：耿育疏中以“庸庸斗筲”连言，则可知“斗筲之人”为庸陋的人。刘疏：“斗筲之人；言今之从政，但事聚敛也。”但孔子意中是否以“斗筲”指聚敛，是一问题。）

今译

子贡问道：“怎样才可以称为士？”孔子说：“本身行事有羞耻的心；出使外国能达成君命：这就可称为士了！”子贡说：

"次一等的呢？"孔子说："宗族称赞他孝顺；乡里称赞他友爱。"子贡说："再次一等的呢？"孔子说："说出的话必不失信；要做的事必做到底：这是一种坚守小信小忠的人，不过也可以勉强称作士了！"子贡说："现在做官的人怎么样？"孔子说："唉，那些庸陋的人，还值得讲吗！"

子曰："不得中行而与之，必也，狂狷乎[1]！狂者，进取；狷者，有所不为也[2]。"

今注

1 狷，音绢。包曰："中行，行能得其中者。言不得中行，则欲得狂狷也。"《集注》："行，道也。"（《孟子·尽心下》：万章问曰："孔子在陈，曰：'盍归乎来！吾党之士狂简，进取不忘其初。'孔子在陈，何思鲁之狂士？"孟子曰："孔子：'不得中道而与之，必也、狂獧乎！狂者进取；獧者有所不为也。'孔子岂不欲中道哉！不可必得，故思其次也。"按：《论语》的"中行"，孟子作"中道"。同是指禀性中和而志于道的士人讲。）

2 包曰："狂者，进取于善道；狷者，守节无为。"（《说文》有獧而没有狷。段注：獧狷古今字。《晋语二》：小心狷介。韦解：狷者守分有所不为也。按："狷介"双声联语；有洁身自好的意义。狷洁亦双声，所以孟子以"不屑不洁之士"为獧。这章当是孔子评论来受业的门人的话。士志于道而又有中和的德行的，自古便很少！）

今译

孔子说："不能得到具有中和德行的人而取他，不得已的话，只好取那狂狷的人！〔狂者和狷者虽然没有中和的德行，但〕狂者志趣高大；狷者不做不好的事情。”

子曰：“南人有言曰：‘人而无恒，不可以作巫医。’善夫[1]！”“不恒其德，或承之羞[2]。”子曰：“不占而已矣[3]！”

今注

1　夫音符。

2　《周易·恒卦》：“九三：不恒其德，或承之羞。”大概读《论语》的人因孔子讲到无恒的话，所以把恒卦九三的爻辞记在旁边。至于下文七个字，便不知从何而来了。

3　“不占而已矣”，朱子以为“其义未详”。我们的译文从“不恒其德”起便阙。

今译

孔子说：“南方人曾说：‘一个人如果没有恒心，那他连巫医也不可以做。’这话好得很！”

子曰：“君子和而不同；小人同而不和[1]。”

今注

1　“和、同”两个字的分别，大概是春秋时代的语言有这个用法的。凡以道义相劝勉则叫和，以利害相结合则叫同。《左传·昭公二十年》记齐国的晏子和齐景公的谈话，也用这两个字以区别君子和小人。（郑语：“史伯曰，今王去和而取同：夫和实生物；同则不继。”亦以“和”“同”对立。这种语言的分别，战国时便又改变了。孟子称赞大舜的大，只在“善与人同”！）

今译

孔子说：“君子以道义相交而不以利害相交；小人以利害相交而不以道义相交。”

子贡问曰：“乡人皆好之；何如？”子曰：“未可也。”“乡人皆恶之；何如？”子曰：“未可也。不如乡人之善者好之，其不善者恶之[1]！”

今注

1 好，呼报切；恶，乌路切。看孔子最后两句话，似子贡发问的本意，只在用乡里的评论以定一个人是否真的好。

今译

子贡问道：“一个地方的人都喜欢他，你看这个人怎样？”孔子说：“凭这个还不能说他是好人。”“一个地方的人都厌恶他，你看这个人怎样？”孔子说：“凭这个也还不能说他是好人。如果一个地方的好人都喜欢他而坏人都厌恶他，那么，这个人便应是好人了！”

子曰：“君子易事而难说也[1]。说之不以道，不说也；及其使人也，器之。小人难事而易说也。说之虽不以道，说也；及其使人也，求备焉。”

今注

1　易，以豉切；说，音悦；下都同。

今译

孔子说："在君子手下做事容易，却不容易讨好他。不用正当的方法去讨好他，他是不会喜欢的；但他使人做事的时候，是量人的才干而任用的。在小人手下做事很难，却容易讨好他。即使不用正当的方法去讨好他，他也会喜欢；但他使人做事的时候，便要求全责备了。"

子曰："君子泰而不骄；小人骄而不泰[1]。"

今注

1　泰是内省不疚、无忧无惧的心境；骄是自视高峻、盛气凌人的样子。

今译

孔子说："君子舒泰而不傲慢；小人傲慢而不舒泰。"

子曰："刚，毅，木，讷[1]；近仁。"

今注

1　王曰："刚，无欲；毅，果敢；木，质朴；讷，迟钝。"（讷，意同讱。）

今译

孔子说：“刚正，坚毅，质朴，讷言；这四样德行，都是近于仁的。”

子路问曰：“何如斯可谓之士矣？”子曰：“切切、偲偲、怡怡如也[1]，可谓士矣。——朋友切切、偲偲，兄弟怡怡。”

今注

1　马曰：“切切、偲偲，相切责之貌；怡怡，和顺之貌。”《大戴礼·曾子·立事》篇：“宫中雍雍，外焉肃肃；兄弟憘憘，朋友切切。远者以貌，近者以情。”《广雅·释训》：“切切，敬也。”《广雅·疏证》：“切切、偲偲，盖皆敬貌也。朋友则尚敬，兄弟则尚和。”按：切责敬肃，意亦相通。

今译

子路问道：“怎么样才可算是士呢？”孔子说：“有敬肃的心情，有和顺的气度，就可以算是士了！——朋友主于敬肃；兄弟主于和顺。”

子曰：“善人教民七年，亦可以即戎矣[1]！”

今注

1　善人，即“善人为邦百年”的“善人”。教民七年而后使攻战，可见孔子爱民而慎战的意思。包曰：“即，就也；戎，兵也。”《集注》：“教民者，教之孝悌忠信之行，务农讲武之法。民知亲其上、死其长，故可以即戎。”

今译

孔子说："善人教导了人民七年，就可使他们执戈以卫国了！"

子曰："以不教民战，是谓弃之[1]！"

今注

1 马曰："言用不习之民使之攻战，必破败；是之谓弃之。"(《周礼·大司马》：中春，教振武。郑注："兵者，守国之备。孔子曰：'以不教民战，是谓弃之。'兵者凶事，不可空设；因搜狩而习之。凡师，出曰治兵；入曰振旅：皆习战也。"按：马注本中的"习"，亦当指"习战"言。上章的"教民"，《集注》说得最为详明。这章的"教"，《集注》因为已见上章，所以没有解释。这章注文，则略依"马注"，而以"教"字改马注本中的"习"字，且加"以，用也"。于注首。《集注》所以不用马注本的"习"字，当因经文本用"教"字，且上章注里的"讲武"一词已含有"习战"的意义。但"教"字在这章，似应专指习战言。所以我们采用马注本。战乃人民的生命和国家的存亡所系；若平日不训练攻战技术，实违背"慎战"的道理！)

今译

孔子说："用没有训练好的人民去打仗，就等于白白牺牲他们！"

卷十四 宪问

宪问耻[1]。子曰："邦有道，谷；邦无道，谷，耻也[2]！""克、伐、怨、欲，不行焉，可以为仁矣[3]？"子曰："可以为难矣！仁，则吾不知也。"

今注

1 《仲尼弟子列传》作"子思问耻"。

2 这几句话，有两种讲法：《集解》（孔）以"耻也"二字只指"邦无道，谷"而言；《集注》以"耻也"二字兼贯上面八个字。我们从《集解》的讲法。谷，本义为粟，转义为禄；现在叫"薪俸"。（《泰伯》篇："子曰：邦有道，贫且贱焉，耻也；邦无道，富且贵焉，耻也！"）

3 《仲尼弟子列传》"克"上有"子思曰"三字；"矣"作"乎"。

今译

原宪请教关于"耻"的道理。孔子说："国家政治清明，我们应该出来做事；如果国家政治昏乱而出来做官，那是可耻的！"〔原宪问：〕"一个人如果没有好胜、自夸、怨恨、贪欲四样毛病，他可以称得上仁吗？”孔子说：“这可以说是很难的！至于那样的人是不是仁，我不知道。”

子曰：“士而怀居[1]，不足以为士矣！”

今注

1 居，本指居住的处所；这里是用引申的意思（安逸）：怀居，意同“怀安”。

今译

孔子说：“一个人如果贪恋安逸的生活，那就不配被称为士了！”

子曰：“邦有道，危言危行[1]；邦无道，危行言孙[2]。”

今注

1 《广雅》：危，正也。

2 孙，音逊。《集解》：“孙，顺也。”刘疏：“顺言者，无所违犯也。《荀子·臣道》篇：迫胁于乱时，穷居于暴国，而无所避之，则崇其美扬其善，违其恶隐其败，言其所长不称其所短，以为成俗。”按：逊言不是说假话或颠倒是非，只是把真话说得委婉一点。至荀子扬善隐恶的方法，虽可避祸，究不是正道。总之，逊言以保身，就可以做；但若因逊言而使社会受害，则不可！

今译

孔子说：“国家政治清明，应该言正、行正；国家政治昏乱，行为还是要正，而说话应该委婉。”

子曰："有德者必有言；有言者不必有德[1]。仁者必有勇；勇者不必有仁[2]。"

今注

1 "有言"的"言"，当然不是指寻常言语，而是指有益世道人心的话。有言而无德的人，可以说是能言而不能行的人。

2 仁者重道而轻身，见义必为；匹夫好勇斗狠，未必合理。

今译

孔子说："德行好的人，定会说出很有益于世的话；能说好话的人，做人不一定好。仁人一定有勇；逞勇的人却未必仁。"

南宫适问于孔子曰[1]："羿善射；奡荡舟[2]。俱不得其死然[3]。禹稷躬稼，而有天下[4]！"夫子不答。南宫适出。子曰："君子哉若人！尚德哉若人！"

今注

1 《释文》："适，古话反；本又作括。"南宫适，即《公冶长》篇和《先进》篇的南容。

2 荡，土浪切。《左传·襄公四年》："魏绛曰，昔有夏之方衰也，后羿因夏民以代夏政；恃其射也，不修民事；用寒浞为己相。浞愚弄其民而虞羿于田；羿将归自田，家众杀之。浞因羿室，生浇及豷。恃其谗慝诈伪而不德于民；使浇用师灭斟灌及斟鄩氏。处浇于过；处豷于戈。"《左传·哀公元年》："伍员曰，昔有过浇杀斟灌以伐斟鄩；灭夏后相。后缗方娠，逃出自窦；归于有仍，生少康焉。……能布其德而兆其谋，以收夏众，抚其官职。使女艾谋浇，使季杼诱豷，遂灭过、戈，复禹之绩；祀夏配天，不失旧物。”孔注以“奡荡舟”的“奡”为寒浞因羿室所生，是以“奡”即《左传》的“浇”。(刘疏：“注以奡为浇，甚是。梁玉绳《汉书古今人表考》谓浇、奡、傲三字古多通借，以《论语》之羿、奡即《人表》第九列之羿、浞、奡也。周氏炳中《典故辨正》亦云：‘竹书帝相二十七年，浇伐斟鄩，大战于潍；覆其舟，灭之。此奡荡舟之事；即古人以左右冲杀为荡阵之义也。’今案梁周二说皆是。”朱骏声《说文通训定声》孚部奡字注：“或据《竹书》及《楚辞》覆舟斟鄩事，谓《论语》之奡即《左传·襄公四年》之浇；浇奡亦一声之转。”)按：奡、浇以声通假。至“荡舟”的事，似应阙疑；说为“罔水行舟”固然不可，说为“覆舟”亦不妥。伪孔“奡多力，能陆地行舟”的话，亦当出于讹传。

3 《经传释词·七》：“然，犹焉也。”

4 马曰：“禹尽力于沟洫，稷播百谷，故曰‘躬稼’。禹及其身，稷及后世，皆王。适意欲以禹稷比孔子；孔子谦，故不答也。”

今译

南宫适问孔子道：“羿长于射；奡能荡舟。这两人好像都不得善终！禹稷勤劳耕种，却得了天下！〔老师怎样看？〕”孔子没有回答。南宫适出去。孔子说：“这真是一个君子！这真是一个崇尚德行的人！”

子曰：“君子而不仁者有矣夫[1]；未有小人而仁者也[2]！”

今注

1 夫，音符。

2 这章的君子，是指受过教育而略知做人的道理的人；小人，则指连这样的修养也没有的人。仁，自然亦有高低的区别；孔子这里的仁，当亦指高一点的讲。一个能够仁民爱物的君子，世间当然很少；以次而降，到了略知道做人的道理的人，自亦是君子。这些君子里面，能够克己复礼、三月不违仁的，岂可多见！至于没有受过教育的小人，（自然不一定是“坏人”！）更难有为仁的。所谓“生而知之”的上知，百年难逢。要弘扬仁道，要使天下有道，必须逐渐提高全人类的知识水平。这是孔子所以“诲人不倦”的一个原因！

今译

孔子说：“君子里面做不到仁的倒是有的；小人里面则没有能够做到仁的！”

子曰：“爱之能勿劳乎[1]？忠焉能勿诲乎？”

今注

1　王引之《经义述闻》释这个“劳”字为“勉”，说：“《吕氏春秋》高注：‘劳，勉也。’勉与诲义相近，故劳诲对称。”刘氏《论语正义》则训这个“劳”字为“忧”，说：“淮南精神训‘竭力而劳万民’，泛论训‘以劳天下之民’；高注并云：‘劳，忧也。’忧者，勤思之也；正此处确诂。”（按：《里仁》篇“劳而不怨”，王氏亦训劳为忧。实在，劳、忧意相通。）

今译

孔子说：“我们爱好一个人，能不为他忧心吗！我们忠于一个人，能不教诲他吗！”

子曰："为命[1]，裨谌草创之[2]；世叔讨论之[3]；行人子羽修饰之[4]；东里子产润色之[5]。"

今注

1 这里的"命"，是指政府所发的辞令。

2 裨，婢之切。裨谌，郑大夫。

3 世叔，郑大夫游吉；《左传》称为子太叔。

4 行人，是国家管外交事务的官。子羽，公孙挥的字。

5 马曰："子产居东里，因以为号。"孔子告诉弟子以郑多贤才和贤才对国家的重要。

今译

孔子说："郑国政府要作一道辞令，裨谌起草；世叔来讨论；行人子羽来修饰；东里子产加以润色。"

或问子产。子曰："惠人也[1]。"问子西[2]。曰："彼哉彼哉[3]！"问管仲。曰："人也[4]，夺伯氏骈邑三百；饭疏食，没齿无怨言[5]。"

今注

1 《说文》：惠，仁也。

2 子西，朱子以为是指楚公子申。

3 马曰："彼哉彼哉，言无足称。"马氏这个解释，自是出于臆测，但可能孔子当时亦讲不出这样人的一句好话。

4 "人也"："这个人呀"。

5 饭，扶晚切；疏，所居切；食音嗣。饭疏食，意为"吃粗米饭"。孔曰："伯氏，齐大夫。骈邑，地名。伯氏食邑三百家；管仲夺之，使至疏食而没齿无怨言：以其当理也。”（按：“管氏有三归”和“夺伯氏骈邑”二事，我们现在难知道得清楚。）

今译

有人问孔子子产是一个怎样的人。孔子说：“他是个惠爱的人。”又问到子西。孔子说：“他就是那样的人！”又问到管仲。孔子说：“这个人呀，籍没了伯氏骈邑封地三百家，而伯氏一生吃粗米饭，到死也没有一句怨恨的话。”

子曰：“贫而无怨，难；富而无骄，易[1]。”

今注

1 易，以豉切。“无怨”“无骄”，都是做人的修养。劳苦的人难平心；闲适的人易知礼。

今译

孔子说：“贫穷而不怨恨，比较难；富贵而不骄傲，比较容易。”

子曰：“孟公绰，为赵、魏老则优；不可以为滕、薛大夫[1]。”

今注

1 孔曰：“公绰，鲁大夫。赵、魏，皆晋卿。家臣称‘老’。公绰性寡欲。赵、魏贪贤，家老无职：故优。滕、薛小国，大夫职烦：故不可为。”刘疏：“《弟子传》：‘孔子之所严事，于鲁孟公绰。’是公绰为鲁人。云‘大夫’，以意言之。下章言‘公绰之不欲’，是性寡欲也。贪贤者，言务多贤也。”

今译

孔子说：“孟公绰，做赵、魏的家臣是很好的，但不可以做滕、薛的大夫。”

子路问成人[1]。子曰：“若臧武仲之知[2]，公绰之不欲[3]，卞庄子之勇[4]，冉求之艺，文之以礼乐，亦可以为成人矣！”曰[5]：“今之成人者何必然！见利思义，见危授命，久要不忘平生之言[6]，亦可以为成人矣！”

今注

1 刘疏：“成人为成德之人。”

2 臧武仲，鲁大夫臧孙纥。知音智。

3 马曰：“孟公绰。”

4 周曰：“卞邑大夫。”《荀子·大略》篇：“齐人欲伐鲁；忌卞庄子，不敢过卞。”孔广森疑卞庄子即孟庄子：“孟庄子有勇名；或尝食采于卞，因以为号。《楚语》：鲁有弁费。谓孟孙季孙也。弁卞一字。”（《经学卮言》）江永说略同。

5 “曰”字以下的话，皇、邢、朱都以为是孔子说的；《集注》：“复加曰字者，既答而复言也。”（刘疏：“《集注》引胡说独以为子路言；于义似较长。”）

6 孔曰：“久要，旧约也。”（杨树达以为这里的“要”当读为“不可以久处约”的“约”。按：杨说亦可通。）《集注》：“平生，平日也。”

今译

子路问："怎样才是成人？"孔子说："一个人如果有臧武仲的智慧，孟公绰的不贪，卞庄子的勇敢，冉求的才艺，并且娴习于礼乐，就可以说是成人了！"又说："现在讲成人何必这样！只要财利当前而能想到义，危难时能不顾生死，久守约言而不忘记平日的话，也就可以说是成人了！"

子问公叔文子于公明贾曰[1]："信乎，夫子不言、不笑、不取乎？"公明贾对曰："以告者，过也。夫子时，然后言，人不厌其言；乐，然后笑[2]，人不厌其笑；义，然后取，人不厌其取。"子曰："其然？岂其然乎[3]！"

今注

1 孔曰："公叔文子，卫大夫公孙拔；文，谥。"刘疏："公明贾，疑亦卫人。"按：盖公明贾仕于文子，所以孔子问他。

2 乐，音洛。

3 马曰："美其得道；嫌不能悉然。"按：马盖以"美其得道"释"其然"；以"嫌不能悉然"释"岂其然乎"。（《集注》以"其然"为疑词，亦可。）

今译

孔子向公明贾问公叔文子，说："他是真的不言、不笑、不取的吗？"公明贾回答："传话的人说错了。他在应该说话的时候才说话，所以别人就不讨厌他的话；他真正高兴时才笑，所以别人就不讨厌他的笑；他应该取的时候才取，所以别人就不讨厌他的取。"孔子说："是这样的吗？难道真是这样的吗！"

子曰："臧武仲以防求为后于鲁[1]；虽曰'不要君[2]'，吾不信也。"

今注

1　防，是臧氏的私邑。鲁襄公二十三年，臧氏为孟氏所谮，出奔邾；又从邾到防，使人向鲁国的国君请求为臧氏立后，说："纥非能害也；知不足也。非敢私请；苟守先祀，无废二勋，敢不辟邑。"〔所谓"二勋"，指武仲的祖父（文仲）、和父（宣叔）而言。"辟邑"，是说把防邑交还给鲁国。〕鲁国于是把文仲的异母兄名叫"为"的立起来做臧氏的后。

2　要，一遥切，意为要挟（《广韵·四宵》注："俗言要勒"）。盖孔子时曾有武仲"不要君"的传说。

今译

孔子说："臧武仲用防邑向鲁国请求为臧氏立后；虽然有人说他并没有要挟君上的意思，我不相信！"

子曰："晋文公谲而不正；齐桓公正而不谲[1]。"

今注

1　晋文公，名重耳；齐桓公，名小白。齐桓和晋文，都是春秋前期诸侯的霸主。谲，古穴切。《说文》："谲，权诈也。"（《春秋·繁露玉英》篇："《论语》：晋文公谲而不正；齐桓公正而不谲。谲，权也；正，经也。言：晋文公能行权而不能守经；齐桓公能守经而不能行权。各有所长，亦各有所短也。"）

今译

孔子说："晋文公能权谋而不很正派；齐桓公能正派而短于权谋。"

子路曰："桓公杀公子纠：召忽死之；管仲不死[1]。曰[2]，未仁乎？"子曰："桓公九合诸侯[3]，不以兵车；管仲之力也。如其仁[4]！如其仁！"

今注

1 召，音邵。齐襄公的时候，鲍叔牙知道国家将乱，便和襄公的兄弟公子小白逃往莒国；后来襄公被他的从弟无知所弑，管仲和召忽又同襄公的另一兄弟公子纠逃往鲁国。等到齐人杀了无知，鲁国便用兵送子纠回齐国，但小白已从莒先进齐国了。小白就是后来的桓公。当时齐国打退鲁国的兵，叫鲁人杀子纠而把管仲和召忽送回齐国。召忽以身殉公子纠；管仲则没有同死。管仲回到齐国，桓公用他为相。（见《左传·庄公九年》及《管子·大匡》。）

2 这个"曰"字，好像现在人说的"是否可说"四字。

3 这九，古多作次数讲；朱子据《左传·僖公二十六年》"桓公纠合诸侯"，以九为纠的借字。（《说文》："纠，绳三合也。"引申为有结合的意义。）译文取朱说。

4 如，意同乃。（《经传释词·七》。）

今译

子路说："桓公杀了公子纠：召忽以身殉；管仲却不死。管仲不算是个仁人吧？"孔子说："桓公结合诸侯，不用兵力：全是管仲的功劳。这乃是他的仁！这乃是他的仁！”

子贡曰：“管仲非仁者与[1]？桓公杀公子纠：不能死；又相之[2]！”子曰：“管仲相桓公，霸诸侯，一匡天下：民到于今受其赐。微管仲[3]，吾其被发左衽矣[4]！岂若匹夫匹妇之为谅也[5]，自经于沟渎而莫之知也[6]！”

今注

1 与，音余。

2 相，息亮切。

3 《小尔雅·广诂》：微，无也。

4 被，同披；衽，衣襟。被发左衽，当是孔子时夷狄的风俗。

5 匹夫匹妇，指普通人。《说文》：谅，信也。

6 《荀子·强国篇注》：经，缢也。《说文》：“沟，水渎也。渎，沟也。”

今译

子贡说：“管仲恐怕算不得一个仁人吧！桓公杀了公子纠；他不能殉子纠，反而辅佐桓公！”孔子说：“管仲辅佐桓公，为诸侯的盟主，把天下整顿一番；一直到现在，天下的人民都还受到他的好处。没有管仲，我们恐怕已经成为夷狄了！他哪里会像普通人一样，为了小信小节自杀于沟渎而没有人知道！”

公叔文子之臣，大夫僎，与文子同升诸公[1]。子闻之，曰：“可以为‘文’矣[2]！”

今注

1　臣，是家臣。僎，士免切。大夫僎是文子的家大夫；文子推荐他而让他和自己同为公家的大夫。

2　春秋时代行谥法：凡是一个有地位的人，死后由国家给他一个谥。这里的“文”，是公叔文子去世后国家给他的谥。从这章可以看出，孔子尊重为国家举贤才的人。

今译

公叔文子的家臣做了大夫的僎，跟文子同上公朝。孔子听到这回事，说：“公叔文子，真值得谥为‘文’了！”

子言卫灵公之无道也[1]。康子曰：“夫如是，奚而不丧[2]！”孔子曰：“仲叔圉治宾客[3]；祝鮀治宗庙；王孙贾治军旅：夫如是，奚其丧[4]！”

今注

1　皇疏本作“子曰，卫灵公之无道久也”。

2　夫，音符。丧，息浪切。

3　《集注》：“仲叔圉，即孔文子也。”

4　孔子在这里说贤才对国家的重要性。

今译

孔子谈论卫灵公的无道。康子说：“他这样，怎么不会亡国？”孔子说：“仲叔圉管外交；祝鮀管祭祀；王孙贾管军事：他能这样用贤，国家怎么会亡！”

子曰："其言之不怍，则其为之也难[1]。"

今注

1 后"其"字依皇本、正平本。马曰："怍，惭也。内有其实，则言之不惭。积其实者，为之难也！"按：孔子这章的话，和答孟武伯问孝（《为政》篇）的话，只有马注本讲得对。（宋司马光自以为生平"事无不可对人言"。事无不可对人言，就是"言之不怍"。一个人要做到这个地步，自然很难。）

今译

孔子说："一个人要讲到自己的事情而不会惭愧，那他平日的行为便不会容易！"

陈成子弑简公[1]。孔子沐浴而朝告于哀公曰[2]："陈恒弑其君，请讨之！"公曰："告夫三子[3]！"孔子曰："以吾从大夫之后，不敢不告也；君曰：'告夫三子者！'"之三子告；不可。孔子曰："以吾从大夫之后，不敢不告也[4]。"

今注

1 陈成子，齐大夫陈恒。简公，是齐国的国君。

2 沐是洗头；浴是洗身。凡斋必沐浴。刘疏："礼于常朝不齐；此重其事，故先齐也。"

3 夫，音符；下告夫同。三子，指仲孙、叔孙、季孙三卿。那时鲁国的政权全在三家手中。

4 皇本、正平本没有这个"也"字。

今译

陈成子杀了齐简公。孔子斋戒沐浴而上朝报告鲁哀公说："陈恒弑了他的国君。请发兵讨伐他！"哀公说："你去告诉他们三位！"孔子〔退朝后〕说："因为我忝为大夫，所以不敢不把这事报告君上；君上却说：'告诉他们三位呀！'"孔子到三家那里去讲；三家都不赞成。孔子说："因为我忝为大夫，所以不敢不来告！"

子路问事君。子曰："勿欺也[1]；而犯之[2]！"

今注

1　皇本"也"作"之"。

2　《礼记·檀弓》："事君有犯而无隐。"

今译

子路问孔子服事君上的道理。孔子说："不可欺骗他；但〔为阻止他的过失，〕可犯颜谏诤。"

子曰："君子上达；小人下达[1]。"

今注

1　这章的上达、下达，解释的人，有以仁义、财利区分的（皇疏）；有以循天理、徇人欲区分的（《集注》）。这两解可以说都是据"君子喻于义、小人喻于利"而作的。若用"下学而上达"的"上达"来讲这里的"上达"，则和"喻于义"似亦相近。译文姑备一说。

今译

孔子说："君子图日进于道德的修养；小人务多得鄙俗的荣名。"

子曰："古之学者为己；今之学者为人[1]。"

今注

1　为，于伪切。《集注》："程子曰，为己，欲得之于己也；为人，欲见知于人也。"

今译

孔子说："古时的学者，志在把自己修养好；现在的学者，志在示人以所学。"

蘧伯玉使人于孔子[1]；孔子与之坐而问焉，曰："夫子何为？"对曰："夫子欲寡其过而未能也！"使者出[2]。子曰："使乎！使乎[3]！"

今注

1　蘧，其居切。蘧伯玉，卫大夫蘧瑗。

2　使，所吏切。下使乎同。

3　陈曰："再言'使乎'者，善之也。"按：孔子的意思或是："具这样见解的人，乃只做一个'使者'吗！"

今译

蘧伯玉差了一个人到孔子那里。孔子请他坐，并且问他："你家老爷在家做些什么？"使者回答说："我家老爷要减少他行为上的过失，却还没有做到。”使者走后，孔子说：“这是一个送信的人吗！这是一个送信的人吗！”

子曰：“不在其位，不谋其政[1]。”

今注

1　这章已见《泰伯》篇。

曾子曰：“君子思不出其位[1]。”

今注

1　“君子思不出其位”：《周易·艮卦》象辞有这话。可能是作象辞的人用了曾子的话。

今译

曾子说：“君子总想不做超出他自己职位的事。”

子曰：“君子耻其言之过其行也[1]。”

今注

1　“之过其行也”，依皇本、正平本；别本作“而过其行”。阮氏《校勘记》：“按：《潜夫论·交际》篇——‘孔子疾夫言之过其行者。’符所见的《论语》亦作之字。”（《礼记·杂记》：“有其言而无其行，君子耻之。”《表记》：“君子耻有其辞而无其德；有其德而无其行。”）

今译

孔子说："君子以言过于行为可耻。"

子曰："君子道者三[1]；我无能焉。仁者不忧；知者不惑；勇者不惧[2]。"子贡曰："夫子自道也[3]！"

今注

1 《礼记·中庸》："子曰：君子之道四；丘未能一焉。"这章"道者三"三字，虽然亦见于《泰伯》篇的"君子所贵乎道者三"句里，但两处的文意不同。就语法来讲，这里似应作"君子之道三"。

2 知，音智。《子罕》篇亦有这三句；知在仁上。

3 《集注》："自道，犹言谦辞。"

今译

孔子说："一个君子有三种德行；我一种也没有。有仁德的人不忧；有智慧的人不惑；勇敢的人无所恐惧。"子贡说："这是老师说自己！"

子贡方人[1]。子曰："赐也贤乎哉！夫我则不暇[2]。"

今注

1 《释文》："方人，郑本作谤，谓言人之过恶。"（孔训方为比方；《集注》从孔义。这个讲法亦可通。）

2 夫，音符。"谤人"近于"言人之不善"，所以孔子微讽子贡。（皇本作"赐也贤乎我夫哉，我则不暇"。正平本作"赐也贤乎我夫！我则不暇"。阮记以两本"皆非"。按：正平本可从。）

今译

子贡批评别人的不对。孔子说："赐真能干！我就没有这闲工夫！"

子曰："不患人之不己知[1]；患其不能也[2]。"

今注

1　在《论语》其他篇中，和这章大同小异的话凡三见：《学而》《里仁》《卫灵公》三篇里各一见。朱子说："圣人于此一事盖屡言之；其丁宁之意亦可见矣！"

2　其，意同己。（古书中"其"常用作"己"。）其不，皇本作"己无"。《管子·小称》篇："身不善之患；毋患人莫己知。"（身，意同己。）

今译

孔子说："不要忧虑人家不知道自己，只须忧虑自己没有能力。"

子曰："不逆诈，不亿不信；抑亦先觉者：是贤乎[1]！"

今注

1　《集注》："逆，未至而迎之也。亿，未见而意之也。诈，谓人欺己。不信，谓人疑己。抑，反话辞。言虽不逆不亿，而于人之情伪自然先觉，乃为贤也。"按：这章的意义难懂；似应阙疑。译文阙。（《集注》似乎把文理解释清楚了；但孔子这话究竟有什么意思，实难明白。）

微生亩谓孔子曰[1]："丘，何为是栖栖者与[2]！无乃为佞乎？"孔子曰："非敢为佞也；疾固也[3]！"

今注

1 《集注》："微生，姓；亩，名也。亩呼夫子名而辞甚倨，盖有齿德而隐者。"

2 栖栖，当同栖栖。《说文》以栖为西的或体而不录栖，当是许时栖较通行的缘故。班固答宾戏："栖栖皇皇。"颜注："不安之意也。"《左传·昭公五年》："而屑屑焉习仪以亟。"屑屑栖栖，音通意同。《方言·十》："屑屑，不安也：秦晋谓之屑屑。"与音余。

3 包曰："病世固陋，欲行道以化之。"（《吕氏春秋·爱类》篇："贤人之不远海内之路而时往来乎王公之朝，非以要利也，以民为务者也。"按：吕氏以"忧民之利、除民之害"为仁，亦可以说是一位能够知道圣贤的人。）

今译

微生亩对孔子说："丘，为什么那么栖栖皇皇的！莫非是要逞你的口才去讨好人家？"孔子说："我不是要逞口才；我只是痛恨世人的固陋！"

子曰："骥[1]，不称其力，称其德也[2]。"

今注

1 《太平御览》引郑注："骥，古之善马。"《说文》："骥，千里马也。"

2　郑曰："德者，调良之谓。"按：调良，驯服和善的意思。

今译

孔子说："骥之所以称为'骥'，不是因为它能日行千里，而是因为它有驯良的体德。"

或曰："以德报怨[1]；何如？"子曰："何以报德！以直报怨；以德报德。"

今注

1《广雅·释言》："报，复也。"《玉》篇："报，酬也，答也。"《老子·六十三》篇："报怨以德。"大概当时曾有人提倡"以德报怨"的道理，所以或向孔子提出这个问题。(《礼记·表记》："子曰：以德报德，则民有所劝；以怨报怨，则民有所惩。"又："子曰：以德报怨，则宽身之仁也；以怨报德，则刑戮之民也。"郑注："宽，犹爱也。爱身以息怨，非礼之正也。仁，亦当言民。")

今译

有人说："用德来报怨；你看怎么样？"孔子说："那么用什么来报德呢！我们用正直的行为来报怨；用惠爱的心情来报德。"

子曰："莫我知也夫[1]！"子贡曰："何为其莫知子也[2]？"子曰："不怨天，不尤人；下学而上达[3]。知我者其天乎！"

今注

1　夫，音符。

2 子贡盖以世上应有很多认识圣德的人，所以发出这个问话。

3 “下学而上达”：孔曰，“下学人事；上知天命”。包慎言《温故录》，根据张衡《应闲》，以“上达”为“达于佐国理民之道”。按：孔注的“知天命”，当即“五十而知天命”的“知天命”，非止佐国理民的事情。细想孔子的语意，孔说或较合。不过孔子所谓“天命”，自含道济天下的任务。（《韩诗外传》和董仲舒解释孔子“不知命，无以为君子也”的“命”，我们以为极有意义。但汉儒所讲的命是不是合于孔子的意思，我们实难确定。当然，这里的“上达”和上文“君子上达”的“上达”都和修德有关，则是无疑的。）

今译

孔子说：“没有人能够了解我吧！”子贡说：“为什么没有人能够了解老师？”孔子说：“不恨天，不怪人；思索的虽只是平常的事情，而了解的似已进到高明的境界了。恐怕只有天会知道我吧！”

公伯寮愬子路于季孙[1]。子服景伯以告[2]；曰：“夫子固有惑志[3]；于公伯寮，吾力犹能肆诸市朝[4]。”子曰“道之将行也与[5]，命也；道之将废也与，命也。公伯寮其如命何[6]！”

今注

1 公伯寮，当即《史记·仲尼弟子列传》中的公伯僚（字子周）。愬，“诉”字的或体。

2 子服景伯，鲁大夫子服何忌。

3 夫子，指季孙。

4 把受刑人的死尸陈在刑场或公众的地方，叫作“肆”。“市朝”有两个意义：一是市中办公的地方；一是指“市”和“朝”讲。

《论语》这里的“市朝”，当指“市”和“朝”讲。（《周礼·乡士》：“协日刑杀；肆之三日。”疏引《论语注》云：“大夫于朝；士于市。公伯寮是士，止应云‘肆诸市’；连言‘朝’耳。”刘宝楠以这注为郑注。）

5 与，音余。

6 刘疏：“朱子或问以为在堕三都、出藏甲之时；说颇近理。当时必谓子路此举是强公室弱私家，将不利于季氏，故季孙有惑志。夫子言道将行、将废者，子路堕都，是夫子使之；今子路被愬，是道之将废而己亦不能安于鲁矣！”

今译

公伯寮向季孙谗毁子路。子服景伯把这件事告诉孔子；并且说：“季孙自然会生疑心；但是对于公伯寮，我还有力量向季孙进言以诛他！”孔子说：“我的道理能够行，乃是命运；我的道理不能够行，也是命运。公伯寮怎么能够改变我的命运！”

子曰：“贤者辟世[1]；其次辟地；其次辟色；其次辟言。”

今注

1 这章似闲谈隐者的话。辟，音避；下同。皇本、正平本辟作避。

今译

孔子说：“高明的人，不仕于世；次一等的人，不居乱邦；再次一等的人，君上没有礼貌便去；再次一等的人，君上对己有不好的话才去。”

子曰："作者七人矣[1]。"

今注

1 皇疏本和邢疏本都依包注把这章和上章合为一章，朱子把这句独自为一章。朱子似较合。但这章的"作者"，实在不容易解释；应以阙疑为是。（包曰："作，为也。为之者凡七人；谓长沮、桀溺、丈人、石门、荷蒉、仪封人、楚狂接舆。"《集注》："李氏曰：作，起也。言起而隐去者今七人矣。不可知其谁何；必求其人以实之，则凿矣！"按：朱子虽不把这章合前为一章，却仍以"七人"为隐者。因为上、下章都是讲隐者的，故虽程子、张子都以"作"为"作者之谓圣"的"作"亦不苟从。但以作为隐，究嫌证据太少，所以引李氏的话以备一说。）译文从阙。

子路宿于石门[1]。晨门曰[2]："奚自？"子路曰："自孔氏[3]。"曰："是知其不可而为之者与[4]？"

今注

1 郑注："石门，鲁城外门也。"刘疏："外门，当谓郭门也。"

2 郑注："晨门，主晨夜开闭也。"

3 刘疏："子路时自鲁外出，晚宿石门也。"按：子路当时，或自鲁外出，或自外归鲁，我们现已难定了。

4 与，音余。这章似是为这句话而记在《论语》里的。

今译

子路在石门宿了一夜。管门的人问他说："你是从哪里来的？"子路说："从孔家来。"管门的人说："就是那位知道不可做而一定要去做的先生吗？”

子击磬于卫[1]。有荷蒉而过孔氏之门者[2]，曰：“有心哉击磬乎！”既而曰：“鄙哉硁硁乎！莫己知也，斯己而已矣[3]！深则厉；浅则揭[4]。”子曰：“果哉，末之难矣[5]！”

今注

1 磬，乐器（古用石制）。

2 荷，胡可切，意同负荷。《说文》：“蒉，草器也。臾，古文蒉。《论语》曰，有荷臾而过孔氏之门。”（《子罕》篇：未成一篑。篑当为蒉的或体。）

3 《释文》：“莫己，音纪。下斯己同。”刘疏：“斯己者，言但当为己，不必为人；即孟子所云‘独善其身’者也。”

4 揭，起例切。“深则厉；浅则揭”见《诗·邶风·匏有苦叶》篇。《诗传》：“以衣涉水为厉。揭，褰衣也。遭时制宜；如遇水深则厉、浅则揭矣！”荷蒉的人所以引这两句诗，是要孔子随时变更自己的意见，不必固执。

5 《集注》：“果哉，叹其果于忘世也。末，无也。圣人心同天地，视天下犹一家、中国犹一人，不能一日忘也；故闻荷蒉之言而叹其果于忘世。且言，人之出处，若但如此，则亦无所难矣！”朱说虽稍迂回；但比他家说法明顺，所以译文从朱说。（这章似编者以义旨相近而联于上章的。）

今译

孔子在卫国，一天正敲着磬，有一个担着草器的人行过孔子门前，说：“那敲磬的倒是个有心人！”歇一歇又说：“这硁硁的磬声，显得太陋！如果世上没有人知道自己，那么，自顾自亦就算了！《诗经》曾告诉我们：水深湿衣渡；水浅拉起衣。”孔子说：“这真可称作果决了！这样，就没有什么难事了！”

子张曰：“书云：‘高宗谅阴，三年不言[1]。’何谓也？”子曰：“何必高宗；古之人皆然。君薨，百官总己以听于冢宰[2]三年。”

今注

1　谅阁，亦作亮阴。马融释亮阴为“信默不言”；郑玄则以谅闇为指凶庐（居丧的地方）。“马说”迂曲；“郑义”现在亦难十分明了。朱子以为“未详其义”，颇得阙疑的道理。

2　《说文》：总，聚束也。《尔雅·释诂》：冢，大也。《周礼》天官称冢宰，是百官的首长。（冢长声相转。）《檀弓下》：“子张问曰：‘书云，高宗三年不言；言乃谨。有诸？’仲尼曰：‘胡为其不然也！古者，天子崩，王世子听于冢宰三年；莫敢不敬。’”

今译

子张说：“《书经》上说：‘殷高宗居丧，三年不言国事。’这是什么意思？”孔子说：“不止高宗这样；古代的人都是这样！国君去世三年以内，百官都听命于宰相。”

子曰：“上好礼，则民易使也[1]。”

今注

1　好，呼报切。易，以豉切。《子路》篇：“子曰：上好礼，则民莫敢不敬。”《阳货》篇：“小人学道则易使也。”

今译

孔子说："在上位的人如果喜欢礼，老百姓便容易听从使令。"

子路问君子。子曰："修己以敬[1]。"曰："如斯而已乎？"曰："修己以安人[2]。"曰："如斯而已乎？"曰："修己以安百姓[3]？——修己以安百姓，尧舜其犹病诸[4]！"

今注

1 修己，即修身：修饰自己的德行。

2 孔曰："人，谓朋友九族。"

3 刘疏："修己者，修身也；安人者，齐家也；安百姓，则治国平天下也。"

4 孔曰："病，犹难也。"诸，"之乎"二字的合声。

今译

子路问："怎样才算是君子？"孔子说："严肃修正自己。"子路说："这样就可以吗？"孔子说："修正自己并且使所接触的人安和。"子路说："这样就可以吗？"孔子说："修正自己并且使百姓安乐——这件事，恐怕尧舜也以为难做到吧！"

原壤夷俟[1]。子曰："幼而不孙弟[2]；长而无述焉；老而不死；是为贼[3]！"以杖叩其胫[4]。

今注

1 《礼记·檀弓下》："孔子之故人曰原壤。其母死，夫子助之沐椁。"孔子和原壤是老朋友，所以孔子对他有戏言、戏行。

夷，箕踞；俟，等待。

2　孙，音逊；弟，大计切。

3　贼，意同“祸害”。

4　叩，敂字的简体。《说文》：“敂，击也：读若扣。”胫，《释文》户定反；《集注》其定反。

今译

原壤伸展双腿坐着等孔子。孔子说：“年幼的时候不懂礼貌；长大了也没什么出息；老了还不死：真是祸害！”说完还用手杖敲敲他的脚胫。

阙党童子将命[1]。或问之曰：“益者与[2]？”子曰：“吾见其居于位也；见其与先生并行也。非求益者也；欲速成者也。”

今注

1　阙党，里名。马曰：“将命者，传宾主之语出入。”刘疏：“据士相见礼，请见用贽，宾主致辞，皆将命者达之。”《仪礼》郑注：“将，犹传也；传命者，谓摈相者。”

2　与，音余。

今译

阙党地方的一个童子来向孔子传话。有人问孔子说：“他是不是要求得进益呢？”孔子说：“我看他坐在位子上；看他和大人并肩同行。他不是要求教益；他只想快点成为‘大人’！”

卷十五　卫灵公

卫灵公问陈于孔子[1]。孔子对曰："俎豆之事[2]，则尝闻之矣；军旅之事，未之学也。"明日遂行[3]。

今注

1　陈，军陈。依《说文》，陈本地名，直珍切；𨻰本训列，直刃切，引申训军陈。经典中地名、𨻰列、军𨻰都用𨻰字。今陈字有平去二声，地名、姓氏、陈列、陈说、陈旧等义平声，军陈则去声。《颜氏家训·书证》篇："太公六韬，有天陈、地陈、人陈、云鸟之陈。《论语》曰：'卫灵公问陈于孔子。'行陈之义，取于陈列耳。此于六书为假借也。《苍雅》及近世字书，皆无别字；惟王羲之小学章、独阜傍作车。纵复俗行，不宜追改六韬、《论语》《左传》也。"

2　孔曰："俎豆，礼器也。"

3　《左传·哀公十一年》："孔文子之将攻大叔也，访于仲尼。仲尼曰：'胡簋之事，则尝学之矣；甲兵之事，未之闻也。'退，命驾而行；曰：'鸟则择木；木岂能择鸟！'文子遽止之，曰：'圉岂敢度其私；访卫国之乱也。'将止；鲁人以币召之，乃归。"按：卫灵公问陈和孔文子访于仲尼，事颇相似，当由一事而传闻不同。

崔述疑《左传》“为得其实”，似是。《孔子世家》于“明日”和“遂行”间加上蜚雁故事，自不足信。

今译

卫灵公问孔子战阵的事。孔子回答：“礼仪的事情，我曾学过；战阵的事情，我没有学过。”第二天便离开了卫国。

在陈[1]，绝粮；从者病[2]，莫能兴。子路愠，见曰[3]：“君子亦有穷乎？”子曰：“君子固穷；小人穷，斯滥矣！”

今注

1 孔子由卫到陈，在鲁定公十五年；由陈返卫，则在鲁哀公六年。《孟子》曰：“君子之厄于陈蔡之间，无上下之交也。”《庄子》《荀子》亦都有孔子厄于陈蔡的话。可见孔子在陈时极为困穷，所以到战国时尚为人所提及。

2 从，才用切。

3 见，贤遍切。

今译

孔子在陈国时，断了粮食。跟从的弟子也都饿得起不来了。子路有点生气，见了孔子说：“一个君子也会穷吗？”孔子说：“君子固然有穷困的时候；小人如果穷，那就什么都做得出来了！”

子曰：“赐也，女以予为多学而识之者与[1]？”对曰：“然！非与？”曰：“非也！予一以贯之[2]。”

今注

1　女，音汝。与，音余；下同。多学，就是多闻、多见。

2　《里仁》篇和这章的“一以贯之”，许多学者都看作一事，这是不对的。《里仁》篇的“吾道，一以贯之”，是孔子说他所讲的道理是有一个主旨的；这个“一”，就是“忠恕”。这章的“予一以贯之”，是孔子讲他平日做学问的方法。这个“一”，是他求知识时心中所最注意的事情；乃因时而变更的。比如，我现在要学“为仁”，则凡关于“为仁”的道理，我都要学而默记于心；闻见虽然多，但在这个时期里，我所最注意的只是这一种道理，而要慎思明辨的亦只是这一种道理，所以精神不为博杂的闻见所惑乱。这一种道理纯熟了，要学别种道理，亦是这个样子。这似是做学问一种很有用的方法。孔子回答“非也”，并不是“非”多学，而只是“非”在求某一种学问时不能专心一志于这种学问。若一个人在求学时能专心一志，则“多闻多见而识之”，自然都是最有益的事情。

今译

孔子说：“赐呀！你以为我只是多闻多见而且把所闻见的都默记在心里吗？”子贡回答说：“我是这样想的！难道不是吗？”孔子说：“我做学问，并不是只靠多闻多见而记住；我求学问时，把心里所以为最重要的事情作纲领以统摄我的闻见。”

子曰：“由，知德者鲜矣[1]！”

今注

1　鲜，仙善切。孔子这话，注解的人多以为为“愠见”而发；

我以为，孔子似只向子路感叹能够修德的人不容易见到。

今译

孔子说："由呀，懂得修德的人很少了！"

子曰："无为而治者，其舜也与[1]！夫何为哉[2]？恭己、正南面而已矣[3]！"

今注

1 治，直利切。与音余。

2 夫，音符。

3 "恭己、正南面"，似即"为政以德"的意思。《集解》："言任官得其人，故无为而治也。"按：任官得人，即《荀子·王制》篇的"人主以官人为能"；后来讲政治的学者，亦都重视这个道理。《泰伯》篇有"舜有臣五人而天下治"的记载。对于一位"无为而治"的圣君，这是一句极有价值的史文。（能用人，才能无为而治！）

今译

孔子说："不做什么而能平治天下的，只有舜吧！他做了什么呢？只是恭敬地向着南面罢了！"

子张问行[1]。子曰："言忠信；行笃敬[2]。虽蛮貊之邦行矣[3]！言不忠信；行不笃敬。虽州里行乎哉！立，则见其参于前也[4]；在舆，则见其倚于衡也[5]。夫然后行[6]。"子张书诸绅。

今注

1 问行，问怎样行得通。

2 行，下孟切；下“行不”同。

3 蛮，南方的夷人；貊，北方的夷人。（貊，《说文》作貉。）

4 皇本、正平本“参”下有“然”字。阮氏《校勘记》：“案释文云，参，所金反。包注云，参然在目前。是古读如森，不读如骖。”

5 衡，车前横木。

6 夫，音符。《集注》：“其者，指忠信、笃敬而言。参，言与我相参也。衡，轭也。言其于忠信笃敬念念不忘，随其所在、常若有见，虽欲顷刻离之而不可得，然后一言一行，自然不离于忠信笃敬，而蛮貊可行也。”（按：朱解“参”字与“包”异，然亦可通。）

今译

子张问怎样才能处处行得通。孔子说：“一个人说话能够忠实诚信；行为能够笃厚谨敬：即在蛮夷的地方，也可以行得通。一个人说话不忠实诚信；行为不笃厚谨敬：即在自己的家乡，恐怕也行不通！我们站立的时候，就好像看见忠信笃敬都排列在我们前面；我们坐在车中的时候，就好像看见这些东西都倚着车前的横木：这样，便可以行得通了！”子张把这段话写在衣带上。

子曰：“直哉史鱼[1]！邦有道如矢；邦无道如矢。君子哉蘧伯玉！邦有道则仕；邦无道则可卷而怀之[2]。”

今注

1 郑注：“史鱼，卫大夫，名鳝。君有道无道，行常如矢，直不曲也。”（《诗·大东》：“其直如矢。”）

2　卷，陆眷免反；朱不音。（《广韵》卷舒字上声，音卷；书卷字去声，音眷。）《集注》："卷，收也。怀，藏也。"《泰伯》篇："天下有道则见，无道则隐。"

今译

孔子说："史鱼真是直！国家政治清明，他和矢一样直；国家政治混乱，他亦和矢一样直！蘧伯玉真是个君子！国家政治清明，他就出来做事；国家政治昏乱，他就可以躲起来！"

子曰："可与言而不与言[1]，失人；不可与言而与之言，失言。知者[2]，不失人，亦不失言。"

今注

1　"不与"下，唐石经、皇本、正平本、廖本没有"之"字；《集注》本有。

2　知，音智。

今译

孔子说："可以和他说话而不和他说，是错过了好人；不可以和他说话而和他说，乃是白费言语。一个聪明的人，既不错过好人，也不白费言语。"

子曰："志士[1]、仁人，无求生以害仁[2]；有杀身以成仁。"

今注

1　志士，"志于道"的士。

2　唐石经“仁”作“人”。阮元《校勘记》：“皇疏云：‘无求生以害仁者：既志善行仁，恒欲救物，故不自求我之生以害于仁恩之理也。’则字当作‘仁’。”

今译

孔子说：“一位志士，一位仁人，不可因求生而损害了仁；但可捐弃生命以成仁！”

子贡问为仁[1]。子曰：“工欲善其事，必先利其器[2]。居是邦也，事其大夫之贤者；友其士之仁者。”

今注

1　刘疏：“为，犹行也。”

2　这是比喻为仁须先有为仁的利器。为仁的利器，就是“大夫之贤者”和“士之仁者”。（参《颜渊》篇：“曾子曰：君子以文会友，以友辅仁。”）

今译

子贡向孔子问“为仁”的方法。孔子说：“工匠要做好他的工作，必须先把他的工具弄好。我们在一个国家里，就应该侍奉贤能的官吏；应该与有仁德的士人交朋友。”

颜渊问为邦。子曰：“行夏之时[1]；乘殷之辂[2]；服周之冕[3]；乐则《韶》舞[4]。放郑声[5]；远佞人[6]，郑声淫，佞人殆。”

今注

1 中国旧历，以冬至所在的月为建子的月；次一月为建丑的月；再次一月为建寅的月。夏以建寅的月为正月；则建子的月为十一月；建丑的月为十二月。殷以丑为正，则子为十二月、寅为二月；周以子为正，则丑为二月、寅为三月。这是古代的三正。孔子所以取夏时，《集解》以为“据见万物之生以为四时之始，取其易知”。

2 《释文》：“辂音路；本亦作路。”马曰：“殷车曰大辂。《左传》曰，大辂越席，昭其俭也。”刘疏：《左传》者，桓二年文。

3 包曰：“冕，礼冠。周之礼，文而备。取其垂旒蔽明、黈纩塞耳，不任视听。”（“垂旒蔽明”四字依刘疏说补。）

4 《韶》舞：旧解都以《韶》舞为舜乐；以“舞”字作“乐”字讲。俞樾《群经平议》：“舞，当读为武；古人舞武通用。‘乐则《韶》舞’者，则之言法也；言乐当取法《韶》《武》也。夏时、殷辂、周冕，皆以时代先后为次。若《韶》舞专指舜乐，则当首及之；惟《韶》《武》非一代之乐，故列于后。且时言夏、辂言殷、冕言周，而《韶》舞不言虞，则非止舜乐明矣。”刘疏：“俞说是。《孔子世家》言‘孔了弦歌诗以求合《韶》《武》《雅》《颂》之音’，《韶》《武》并言，皆孔子所取也。”

5 《乐记》：“郑音好滥淫志。”《论语》的郑声，当即郑音；郑音并非指《诗·郑风》言，大概是当时流行于郑地的音乐。

6 远，于万切。（这章似可疑。恐不是真实的记录；即有这件事，亦只是闲谈！）

今译

颜渊问治国的道理。孔子说：“用夏代的历法；坐殷代的车子；服周代的冕服；至于音乐，就用《韶》和《武》。屏斥郑音！

远离佞人！郑音靡滥淫志；佞人危险。”

子曰：“人无远虑，必有近忧[1]。”

今注

1　远虑，周密的思虑；近忧，随时可以发生的忧患。“远”“近”二字，不指距离讲。

今译

孔子说：“一个人如果对自己的一切行为没有周密的思虑，那么，他随时可以遇到忧患的来临。”

子曰：“已矣乎！吾未见好德如好色者也[1]！”

今注

1　好，呼报切。《子罕》篇已有“吾未见好德如好色者也”一语，但没有“已矣乎”三字。

今译

孔子说：“算了吧！我从未见过一个喜爱德行像喜爱美色一样的人！”

子曰：“臧文仲其窃位者与[1]！知柳下惠之贤而不与立也[2]。”

今注

1　与，音余。孔曰：“知贤而不举，是为窃位。”

2　郑注："柳下惠，鲁大夫展禽也。食邑柳下；谥曰惠。"按：臧文仲知道柳下惠，《左传》和《鲁语》都有记载。"与立"的"与"，意同"以"；以与一声之转。

今译

孔子说："臧文仲可说是盗窃职位的人吧！他明明知道柳下惠的贤能而不以荐于公家。"

子曰："躬自厚而薄责于人[1]，则远怨矣[2]！"

今注

1　《经义述闻》："躬自厚者，躬自厚责也。因下薄责于人而省责字。"

2　远，于万切。孔曰："责己厚，责人薄，所以远怨咎。"

今译

孔子说："一个人很严地责备自己而很宽地责备别人，那就不会有什么人怨恨他了。"

子曰："不曰'如之何、如之何'[1]者，吾末'如之何'也已矣！"

今注

1　"如之何"，就是"怎么办"。不曰"如之何、如之何"，就是一个人对一件事不用"这怎么办"这个问题问自己或问别人。（《春秋繁露·执贽》篇："子曰，人而不曰'如之何、如之何'者，吾莫'如之何'也矣。"《集注》："如之何、如之何"者，熟思而审处之辞也。)

今译

孔子说:“一个遇事不以‘怎么办、怎么办’自问或问人的人,我对他也不知道‘怎么办’了!”

子曰:“群居终日,言不及义;好行小慧。难矣哉[1]!”

今注

1 好,呼报切。郑曰:“小慧,谓小小之才知;难矣哉,言无所成。”

今译

孔子说:“一群人整天在一起,没有一句正经的话;好卖弄小聪明。这种人是不会有什么成就的!”

子曰:“义以为质[1],礼以行之;孙以出之[2],信以成之。君子哉!”

今注

1 《释文》:“义以为质:一本作君子义以为质。”臧琳以“君子”为衍。

2 孙,音逊。郑曰:“义以为质,谓操行;孙以出之,谓言语。”《集注》:“程子曰,此四句只是一事:以义为本。”按:程说亦有本。《左传·襄公十一年》:“夫乐以安德;义以处之;礼以行之;信以守之;仁以厉之。”

今译

孔子说："以义制事，以礼行义；以逊出言，言而有信。这算是君子了！"

子曰："君子病无能焉；不病人之不己知也[1]。"

今注

1 《宪问》篇："子曰：'不患人之不己知；患其不能也。'"

今译

孔子说："君子只怕自己没有能力；不怕别人不知道自己。"

子曰："君子疾没世而名不称焉[1]。"

今注

1 《集解》："疾，犹病也。"（《法言·问神》篇："君子病没世而无名。"）没身而名不称，则一生没有善行可知！《里仁》篇："君子去仁，恶乎成名！"《易·系辞下》："善不积，不足以成名。"

今译

孔子说："一生不能留下好的名声，是君子所恨的事情。"

子曰："君子求诸己[1]；小人求诸人。"

今注

1　求，是责备的意思。《集解》："君子责己；小人责人。"

今译

孔子说："君子事事责备自己；小人事事责备别人。"

子曰："君子矜而不争[1]；群而不党。"

今注

1　包曰："矜，矜庄也。"矜，似当依汉石经残碑作矜。

今译

孔子说："君子立身矜严而不和人争；善与人同而不阿党为私。"

子曰："君子不以言举人[1]；不以人废言[2]。"

今注

1　"有言者不必有德"，所以君子不可以言举人，亦不可以人废言。

2　"狂夫之言，圣人择焉。"（《史记·淮阴侯列传》广武君引"故曰"。）

今译

孔子说："君子不因为一个人说话好而举荐他；不因为一个人的行为坏而轻视他所说的话。"

子贡问曰："有一言而可以终身行之者乎[1]？"子曰："其'恕'乎！己所不欲，勿施于人。"

今注

1　一言，就是"一个字"。《里仁》篇："子曰：吾道一以贯之。曾子曰：夫子之道，忠恕而已矣！"按：曾子的"忠恕"，意义和孔子的"恕"完全相同。《中庸》："忠恕违道不远：施诸己而不愿，亦勿施于人。"（从"吾道一以贯之"章和这章，我们可以相信孔子所讲的一切道理，在精神上是永远可以为理性的人类所接受的。）

今译

子贡问道："有没有一个字可以一生照着做的？"孔子说："该是'恕'字吧！自己不喜欢的事情，不要加于别人身上！"

子曰："吾之于人也，谁毁谁誉[1]？如有所誉者，其有所试矣[2]！""斯民也，三代之所以直道而行也[3]。"

今注

1　誉，音余。

2　这章的前半段，文意勉强可通；今译略依皇疏。

3　这句话，汉人引用得颇多；但无论连上文为一章或独立为一章，意义都难明白。译文阙。

今译

孔子说："我对于人，何曾毁誉过谁！如果我称誉过什么人，乃是我事先观察到的。”

子曰：“吾犹及，史之阙文也；有马者借人乘之。今亡矣夫[1]！”

今注

1　亡，音无。夫，音符。包曰：“古之良史，于书字有疑则阙之，以待知者；有马不能调良，则借人乘习之。孔子自谓：及见其人如此；至今无有矣。言此者，以俗多穿凿。”按：不知而阙疑，自己不能而请教能者，这都是很好的行为。但史阙文可为后世法；而“有马者借人乘之”则是闾巷一件琐事，似不值得一讲。且“有马”句究嫌太简；太简便难有定解。《集注》引胡氏曰：“此章义疑，不可强解。”译文姑用包注，以备一说。

今译

孔子说：“我还赶上那个时代，抄书的人，遇到不明白的文字，便阙而不写；有马的人，自己不能调良，便请善御的人代为驯服。现在这种事情都没有了吧！”

子曰：“巧言乱德；小不忍则乱大谋[1]。”

今注

1　这两句话是不相连的。它们所以记在一起，恐怕只是同有“乱”字的缘故。（参《泰伯》篇“好勇疾贫乱也”章。）

今译

孔子说：“花言巧语，可以淆乱是非。不能容忍小事情，便会把大事情弄坏。”

子曰：“众恶之，必察焉！众好之，必察焉[1]！”

今注

1　恶，乌路切；好，呼报切。从这章可见孔子对独立思虑和实在观察的重视。

今译

孔子说：“大家厌恶一个人，我们〔不可以跟着厌恶，〕必须〔先〕察看他们厌恶得对不对！大家爱好一个人，我们〔不可以跟着爱好，〕必须〔先〕察看他们爱好得对不对！”

子曰：“人能弘道；非道弘人[1]。”

今注

1　这里的“道”，是指增进人类文明、天下太平的理论和方法而言。“人能弘道”，是说具有智慧和毅力的人能把这些道理行出来；“非道弘人”，是说世间虽有这些道理，但没有好学笃行的人，这些道理亦就没有用了。我们就以现代所谓“文化”来讲。人世间所有宝贵的文化，都是由聪明的人振兴起来的，所以说“人能弘道”。但无论在什么有好文化的地方，如果人们从小便没有受到适当的教育，而且他们自己又不勤学好问，则他们亦终必成为没有文化的人，所以说“非道弘人”。从这个讲法我们可以知道，人类的文明并不是自然遗传而不息的！译文只就文化而讲。

今译

孔子说："人们能把文化提高起来；文化并不能独自把人们提高。"

子曰："过而不改[1]，是谓过矣[2]！"

今注

1 "而"，义同"如"。

2 《左传·宣公二年》："人谁无过？过而能改，善莫大焉！"《韩诗外传·三》："孔子曰：过而改之，是不过也！"（《谷梁传·僖公二十二年》："过而不改；又之：是谓之过！"）孔子只以"不迁怒、不二过"为颜回好学的证明！

今译

孔子说："一个人如果知道有过而不改，那就成为有过的人了！"

子曰："吾尝终日不食、终夜不寝，以思，无益；不如学也[1]！"

今注

1 《大戴礼·劝学》篇："孔子曰：吾尝终日而思矣；不如须臾之所学也。"（《荀子·劝学》篇亦有这两句话，但"吾"字上没有"孔子曰"三字。）按《为政》篇："子曰：学而不思则罔；思而不学则殆。"应是学和思并重。而这章所说，似和《为政》篇那章的话相龃龉。在这里，我们希望读者分清"思"的两个作用。"学而不思"的"思"，是把所学得的东西思辨一过，不让所见所闻的东西毫不分辨地堆在心里。这个“思”，实在是“学”的一部分事情。现在这章的“思”，则是“思而不学”的“思”，并不是思虑那所学得的东西，乃是要自己用思想以发现新知。这个“思”，不凭借所闻见的事物，似只能算是空想。空想自然得不到有益的结论。孔子这章的话，只是教人专心于学罢了。

当孔子的时代，中国的人文已相当发达；前贤的行为可以为后生所取资的财富。孔子曾说：“我非生而知之者，好古敏以求之者也。”（《述而》）他所以好古，乃是要学于古人；他所以要学于古人，乃是因为许多极有价值的关于做人的道理，古来圣哲已花了许多岁月思索出来了；我们若能从这些人所已知道的以学，则成就必比我们独自从头去思索所能得到的大得多。孔子生平在求知的过程中，必屡有这样的觉悟，所以他不能隐而不说。他已以自己为“非生而知之者”，自不应把门人当作“生而知之者”。他说“思不如学”，不只是要讲自己的经验，亦且要告诉门人以求知的坦途。凡不是“生而知之”的人，求知的方法，莫善于从多闻多见入手。

但是一个人从耳闻目见所学得的东西，必须再用心思索以分辨它们的是非得失。这样，才算是“学而知之”。不然，便是“学而不思”，仍是“无益”的！（《中庸》：“博学之；审问之；慎思之；明辨之；笃行之。”这虽不像是孔子说的话，但必是孔门后学所记的。博学、审问是学；慎思、明辨是思；笃行是行。学、思、行，分说为三；合说则为一。学可该思和行。《荀子·儒效》篇：“学至于行之而止矣！”荀子的话，乃循孔门的习惯的。）若一个人想到一种道理，而能够从和这种道理有关的事物上推求这道理的是非，那就是“思而学之”，便不算思而不学了。“思而学之”，自亦是求知的一条正道！

今译

孔子说："我曾经整天不吃饭、终夜不睡，而去苦思，却徒劳无功；还不如学得好！"

子曰："君子谋道不谋食[1]。耕也，馁在其中矣；学也，禄在其中矣[2]。君子忧道不忧贫[3]！"

今注

1　这里的"道"，意同"士志于道"的"道"。

2　这两句当是讲谋道不谋食或忧道不忧贫的理由的。（郑曰："馁，饿也。"）

3　这和首句意同；或是记者类记孔子异时所讲的话。

今译

孔子说："一个君子，只应用心力于道，不必用心于衣食。耕种，有时也未必免于饥饿；学得好，当可以得俸禄！一个君子，只应劳心于道而不必劳心于生活的问题！"

子曰："知及之[1]，仁不能守之[2]；虽得之，必失之。知及之，仁能守之；不庄以涖之[3]，则民不敬。知及之，仁能守之，庄以涖之；动之不以礼，未善也。"

今注

1　"知"音"智"；下同。这章的"之"字，包注以为指官位：这个说法似比其他说法着实。

2　"仁"，意同"德"。

3　庄，意同“庄重”。

今译

孔子说：“聪明才智足以得到它；德行不能守住它；虽然已经得到它，也一定会失去它。聪明才智足以得到它；德行也足以守住它；不能庄严地站在职位上，老百姓是不会敬服的。聪明才智足以得到它，德行也足以守住它，并能庄严地站在职位上；做事不循着礼，还是不够好。”

子曰：“君子不可小知而可大受也；小人不可大受而可小知也[1]。”

今注

1　这章的“小知”“大受”，意难确知。《集解》《集注》，似都得大意。刘疏引《淮南子·主术训》的话（“是故有大略者，不可责以捷巧；有小智者，不可任以大功。”）以释这章，似合经旨。译文依《集注》。

今译

孔子说：“君子于小事未必可观，而可以任大事；小人不可任大事，而有时却有小小的长处。”

子曰：“民之于仁也，甚于水火。水火，吾见蹈而死者矣；未见蹈仁而死者也[1]！”

今注

1　在这章，孔子以仁代表精神生活，以水火代表物质生活。他以为，就人生而言，仁比水火更重要；但是，他曾见有人为水火而死，却没见到有人为仁而死。这彰显出世人轻视精神生活。这亦是孔子叹“知德者鲜”的话；“蹈仁而死”，当即志士仁人所偶有的“杀身成仁”的行为。

今译

孔子说：“仁对于人，比水火重要得多。我见过为水火而死的人；没见过为仁而死的人！”

子曰：“当仁[1]，不让于师[2]。”

今注

1　《集注》：“当仁，以仁为己任也。”

2　《集注》：“虽师亦无所逊；言当勇往而必为也。”（孔曰：“当行仁之事不复让于师；言行仁急。”）

今译

孔子说：“在为仁的大道理上，对于师也不必有所逊让。”

子曰：“君子贞而不谅[1]。”

今注

1　《广雅·释诂·一》：“贞，正也。”谅，朱骏声以为假借为勍，意同“固执”。按：朱说可从，惜少例证。旧训谅为信；

信自是美德。但信有害于正道时，则君子取贞而弃谅。

今译

孔子说："君子依正道而行，不必守硁硁的信。"

子曰："事君，敬其事而后其食[1]。"

今注

1 《周礼·医师》注："食，禄也。"按：敬事，意为尽心供职。《雍也》篇："仁者，先难而后获。"（《颜渊》篇："先事后得，非崇德与！"《礼记·儒行》："先劳而后禄。"）

今译

孔子说："服事君上，只须尽心力于职事；不必斤斤计较俸禄的厚薄。"

子曰："有教无类[1]。"

今注

1 皇疏："人有贵贱，同宜资教；不可以其种类庶鄙而不教之也。教之则善，本无类也。"按：皇疏似含两种意义。师的施教，不应因人有贵贱而有可不可。即《集解》引用的马注所谓"言人在见教，无有种类"。这两种意义，都是人类教育上的通理；而马氏训说，似更合圣意！

今译

孔子说："师的施教，不应以求教的人贵贱、贫富而有可不可的分别！"

子曰："道不同，不相为谋[1]。"

今注

1　为，于伪切。道，指人的志行讲。（善和恶固不同，即善和善有时亦不相同。伯夷清，伊尹任，孔子时：圣德不相同。）

今译

孔子说："人的志行不相同，便不能互相为谋。"

子曰："辞，达而已矣[1]！"

今注

1　《仪礼·聘礼》（记）："辞无常；孙而说。辞多则史，少则不达。辞苟足以达，义之至也。"按：《聘礼》（记）的话，似是演孔子这话的。孔子的话，当为戒浮辞而发。《左传·襄公二十五年》："仲尼曰，志有之，言以足志；文以足言。不言，谁知其志；言之无文，行而不远。"言而有文，亦只为达！

今译

孔子说："言辞，足以表达志意就够了！"

师冕见[1]。及阶，子曰："阶也。"及席，子曰："席也。"

皆坐，子告之曰：“某在斯；某在斯。”师冕出。子张问曰：“与师言之，道与[2]？”子曰：“然！固相师之道也[3]。”

今注

1　见，贤遍切。师，乐人；冕，乐人的名字。（古代奏乐的歌工，必用盲人来做。）

2　与，音余。吴志忠的《集注刻本》于“之”字作逗；之训为“这些”。皇疏本似亦这样讲。

3　相，息亮切。

今译

师冕来见孔子。到了阶前，孔子说：“这是台阶。”到了座席前，孔子说：“这是座席。”都坐定了，孔子告诉他说：“某人在这里；某人在这里。”师冕出去后，子张问道：“老师和师冕讲这些，是合理的吗？”孔子说：“是的，这是我们招待一个眼睛看不见的乐师所应有的道理！”

卷十六 季氏

季氏将伐颛臾[1]。冉有、季路见于孔子曰："季氏将有事于颛臾[2]。"

孔子曰："求，无乃尔是过与[3]！夫颛臾，昔者先王以为东蒙主[4]，且在邦域之中矣，是社稷之臣也；何以伐为[5]！"

冉有曰："夫子欲之[6]；吾二臣者皆不欲也。"

孔子曰："求，周任有言曰[7]：'陈力就列，不能者止！'危而不持，颠而不扶，则将焉用彼相矣[8]！且尔言过矣。虎兕出于柙；龟玉毁于椟中：是谁之过与！"

冉有曰："今夫颛臾，固而近于费[9]；今不取，后世必为子孙忧。"

孔子曰："求，君子疾夫舍曰'欲之'而必为之辞[10]！丘也闻：有国有家者，不患寡而患不均；不患贫而患不安[11]。盖均无贫；和无寡；安无倾。夫如是，故远人不服，则修文德以来之；既来之，则安之。今由与求也相夫子，远人不服而不能来也；邦分崩离析而不能守也：而谋动干戈于邦内[12]！吾恐季孙之忧，不在颛臾而在萧墙之内也[13]！"

今注

1　颛臾，鲁国境内一附庸。孔曰："季氏贪其土地，欲灭而取之。"

2　见，贤遍切。《左传·成公十三年》："国之大事，在祀与戎。"有事，言季氏要攻伐颛臾。

3　与，音余；下同。

4　这个东蒙，便是蒙山。《汉书·地理志》："泰山郡蒙阴，禹贡蒙山在西南，有祠：颛臾国在蒙山下。"胡渭《禹贡锥指》："东蒙即蒙山，非有二山。"

5　《集注》："社稷，犹云公家。是时四分鲁国，季氏取其二，孟孙叔孙各有其一。独附庸之国尚为公臣；季氏又欲取以自益。故孔子言颛臾乃先王封国，则不可伐；在邦域之中，则不必伐；是社稷之臣，则非季氏所当伐也。"

6　夫子，指季孙。

7　任，音壬。马曰："周任，古之良史。"（刘疏："《左传·隐公六年、昭公五年》皆引周任说，不言为史官。马此注当别有所本。"）

8　焉，于虔切。相，息亮切。《集注》："相，瞽者之相也。"按："持危扶颠"，乃是相瞽的任务。刘疏："《汉书·陈球传》：'倾危不持，焉用彼相邪！'正本此文。矣与邪同。"

9　费，悲位切。

10　舍，音捨。

11　《春秋繁露·度制》篇："孔子曰：不患贫而患不均。"《魏书·张普惠传》引同。照下文"均无贫"的话，则经文似应作"不患贫而患不均"。但现在各本《论语》都作"不患寡而患不均，不患贫而患不安"；这显然有错误。俞樾《群经平议》："寡贫二字，传写互易。此本作‘不患贫而患不均，不患寡而患不安’：贫以财言，不均亦以财言；寡以人言，不安亦以人言。下文‘均无贫’承上句言，‘和无寡、安无倾’承下句言。”俞氏这个校订，虽完全出自臆想，但比旧文较妥；我们在译文里采用俞氏的说法。

12 《释文》：“邦内：郑本作封内。”（按：《释文》于上文“邦域”下亦记“邦或作封”。）

13 郑曰：“萧之言肃也；墙，谓屏也。君臣相见之礼，至屏而加肃敬焉，是以谓之萧墙。”方观旭《论语偶记》：“俗解以萧墙之内为季氏之家。不知礼，萧墙唯人君有耳；季氏之家，安得有此！窃谓斯时哀公欲去三桓，季氏实为隐忧。虽有费邑，难借以逆命；又畏颛臾世为鲁臣，与鲁犄角以逼己：谋伐颛臾，乃田常伐吴之故智。然则萧墙之内何人？鲁哀公耳！不敢斥君，故婉言之：若曰‘季孙非忧颛臾而伐颛臾，实忧鲁君疑己之将为不臣所以伐颛臾’耳。此夫子诛奸人之心而抑其邪逆之谋也。”

今译

季氏将要攻伐颛臾。冉有和季路来见孔子，说：“季氏将要对颛臾用兵。”

孔子说：“求，这恐怕是你们的错处吧！那颛臾，从前的天子使它主东蒙的祭；而它又在鲁国的封域里，乃是鲁国所应当保护的：为什么要攻伐它！”

冉有说：“季氏要这样做；我们两人都不赞成。”

孔子说：“求，周任说过：‘尽力量以任职务；如果不能把事做好，就应该退避！’用一个帮助盲人的人作比喻。如果盲人走到危险的地方他不止住他；盲人跌倒了他不扶起他：那还用扶盲人的人做什么！况且你们也不能随便推卸责任！老虎兕牛从栏子里跑出来；神龟美玉在柜子里毁坏了：这是谁的过失呢！”

冉有说：“这个颛臾，险固而接近费邑；现在不把它拿过来，将来一定为子孙的忧患。”

孔子说：“求，一个君子最恨那些不直说心里所欲而要另找托辞的！我听说，凡有国、有家的人，不必忧患贫穷，却要担心贫富不均；不必忧患人民稀少，却要担心人民不安。财富平均，就没有贫穷；上下和睦，就不怕人民稀少；人民安宁，国家必不会倾覆。如果做到这个地步，而远方的人还有不悦服的，那就修文德以使他们来归；他们来归以后，就使他们安定。现在你们两人辅佐季氏，远人不服而不能招徕；邦国分裂而不能维持，反而想在国内用兵。我恐怕季孙所忧的不在颛臾而在朝中吧！”

孔子曰：“天下有道，则礼、乐、征伐自天子出；天下无道，则礼、乐、征伐自诸侯出。自诸侯出，盖十世，希不失矣；自大夫出，五世，希不失矣；陪臣执国命[1]，三世，希不失矣。天下有道，则政不在大夫；天下有道，则庶人不议[2]。”

今注

1 马曰：“陪，重也。”《曲礼》（下）：“列国之大夫入天子之国，曰某士；自称，曰陪臣某。”大夫的家臣，对国君则亦称为陪臣。

2 孔子以为，必须有一强大的中央政府，天下才有永久太平。“政不在大夫”，乃强大的中央政府所应有的现象；“庶人不议”，则是政治修明的效果。

今译

孔子说：“天下太平，礼、乐、用兵都由天子主持；天下衰乱，礼、乐、用兵都由诸侯主持。诸侯主持，大概传到十代很少不丧失权位的；大夫主持，传到五代很少不丧失权位的；家臣掌国事，传到三代很少不丧失权位的。天下太平，政权就不会在大夫手里；天下太平，民众就不会非议政府。”

孔子曰：“禄之去公室，五世矣[1]；政逮于大夫，四世矣[2]。故夫三桓之子孙微矣[3]！”

今注

1 郑曰：“言此之时，鲁定公之初。鲁自东门襄仲杀文公子赤而立宣公，于是政在大夫，爵禄不从君出，至定公为五世。”

2 江永《群经补义》：“当以文子、武子、平子、桓子为四世。”

3 夫，音符。三桓，指孟孙、叔孙、季孙三卿，因为他们都出于桓公，所以称为三桓。（孟孙本称仲孙。）

今译

孔子说：“国家政权不在国君，已经五代了；大夫手握政权，也已四世了：所以三桓的子孙也已呈衰微的迹象了！”

孔子曰：“益者三友；损者三友。友直；友谅[1]；友多闻：益矣！友便辟[2]；友善柔[3]；友便佞[4]：损矣！”

今注

1 《说文》：“谅，信也。”

2 便，婢绵切；辟，婢亦切。《集注》：“便辟，谓习于威仪而不直。”

3　马曰："面柔也。"（《诗·新台》笺以"下人以色"释面柔。）

4　郑曰："便，辩也。谓佞而辩。"（便辟，善柔，意欠明白。）

今译

孔子说："有三种有益的朋友；有三种有害的朋友。交到正直的朋友；交到诚信的朋友；交到闻见广博的朋友：那是有益的！交到徒有仪文的朋友；交到徒善颜色的朋友；交到花言巧语的朋友：那是有害的！"

孔子曰："益者三乐，损者三乐[1]。乐节礼乐；乐道人之善[2]；乐多贤友：益矣！乐骄乐；乐佚游；乐宴乐：损矣！"

今注

1　《释文》："三乐，五教反；下不出者同。礼乐，音岳。骄乐，音洛；下宴乐同。"

2　道，称道。称道一人的善行，使这人更笃志于善。但道亦可读作导：道人之善，即诱导人进于善。

今译

孔子说："有益的乐事有三；有害的乐事有三。以得礼乐的中节为乐；以称道人的善行为乐；以多交贤智的朋友为乐：是有益的！以骄傲为乐；以懒惰为乐；以饮宴为乐：是有害的！"

孔子曰："侍于君子有三愆[1]：言未及之而言谓之躁[2]；言及之而不言谓之隐；未见颜色而言谓之瞽[3]。"

今注

1 《集注》："君子，有德位之通称。"《说文》："愆，过也。"

2 郑曰："躁，不安静。"《释文》："鲁读躁为傲；今从古。"《易·系辞》："躁人之辞多。"

3 周生烈曰："未见君子颜色所趣向，而便逆先意语者，犹瞽者也。"《荀子·劝学》篇："未可与言而言谓之傲；可与言而不言谓之隐；不观气色而言谓之瞽。君子不傲、不隐、不瞽，谨顺其身。"

今译

孔子说："随侍君子时有常犯的三种过失：不当说话的时候而说话，叫作'躁'；应当说话的时候而不说，叫作'隐'；没有察看颜色就说话，叫作'瞽'。"

孔子曰："君子有三戒：少之时[1]，血气未定，戒之在色；及其壮也，血气方刚，戒之在斗；及其老也，血气既衰，戒之在得[2]。"

今注

1 少，诗照切。

2 《淮南子·诠言训》："凡人之性，少则猖狂，壮则强暴，老则好利。"

今译

孔子说："君子有三件事要戒：年轻的时候，血气未定，所要戒的是女色；到了壮年，血气正旺，所要戒的是好勇斗狠；到了老年，血气已衰，所要戒的是贪得无厌。”

孔子曰：“君子有三畏[1]：畏天命[2]；畏大人[3]；畏圣人之言。小人，不知天命而不畏也；狎大人；侮圣人之言。”

今注

1　畏，敬畏。

2　《论语》末章记孔子的话：“不知命，无以为君子也。”《韩诗外传·六》引了这句话而释曰：“言天之所生，皆有仁义礼智顺善之心；不知天之所以命生，则无仁义礼智顺善之心，谓之小人。”天命的观念，对修养极为有益。

3　郑注：“大人，谓天子诸侯为政教者。”

今译

孔子说：“君子有三种敬畏：敬畏天命；敬畏大人；敬畏圣人的话。小人，不知什么是天命，因而亦不敬畏；轻视大人；侮蔑圣人的话。”

孔子曰：“生而知之者，上也；学而知之者，次也；困而学之[1]，又其次也；困而不学，民，斯为下矣[2]！”

今注

1　《中庸》：“或生而知之；或学而知之；或困而知之：及其知之，一也。”郑注：“困而知之，谓长而见礼义之事，已临之而有不足，乃始学而知之。”

2　“困而不学”，是指愚昧而不求知的“凡民”讲。

今译

孔子说：“生下来就知道的，是上等人；学了而后知道的，是次一等的；勤苦力学而知道的，是又次一等的；愚昧而不能勤苦求知的‘凡民’，则是最下等的了！”

孔子曰：“君子有九思[1]：视思明；听思聪；色思温；貌思恭；言思忠；事思敬；疑思问；忿思难[2]；见得思义。”

今注

1　有些学者以为这篇中凡以数字立论的，不像是孔子的话。按：这章的话，都是为学、治事、做人的普通道理。虽不必为孔子的话，却多合于孔子的意思。

2　难，奴案切。（患难去声；难易则平声。）

今译

孔子说：“君子有九件用思的事情：视想要明；听想要聪；面色想要温和；容貌想要谦恭；说话想要诚实；做事想要谨敬；有疑就想到请教别人；发怒时应想到后患；见到利必须想到义。”

孔子曰：“见善如不及[1]，见不善如探汤[2]；吾见其人矣，吾闻其语矣[3]。隐居以求其志，行义以达其道[4]；吾闻其语矣，未见其人也。”

今注

1 “如不及”：竭力追求，只怕赶不上。

2 “探汤”：伸手入热水，离去越快越好。

3 “语”，意义同“事”。“闻其语”，是说“听过这样的事”；“见其人”，是说“见过这样的人”。

4 邢疏本以“隐遁幽居以求遂其己志”释隐居句，以“好行义事以达其仁道”释行义句，本皇疏本而较明晰。虽“仁”字不见这章，但孔子的道固不外乎仁。皇疏本似以隐居行义两句只说一个能在隐居时而行义的人，所以举夷齐为例。《集注》以两句分属隐仕，举伊吕为例。孔子本意怎样，今已难定。

今译

孔子说：“见到善，只怕赶不上；见到不善，便尽快离开，我见过这样的人，也听过这样的事。避世隐居以遂己志，能行义事以成就道德；我听过这样的事，却没有见过这样的人。”

“齐景公有马千驷；死之日，民无德而称焉。伯夷、叔齐饿于首阳之下；民到于今称之。其斯之谓与[1]。”

今注

1 与，音余。《集注》：“胡氏曰：‘程子以为第十二篇错简“诚不以富，亦只以异”当在此章之首。今详文势，似当在此句之上；言人之所称，不在于富而在于异也。’愚谓此说近是；而章首当有‘孔子曰’字。盖阙文耳！大抵此书后十篇多阙误。”我们的译文依胡氏说补上诗句，但意义实难十分明白。（诗句见《小雅·我行其野》篇。）《集解》：“郑曰：‘只，适也。

言此行诚不可以致富，适足以为异耳！’”

今译

“齐景公有马四千匹；到了死的时候，百姓并不觉得他有什么值得称述的善行。伯夷、叔齐在首阳山下挨饿，人们到现在还称赞他们。‘诚不以富，亦只以异。’说的就是这种情形吧！”

陈亢问于伯鱼曰[1]：“子亦有异闻乎[2]？”

对曰：“未也。尝独立[3]；鲤趋而过庭。曰：‘学《诗经》乎？’对曰：‘未也。’‘不学《诗经》，无以言。’鲤退而学《诗经》。他日，又独立；鲤趋而过庭。曰：‘学礼乎？’对曰：‘未也。’‘不学礼，无以立。’鲤退而学礼。闻斯二者。”

陈亢退而喜曰：“问一得三：闻《诗经》；闻礼；又闻君子之远其子也[4]。”

今注

1 《释文》：“亢音刚，又苦浪反。”陈亢，就是陈子禽。（子禽见《学而》篇和《子张》篇。）伯鱼，孔鲤字。（鲤见《先进》篇。）

2 陈亢以为伯鱼是孔子的儿子，孔子或有特别的话教给他。

3 “尝独立”，是指孔子讲。

4 远，于万切。

今译

陈亢问伯鱼说：“你是不是从老师那里听到什么特别的教训？”伯鱼回答说：“没有。曾有一次他独自站着；我趋过庭中。

他说：‘学过《诗经》吗？’我回答说：‘没有。’〔他说：〕‘不学《诗经》，不知道怎么说话。’我退下乃学《诗经》。有一天，他又独自站着；我趋过庭中。他说：‘学过礼吗？’我回答说：‘没有。’〔他说：〕‘不学礼，不知道怎样立身。’我退下乃学礼。我只听过这两件事！”

陈亢退下高兴地说：“我问一件事情却学得三种道理。我知道了《诗经》的重要；知道了礼的重要；又知道了一个君子对自己的儿子并没有私心。”

邦君之妻：君称之曰“夫人”；夫人自称曰“小童”；邦人称之曰“君夫人”，称诸异邦曰“寡小君”；异邦人称之亦曰“君夫人”[1]。

今注

1　这章和《微子》篇末“周有八士”章一样，是很可疑的。大概是有《论语》这书的人把这种杂记置于篇末，后来便被误认为正文了。《乡党》篇末及《尧曰》篇末中难解的地方，恐亦有相似的情形。

今译

国君的妻：国君称她为“夫人”；夫人自称为“小童”；国人称她为“君夫人”，对别国人讲话则称她为“寡小君”；别国人亦称她为“君夫人”。

卷十七 阳 货

阳货欲见孔子[1]；孔子不见。归孔子豚[2]；孔子时其亡也而往拜之[3]。遇诸涂[4]。谓孔子曰："来！予与尔言。"曰[5]："怀其宝而迷其邦：可谓仁乎？曰，不可[6]！好从事而亟失时[7]：可谓知乎[8]？曰，不可！日月逝矣；岁不我与！"孔子曰："诺，吾将仕矣！"

今注

1 《左传》没有阳货。定公五年九月，阳虎囚季桓子及公父文伯。《论语集解》和《集注》都以阳货、阳虎为一人。崔述《洙泗考信录·一》，辨阳货、阳虎为二人，说得很详明。按："阳货，鲁大夫也。阳虎，鲁季氏家臣也。"（赵岐《孟子注》）是赵氏已以阳货、阳虎为二人了。

2 《释文》："归，如字。郑本作馈。"《孟子·滕文公下》："阳货欲见孔子而恶无礼。大夫有赐于士，不得受于其家，则往拜其门。阳货瞰孔子之亡也而馈孔子蒸豚。"

3 《广雅·释言》："时，伺也。"

4 道涂（途）字古书多借用涂。

5 这个"曰"字，实不应有；当是记言的人偶误而加的。

6 《经传释词·二》："有一人之言而自为问答者，则加'曰'字以别之。"（下同。）

7 好，呼报切。亟，去吏切，意同"数"（屡次）。

8 知，音智。

今译

阳货要见孔子；孔子不见他。他送孔子一只小猪；孔子候他不在家的时候去拜谢他。却在路上给他逢到了。阳货呼孔子说："来！我同你说话。"接着说："一个人藏着他的本事而让他的国家混乱下去：可以说是仁吗？当然是不可以的！愿意出来做事而屡次错过机会：可以说是智吗？当然是不可以的！日子一天天过去了；岁月是不等人的！"孔子说："好，我要出来做事了！"

子曰："性[1]，相近也；习[2]，相远也。"

今注

1 性，常人天生的才质。

2 习，指教育、习惯、环境等讲。这两句乃是指绝大多数的"中人"言的。

今译

孔子说："人们本来的才性，是相近的；因为教育和环境的不同，人和人的品格便渐渐相远。"

子曰："唯上知与下愚不移[1]。"

今注

1　知，音智。孔子以为，〔大体上人性都是可以变化的。但有极少数的人似是生来便是善的；亦有极少数的人生来便是恶的。〕生而善的“上知”，不为恶习所移而即于恶；生而恶的“下愚”，不为善习所移而即于善：他们是不为教育和环境所改变的。《集注》：“或曰，此与上章当合为一；‘子曰’二字，盖衍文耳！”按：在文理上和在意义上，这章都应合上章为一章；因唯字上有“子曰”二字，遂误成两章。可能孔子说了前段稍歇，记言的人以为孔子另说新题，所以便写上“子曰”二字。

今译

孔子说：“只有上知和下愚是不可改变的。”

子之武城，闻弦歌之声。夫子莞尔而笑[1]；曰：“割鸡，焉用牛刀[2]！”子游对曰[3]：“昔者偃也闻诸夫子曰：‘君子学道则爱人；小人学道则易使也[4]！’”子曰：“二三子，偃之言是也。前言戏之耳[5]！”

今注

1　莞，华版切。《集解》：“莞蕳，小笑貌。”

2　焉，于虔切。“割鸡，焉用牛刀”，是一句比喻的话。意思是，治小地方何须用大道理。

3　子游是那时的武城宰。

4　易，以豉切。《集注》：“君子小人，以位言之。”按：“学道”，乃指受教育而言。一个地方若有“弦歌之声”，这个地方就有学校。

5　《集注》：“嘉子游之笃信，又以解门人之惑也。”按：

这个笑话，朱子以为出自“深喜”；极对。

今译

孔子到武城，听到琴瑟歌咏的声音。他微微一笑；说：“宰鸡何必用屠牛的刀！”子游回答说：“我听老师说过：‘知识较高的人多懂道理就会爱人；平民多懂道理就乐于替国家服务！’”孔子说：“你们要知道，偃的话是不错的；刚才我乃是和他说笑话！”

公山弗扰以费畔[1]；召。子欲往。子路不说[2]，曰：“末之也已；何必公山氏之之也[3]！”子曰：“夫召我者，而岂徒哉[4]！如有用我者，吾其为东周乎[5]。”

今注

1　费，悲位切。公山弗扰，《左传》《史记》《古今人表》都作公山不狃。《左传·定公五年》记不狃为费人袭鲁，孔子（时为司寇）命申句须、乐颠下伐之；遂堕费。《孔子世家》记不狃以费叛召孔子，在定公九年。但《论语》这章可疑的地方很多。赵翼《陔余丛考》卷四和崔述《洙泗考信录》卷二都以为这章的记载不可信。

2　说，音悦。

3　这两句里的三个“之”字，第一、第三个意同“往”，第二个作虚字用。

4　夫，音符。《礼记·檀弓》“徒使我不诚于伯高”注和王制“庶人耆老不徒食”注并说：“徒，犹空也。”

5　《集解》：“兴周道于东方，故曰‘东周’。”《集解》的意思是，孔子所谓“为东周”，是说在鲁国复兴文武周公的治道，并不是指在王城东的成周言。

今译

公山弗扰据费邑反叛；召孔子。孔子想去。子路不高兴，说："没有地方去也就算了；何必到公山氏那里去呢！"孔子说："那召我的，难道是空召的吗！如果有人用我，我想要把周家的治道在东方复兴起来！"

子张问仁于孔子。孔子曰："能行五者于天下，为仁矣！""请问之。"曰："恭、宽、信、敏、惠。恭则不侮；宽则得众；信则人任焉；敏则有功；惠则足以使人。"

今译

子张向孔子请教仁。孔子说："能够把五样事情做到，就算仁了！""是哪五样呢？"孔子说："恭敬、宽厚、诚信、勤敏、惠爱。恭敬就不致遭到侮辱；宽厚就可以得人心；诚信就能为人所信赖；勤敏就能成事功；惠爱就可以使人为己所用。"

佛肸召[1]；子欲往。子路曰："昔者由也闻诸夫子曰：'亲于其身为不善者，君子不入也。'佛肸以中牟畔；子之往也如之何？"子曰："然，有是言也。不曰'坚'乎？——'磨而不磷[2]！'不曰'白'乎？——'涅而不缁[3]！'吾岂匏瓜也哉[4]！焉能系而不食[5]！"

今注

1 佛，音弼；肸，许密切。《孔子世家》："佛肸为中牟宰。

赵简子攻范、中行，伐中牟；佛肸畔。使人召孔子；孔子欲往。”这章也很可疑。例如，弟子当面称老师为“夫子”，乃是春秋以后的用法。（看《先进》篇“夫子何哂由也”注。）

2 磷，力刃切。孔曰：“磷：薄也。”

3 涅，本是黑色的染料；这里用作动词，意同“染黑”。缁，意同“黑”。

4 皇疏：“一通云，匏瓜，星名也。言人有材智，宜佐时理务，为人所用；岂得如匏瓜系天而不可食耶！”

5 焉，于虔切。

今译

佛肸召孔子。孔子想去。子路说：“从前我听老师说：‘本身做坏事的人那里，君子是不去的。’佛肸现在据中牟叛乱；您怎么可以去呢？”孔子说：“是的，我是说过这话的。但我没有说过‘真正坚的东西是磨不薄的’吗？没有说过‘真正白的东西是染不黑的’吗？我岂是天上的匏瓜星！怎么能够高高挂着而不让人家吃呢！”

子曰：“由也，女闻六言六蔽矣乎[1]？”对曰：“未也。”“居！吾语女[2]。好仁不好学[3]，其蔽也愚；好知不好学[4]，其蔽也荡；好信不好学，其蔽也贼；好直不好学，其蔽也绞；好勇不好学，其蔽也乱；好刚不好学，其蔽也狂。”

今注

1 女，音汝；下同。六言，即仁、知、信、直、勇、刚六事。这六事都可说是美德；但如有美德而不加求学问，则便可能有愚、荡、贼、绞、乱、狂的弊病。一个人有美德而又好学，则行为可以得这些美德的中和而不会有流弊了。

2 语，鱼据切。

3 好，呼报切；下同。“好学”，包括“思”“辨”言。（《泰伯》篇：“子曰：恭而无礼则劳；慎而无礼则葸；勇而无礼则乱；直而无礼则绞。”）

4 知，音智。

今译

孔子说：“由，你听过六种美德和六种弊病的说法吗？”子路回答说：“没有。”孔子说：“坐下！我告诉你。好仁而不好学，便可以流入愚蠢；好知而不好学，便可以流入放荡；好信而不好学，便可以发生贼害；好直而不好学，便可以失于绞急；好勇而不好学，便可以造成祸乱；好刚而不好学，便可以陷于狂妄。”

子曰：“小子[1]，何莫学夫《诗》[2]！《诗》，可以兴；可以观；可以群；可以怨。迩之事父；远之事君。多识于鸟兽草木之名。”

今注

1 包曰：“小子，门人也。”

2 夫，音符。《诗》，指当时的《诗经》。（和现在的《诗经》大体上没有什么差异。）

今译

孔子说：“小子们，为什么不学《诗》？！《诗》，可以感发志意；可以观察盛衰；可以学得和人相处的道理；可以学得疾恶刺邪的态度。讲到近，可以学会服事父母；讲到远，可以学会服事君上。又可以识得许多鸟兽草木的名字。”

子谓伯鱼曰：“女为周南、召南矣乎[1]？人而不为周南、召南[2]，其犹正墙面而立也与[3]！”

今注

1　女，音汝。召，实照切。这里的“为”意同“学”。依今本《毛诗》，《周南》是《关雎》至《麟之趾》十一篇的诗；《召南》是《鹊巢》至《驺虞》十四篇的诗。刘疏：“二南皆言夫妇之道，为王化之始。《汉书·匡衡传》：‘室家之道修，则天下之理得。’时或伯鱼授室，故夫子特举二南以训之与！”按：刘说亦合理，但孔子特提出二南以问伯鱼，或即以勉伯鱼在学《诗》上做一个好的开头，并不是叫他不顾《诗》的其他部分。我们从这里可以知孔子重视诗教。

2　“人而”的“而”意同“如”。

3　与，音余。《集注》：“正墙面而立，言一物无所见，一步不可行。”

今译

孔子对伯鱼说：“你学过《周南》《召南》的诗篇吗？一个人如果不学《周南》《召南》，就像向着墙壁而立，既看不见什么，也走不通一步。”

子曰：“礼云礼云，玉帛云乎哉[1]！乐云乐云，钟鼓云乎哉[2]！”

今注

1　郑曰："言礼非但崇玉帛而已；所贵者安上治民。"

2　马曰："乐之所贵者，移风易俗，非谓钟鼓而已。"《礼记·仲尼燕居》："子曰：'师，尔以为必铺几筵、升降酌献酬酢、然后谓之礼乎？尔以为必行缀兆、兴羽龠、作钟鼓、然后谓之乐乎？言而履之，礼也；行而乐之，乐也。'"

今译

孔子说："礼的意义，难道只在玉帛上吗！乐的意义，难道只在钟鼓上吗！"

子曰："色厉而内荏[1]，譬诸小人，其犹穿窬之盗也与[2]！"

今注

1　《集注》："厉，威严也。荏，柔弱也。"（《颜渊》篇：色取仁而行违。）

2　与，音余。《三苍》："窬，门边小窦也。""穿窬"，意为"挖孔"；"穿窬之盗"，即"挖墙的窃贼"。

今译

孔子说："外表严正而内心软弱的人，〔欺世盗名，〕比起下等人来，和窃贼一样！"

子曰："乡原[1]，德之贼也！"

今注

1 原，借作愿。（愿，谨也，善也；鱼怨切。）《孟子·尽心下》："一乡皆称原人焉；无所往而不为原人：孔子以为德之贼，何哉？"（万章问。）"同乎流俗；合乎污世：众皆悦之；自以为是。而不可与入尧舜之道。故曰'德之贼'也。"（孟子答。）

今译

孔子说："同流合污的假好人，是道德的贼害！"

子曰："道听而涂说[1]，德之弃也！"

今注

1 道听而涂说，是指那些不仔细思辨而传播毫无价值的话语的事情言。

今译

孔子说："把随便听来的话随便传说出去，乃是有德的人所唾弃的事情。"

子曰："鄙夫，可与事君也与哉[1]！其未得之也，患得之[2]；既得之，患失之。苟患失之，无所不至矣！"

今注

1 "可与"的"与"，意同"以"；"与哉"的"与"则为语词，音余。

2 《集解》："患得之：患不能得之。楚俗言。"臧琳《经义杂记》："古人之言，多气急而文简；如论话'其未得之也，患得之'，以'得'为'不得'；犹《尚书》以'可'为'不可'。"按：患，意同忧。"患得之"，意为"忧心于谋取禄位"。似可不必释"得"为"不得"。

今译

孔子说："一个鄙夫，可以做官吗！他没有得到官位的时候，忧心于谋取官位；已经得到官位，又忧心于失掉官位。如果忧心于失掉官位，那便什么都做得出来了！"

子曰："古者民有三疾[1]；今也或是之亡也[2]！古之狂也肆；今之狂也荡。古之矜也廉[3]，今之矜也忿戾。古之愚也直；今之愚也诈而已矣！"

今注

1 三疾，指狂、矜、愚。

2 亡音无。（狂、矜、愚自是人的病；但古代有这些病的人还有可取的地方，现在则有这些病的人似已没有一点可取的了。）

3 矜，似当依汉石经残碑作矜。

今译

孔子说："古代人有三种毛病；现在可能没有那个样子的三种毛病了。古代的狂人肆志进取，现在的狂人则放荡而没有拘检；古代自矜的人廉洁自守，现在自矜的人则乖戾而多怒；古代的愚人质直，现在的愚人则只有诈伪！"

子曰："巧言、令色，鲜矣仁[1]。"

今注

1　这章已见《学而》篇。皇本、正平本没有这章；唐石经这章亦是后来加上的。

子曰："恶紫之夺朱也[1]；恶郑声之乱雅乐也；恶利口之覆邦家者[2]。"

今注

1　恶，乌路切；下同。紫的夺朱，只是时尚的关系；孔子的话，亦不过说个人的好恶。正色间色的说法，恐非孔子本意。

2　这三句话里面，前二句似是陪衬，重点在第三句。覆，芳服切。（《孟子·尽心下》："孔子曰：恶似而非者：恶莠，恐其乱苗也；恶佞，恐其乱义也；恶利口，恐其乱信也；恶郑声，恐其乱乐也；恶紫，恐其乱朱也；恶乡原，恐其乱德也。"我们现在当然很难定《论语》和《孟子》二书中哪一书为可信；就文理而论，则《论语》所传似较近真。但《孟子》以"恶似而非者"为孔子的恶作理由，则是极合于孔子的想法的。）

今译

孔子说："我厌恶紫色夺了朱色的地位；我厌恶郑声夺了雅乐的地位；我厌恶利口的人覆亡国家！"

子曰："予欲无言。"子贡曰："子如不言，则小子何述焉[1]？"子曰："天何言哉！四时行焉；百物生焉。天何言哉[2]！"

今注

1 《说文》："述，循也。"子贡怕孔子不言，门人无所遵循。

2 刘疏："案夫子本以身教；恐弟子徒以言求之，故欲无言以发弟子之悟也。"按：孔子的话，可能因为偶有所感而发。

今译

孔子说："我不想说话了！"子贡说："老师如不说话，那我们遵循什么？"孔子说："天何曾说了什么！四时运行；万物化生。天何曾说了什么！"

孺悲欲见孔子[1]；孔子辞以疾。将命者出户，取瑟而歌，使之闻之。

今注

1 《集解》："孺悲，鲁人也。"《礼记·杂记》："恤由之丧，哀公使孺悲之孔子学士丧礼；士丧礼于是乎书。"刘疏："孺悲实亲学圣门。孔子不见之者，此欲见，是始来见，尚未受学时也。仪礼士相见礼疏，谓孺悲不由绍介，故孔子辞以疾。此义当出郑注。御览引《韩诗外传》云：'子路曰，闻之于夫子：士不中间而见，女无媒而嫁者，非君子之行也。'郑注又云：'将命，传辞者。'此指主人之介传主人辞者也。户，室户也。"按：孔子当时不见孺悲的原因，现已难知。录刘疏以备一说。

今译

孺悲想见孔子，孔子以生病为借口避而不见。传话的人走出房门，孔子就拿了瑟来弹并且歌唱，故意让他听到。

宰我问："三年之丧，其已久矣[1]！君子三年不为礼，礼必坏；三年不为乐，乐必崩。旧谷既没，新谷既升；钻燧改火[2]：期可已矣！"子曰："食夫稻；衣夫锦[3]：于女安乎[4]？"曰："安。""女安则为之！夫君子之居丧，食旨不甘；闻乐不乐[5]；居处不安：故不为也。今女安，则为之[6]！"宰我出。子曰："予之不仁也！子生三年，然后免于父母之怀；夫三年之丧，天下之通丧也[7]。予也有三年之爱于其父母乎[8]！"

今注

1 "其已久矣"：今各本作"期已久矣"；但《释文》有"期，一本作其"的记录。按：《史记·仲尼弟子列传》作"不已久乎"；可见《论语》较好的本子当是作"其已久矣"的。《法言·学行》篇两用"其已久矣"，可作西汉时《论语》本为"其已久矣"的旁证。

2 燧是取火的木；钻燧，当是钻木取火的意思。古人一年里面用来取火的木，四时各不同（见《集解》）；满了一年，则各种钻燧的木全用过了，又从头依上年的次序用木：这叫作"改火"。但详细情形，现已难考。

3 夫，音符。衣，于既切。

4 女，音汝；下同。

5 乐，音洛。

6 《仲尼弟子列传》没有"今女安，则为之"这六字。

7 通丧，《弟子列传》作通义。

8 《弟子列传》没有这句。按：这章文句，《仲尼弟子列传》较好，所以译文有几处依《弟子列传》。但"曰：'安。'"句究有可疑。（宰我似不应这样倔强！我们也不能以"曰、安"二字作为孔子自答的话。）

今译

宰我问道："父母过世，守孝三年，太久了吧？！君子如果三年不习礼，礼一定会坏；三年不奏乐，乐一定会荒。旧谷已经吃完了，新谷已经收好了；取火的木也全用过了：守满一年的孝应当够了。"孔子说："〔父母去世才一年，你就没有一点哀感的心情：〕照常吃好的饭；穿好的衣服。你心能安吗？"宰予说："安。""你如安，那就做！君子的居丧，吃甘美的东西不觉得好吃，听音乐也不觉得好听，所以不去做。现在你能安，那就去做吧！"宰我退出；孔子说："宰予真是不仁！孩子生下，满了三年才能脱离父母的怀抱；所以三年的丧乃是天下通行的道理。"

子曰："饱食终日，无所用心；难矣哉[1]！不有博弈者乎[2]？为之，犹贤乎已！"

今注

1 《卫灵公》篇"群居终日"章，郑注："难矣哉，言无所成。"

2 《说文》："簙，局戏也；六箸十二棋也。弈，围棋也。《论语》曰，不有博弈者乎。"段簙下注："古戏今不得其实；经传多假博字。"焦循《孟子正义》："博，盖即今之双陆。弈为围棋之专名，与博同类而异事。"

今译

孔子说："整天吃饱饭，一点心思也不用；这种人绝难有所成就。不是还有玩双陆和下围棋的人吗？做这些事情，比整天不用一点心思还要好些！”

子路曰：“君子尚勇乎[1]？”子曰：“君子，义以为上[2]！君子有勇而无义为乱；小人有勇而无义为盗。”

今注

1 尚，意同“尊贵”。

2 义以为上，即“以义为贵”。上，意同“尊贵”。

今译

子路说：“君子以勇为贵吗？”孔子说：“君子以义为贵！在上位的人有勇而无义，就会作乱；普通的人有勇而无义，就会做盗贼。”

子贡曰：“君子有恶乎[1]？”子曰：“有[2]。恶称人之恶者；恶居下而讪上者[3]；恶勇而无礼者；恶果敢而窒者。”曰：“赐也亦有恶也[4]：恶徼以为知者[5]；恶不孙以为勇者[6]；恶讦以为直者[7]。”

今注

1 这章的“恶”字，除“恶者”的“恶”外，都乌路切。

2 以上八字从汉石经；现在的本子“君子”下有“亦”字；“曰有”下有“恶”字。

3 这句从汉石经；现行的本子“下”下有“流”字。

4 “恶也”：从皇本、正平本；他本作“恶乎”。（作“恶乎”，则这句便是孔子的问话。）

5　徼，古尧切；知，音智。

6　孙，音逊。

7　讦，居谒切。

今译

子贡说："君子有所憎恶吗？"孔子说："有。憎恶称扬他人的坏事的；憎恶在人下而毁谤在上的人的；憎恶勇猛而不知礼义的；憎恶刚愎而狠戾的。"子贡说："赐亦有所憎恶：憎恶袭取他人的意见而自以为聪明的；憎恶不逊而自以为勇敢的；憎恶发人阴私而自以为正直的。"

子曰："唯女子与小人为难养也[1]：近之则不孙；远之则怨[2]。"

今注

1　这章的女子、小人，当是专指婢妾仆隶等讲的。

2　近、孙、远都去声。

今译

孔子说："只有女子和小人是最难以相处的：接近他们，他们就对你不恭；疏远他们，他们就会恨你。"

子曰："年四十而见恶焉[1]，其终也已！"

今注

1　见，音现；恶，如字。

今译

孔子说："一个人到了四十岁时还显现恶行，这一生也就做不出什么好事了！"

卷十八 微 子

微子去之；箕子为之奴；比干谏而死[1]。孔子曰[2]："殷有三仁焉！"

今注

1 《史记·殷本纪》："帝乙长子曰微子启；启母贱，不得嗣。帝乙崩，子辛立；天下谓之纣。帝纣好酒淫乐，厚赋税；百姓怨望。西伯卒，纣愈淫乱不止。微子数谏，不听；遂去。比干乃强谏纣。纣怒，曰：'吾闻圣人心有七窍。'剖比干观其心。箕子惧，乃详狂为奴：纣又囚之。"（按：《史记·宋微子世家》记微子去殷在纣杀比干以后，记比干的死乃由"见箕子谏不听而为奴，乃直言谏纣"所致，和《殷本纪》所记不同。）

2 先记事而后记孔子的话，文体和《八佾》篇"三家者以雍彻"章相似。

今译

微子离开了殷纣；箕子为奴；比干因强谏而被杀。孔子说："殷有三个仁人！"

柳下惠为士师[1]；三黜。人曰："子未可以去乎？"曰："直道而事人，焉往而不三黜[2]！枉道而事人，何必去父母之邦！"

今注

1　士师，主治讼狱的官。《集注》引胡氏曰："此必有孔子断之之言，而亡之矣。"

2　焉，于虔切。

今译

柳下惠主治讼狱，三次被罢免。有人说："你还不可以离开吗？"柳下惠说："依着正道来做事，到哪里不被罢黜！依着邪道来做事，又何必离开自己的国家！"

齐景公待孔子；曰："若季氏，则吾不能；以季孟之间待之。"曰："吾老矣！不能用也。"孔子行[1]。

今注

1　《孔子世家》："孔子适齐，景公问政孔子。孔子曰：'君君，臣臣，父父，子子。'他日又复问政于孔子。孔子曰：'政在节财。'景公说，将欲以尼谿田封孔子。晏婴进曰：'夫儒者滑稽而不可轨法；倨傲自顺不可以为下。……今孔子盛容饰，繁登降之礼、趋详之节。……若欲用之以移齐俗，非所以先细民也。'后景公敬见孔子，不问其礼。异日，景公止孔子，曰：'奉子以季氏，吾不能。'以季孟之闲待之。齐大夫欲害孔子；孔子闻之。景公曰：'吾老矣，弗能用也！'孔子遂行。"按：晏子事，太史公当是依《墨子·非儒》篇或《晏子春秋·外篇》的。崔述以为晏婴断不至是；且说："其文之浅陋，亦似战国秦汉；绝不类《左传》《孟子》所述者。"而《论语》这章，则崔氏将其列入"存疑"，说："微子一篇本非孔氏遗书；其中篇残简断，语多不伦。吾未敢决其必然！""若季氏"二句，乃景公和臣下计议接待孔子的话，必不是面对孔子说的。《史记》述文"奉子以季氏"句，应是误文。

今译

齐景公接待孔子；说："要像接待季氏那样，我做不到；用次于季氏而高于孟氏的礼数接待他。"〔后来〕又说："我已老，不能用他了！"孔子离开了齐国。

齐人归女乐[1]。季桓子受之；三日不朝[2]。孔子行[3]。

今注

1 《孔子世家》："定公十四年，孔子由大司寇行摄相事；与闻国政。齐人闻而惧。……于是选齐国中女子好者八十人，皆衣文衣而舞康乐，文马三十驷，遗鲁君。陈女乐文马于鲁城南高门外。……季桓子卒受齐女乐。三日不听政；郊又不致膰俎于大夫。孔子遂行。"（季桓子，名斯；季康子的父。）

2 朝，直遥切。

3 孔子去鲁，《史记·十二诸侯年表》和《史记·鲁世家》以为在定公十二年；较《孔子世家》合。"齐人归女乐"章，《洙泗考信录·二》亦列于"存疑"，说："按孟子但言'不用，从而祭，不税冕而行'；未尝言'归女乐'一事。"

今译

齐人送给鲁国一个女子歌舞团。季桓子接受了；三天不上朝听政。孔子乃离开了鲁国。

楚狂接舆[1]歌而过孔子，曰[2]："凤兮凤兮[3]，何而德之衰也[4]！往者不可谏也；来者犹可追也[5]。已而已而[6]，今之从政者殆而[7]！"孔子下[8]，欲与之言；趋而辟之[9]，不得与之言。

今注

1 接舆，人名。（见《庄子》《荀子》《秦策》《楚辞》等书；《庄子·应帝王》篇亦称为"狂接舆"。）

2 歌词文字，依汉石经。（皇本、正平本同，唯"德"上没有"而"字。）唐石经作："凤兮凤兮，何德之衰也。往者不可谏，来者犹可追。已而已而，今之从政者殆而。"（邢本、朱本同唐石经，唯"衰"下没有"也"字。）《庄子·人间世》："孔子适楚。楚狂接舆游其门；曰：凤兮凤兮，何如德之衰也。……"按：《庄子》这段文字，似是后人演《论语》的。歌词长而难懂，所以没有全录。

3 凤，指孔子。

4 《集注》："讥其不能隐、为德衰也。"

5 《集注》："言及今尚可隐去。"

6 《集注》："已，止也；而，语助词。"

7 《集注》："殆，危也。"

8 郑注："下，下堂出门也。"（皇本、正平本章首"过孔子"下有"之门"二字。似郑所见本亦有这二字。）

9 辟，音避。

今译

楚国的狂人接舆唱着歌走过孔子的门前，说：“凤呀凤呀，你的命运为什么这样坏！过去的不可挽回，将来的还可赶上。算啦算啦！现在的从政者实是危险呀！”孔子下堂出门，想和接舆说话；他赶快避开，使孔子不得和他讲话。

长沮桀溺耦而耕[1]。孔子过之，使子路问津焉[2]。长沮曰：“夫执舆者为谁[3]？”子路曰：“为孔丘。”曰：“是鲁孔丘与[4]？”曰：“是也。”曰：“是知津矣[5]！”问于桀溺。桀溺曰：“子为谁？”曰：“为仲由。”曰：“是鲁孔丘之徒与[6]？”对曰：“然。”曰：“滔滔者天下皆是也[7]；而谁以易之[8]！且而与其从辟人之士也[9]，岂若从辟世之士哉！”耰而不辍[10]。子路以告[11]。夫子怃然[12]；曰：“鸟兽不可与同；吾非斯人之徒与，而谁与[13]！天下有道，丘不与易也[14]。”

今注

1 沮，七余切。溺，乃历切。郑曰：“长沮、桀溺，隐者也。”耦而耕，是二人并力发土的意思。（这里“耦而耕”一语，似只说两人在耕时为耦，并不是说两人正在并发。）

2 《说文》：“津，水渡也。”

3 夫，音符。皇疏：“执舆；犹执辔也。”子路本在车上执辔；现在下车问津，孔子代为执辔。

4 与，音余。

5 马曰：“言数周流，自知津处。”

6 与，音余。

7 《释文》：“滔滔，吐刀反。郑本作悠悠。”班固《幽通赋》：安慆慆而不葩兮。邓展说："慆慆，乱貌也。"疑《论语》滔滔亦当训"乱貌"。

8 "以易之"的以，意同为。"谁为易之"，意同"有哪个来变易它"。

9 辟，音避。而，指子路。《汉书·叙传颜》注："避人之士，谓孔子；避世之士，溺自谓也。"

10 郑曰："耰，覆种也。辍，止也。"（按：耰字《说文》作櫌。《广韵》："耰，出玉篇。"）

11 各本"以"字上衍"行"字；今从汉石经。

12 怃，音武。

13 《释文》：徒与谁与，并如字；又并音余。《集注》："与如字。"（按：两读义都可通；译从《集注》。）

14 与，意同为。

今译

长沮、桀溺在一起治田。孔子路过，叫子路向他们问过渡的地方。长沮说："那执辔的是谁？"子路说："是孔丘。"长沮说："是鲁国的孔丘吗？"子路说："是！"长沮说："那他一定知道过渡的地方了！"子路向桀溺问。桀溺说："你是谁？"子路说："是仲由。"桀溺说："是鲁国孔丘的门徒吗？"子路答道："是的。"桀溺说："天下到处都是一样的混乱；有哪个会来变易它呢？我看你与其跟随那逃避坏人的人，还不如跟随我们这些逃避乱世的人！"说完后继续耰田。子路把这二人的话告诉孔子。孔子怅然；说道："我们不能和鸟兽在一起生活。我们不和人类在一起，那和什么在一起呢！如果天下太平，我就不会要来变易它了。"

子路从，而后；遇丈人[1]，以杖荷蓧[2]。子路问曰："子见夫子乎？"丈人曰："四体不勤；五谷不分[3]：孰为夫子！"植其杖而芸[4]。子路拱而立。止子路宿；杀鸡为黍而食之[5]。见其二子焉[6]。明日，子路行以告[7]。子曰："隐者也！"使子路反、见之。至，则行矣。子路曰[8]："不仕无义！长幼之节[9]，不可废也；君臣之义，如之何其废之！欲絜其身而乱大伦[10]！君子之仕也，行其义也。道之不行，已知之矣[11]！"

今注

1 包曰："丈人，老人也。"

2 蓧，芸田器。（《说文》作"莜"。）

3 刘疏："赵岐《孟子注》：'体者，四枝股肱也。'五谷者，禾、黍、稷、稻、麦也。（说五谷者多家，此从"程氏瑶田说"定之。）"近代学者多以"五谷不分"的分同于王制"百亩之分"的分，训为粪种。（皇、朱二氏都以这两句为讥子路的。而吕本中的《紫薇杂说》则说："四体不勤二语，荷蓧丈人自谓。"朱彬《经传考证》赞同这个讲法。）

4 植，汉石经作置。按：置、植同从直声，故二字得相通假。商颂那："置我鞉鼓。"笺："置，读曰植。"金縢："植璧秉圭。"郑注："植，古置字。"《说文》植字或从置，更可证"古者置植字同"（诗那正义）。但经传植多训树立，置则兼树立和放置二义。"置杖"可训舍杖，亦可训立杖。今训石经的置为放，似较合事理。芸，汉石经作耘。《小雅》毛传："耘，除草也。"芸的本义为香草；今本《论语》乃是假芸为耘的。

5 食，音嗣。

6 见，贤遍切。

7　行，在路上。子路在路上把昨天的事告诉孔子。

8　丈人已行，子路的话当是对丈人的二子讲的。

9　长，丁丈切。

10　絜，从汉石经、宋刻九经、元翻廖本。今本多作洁。《说文》没有洁字。清洁字古书多用絜。包曰："伦，道也，理也。"

11　崔述《洙泗考信录·三》以为《微子》篇中接舆、沮溺、丈人三章，"文皆似《庄子》，与《论语》他篇之言不伦；恐系后人之所伪托"。按：这三章固可疑，但所记孔子、子路的话，很像他们说的。即伪托，亦必出自孔门的后学。

今译

子路随着孔子，但落后了；遇到一位用木杖背着芸田工具的老人。子路问道："你看见我的老师了吗？"老人说："我不劳动手足，五谷也不能种好。怎么会知道谁是你的老师！"他放下他所背的芸器，把杖竖在旁边而芸田。子路恭敬地拱手站着。老人留子路住宿，宰了鸡煮了黍请他吃，并叫他的两个儿子来见子路。第二天，子路在路上把这事告诉孔子。孔子说："这是位隐士！"叫子路回去再见他。到了那里，他已走了。子路说："一个人不服务公家，是不合理的。已然知道长幼的礼节不可废弃，君臣的礼节怎么可以废弃呢！做人如只要洁身自好，便有害于人生的大道理！一个君子要为公家做事，是尽他应尽的义务。至于他的道理不能行于世，乃是早已想到的！"

逸民：伯夷，叔齐，虞仲，夷逸，朱张，柳下惠，少连[1]。子曰："不降其志；不辱其身：伯夷、叔齐与[2]！"谓："柳下惠、少连，降志辱身矣。言中伦[3]；行中虑：其斯而已矣[4]！"谓："虞仲、夷逸[5]，隐居放言。身中清；废中权。我则异于是，无可无不可[6]。”

今注

1　少，诗照切。下同。

2　与，音余。

3　中，丁仲切。下同。

4　汉石经作“其斯以乎”。

5　汉石经“逸”作“佚”。

6　这章孔子所评论的人物，现在大概都已不可考知。郝敬说：“朱张，朱当作诪。书诪张为幻，即阳狂也。曰逸民；曰夷逸；曰朱张：三者品其目。夷、齐、仲、惠、连：五者举其人也。”刘疏：“夷逸明见尸子；柳下岂为阳狂。于义求之，似为非也。”至于孔子评论的话，我们亦多不能懂得明白。似以阙疑为是。译文阙。

大师挚适齐[1]；亚饭干适楚；三饭缭适蔡；四饭缺适秦；鼓方叔入于河；播鼗武入于汉；少师阳[2]、击磬襄、入于海[3]。

今注

1　大，音泰。

2　少，诗照切。

3　这里所讲的都是乐师：“太师、亚饭”等都是乐官的称呼（包咸训“鼓”为“击鼓者”）；“挚”“干”……“方叔”“武”是人名。至于他们究竟是什么时候、什么地方的人，已不可考。《汉书·古今人表》中，大师挚等同在智人行列，序次在殷末周前。（颜注：“自师挚以下八人，皆纣时奔走分散而去。”）《汉书·礼乐志》：“殷纣断弃先祖之乐，乐官师瞽，抱其器而奔散；或适诸侯，或入河海。”

后世学者，或以他们为周平王时人；或以他们为鲁哀公时人：一直没有定说。包氏以河为河内；朱以汉为汉中，海为海岛：都恐未审。《集注》："此记贤人之隐遁以附前章，然未必夫子之言也。末章放此。"译文阙。

周公谓鲁公曰[1]："君子不施其亲[2]；不使大臣怨乎不以[3]；故旧无大故，则不弃也；无求备于一人！"

今注

1 鲁公，周公的嗣子伯禽；封于鲁。刘疏："《大传》云：'圣人南面而听天下，所且先者五；民不与焉。一曰治亲；二曰报功；三曰举贤；四曰使能；五曰存爱。'以此五者为先，当是圣人初政之治。周公此训，略与之同。故说者咸以此文为伯禽就封周公训诫之词；当得实也！"

2 施，诗纸切，又诗豉切。不施，汉石经同；释文本"施"作"弛"。《礼记·坊记》注：弛，弃忘也。

3 孔曰："以，用也。"这章是周公对伯禽说的话；不知怎么会编入《论语》里。可能孔子曾据故记把这话告诉弟子，而弟子中有把这事记成这章的。上文"柳下惠为士师"章当亦是这样。

今译

周公对鲁公说："一个居君位的人，不遗忘他的亲戚；不使大臣因为自己不被听用而生怨恨；旧臣如没有重大的过失，不可遗弃；不要对一个人求全责备！"

周有八士[1]：伯达，伯适；仲突，仲忽；叔夜，叔夏；季随，

季騧[2]。

今注

1　士，当是指对国家很有作用的人。这章的“八士”，现已难考了。（包曰：“周时四乳生八子，皆为显仕；故记之尔。”《释文》：“周有八士，郑云成王时；刘向马融皆以为宣王时。”按：汉世这些注解，或出鄙俗，或由意度，都不足取。）可能是有人为这篇的开头记“殷三仁”事，便戏撰“周八士”的名字以和“殷三仁”相对；后来遂成为《论语》的一章。八士的名字，以两两相韵而成四耦；至于用伯、仲、叔、季四字来排，又好像是模仿“八元”的。这都可作出于戏笔的证明。（《左传·文公十八年》：“高辛氏有才子八人：伯奋、仲堪、叔献、季仲、伯虎、仲熊、叔豹、季貍。忠、肃、共、懿、宣、慈、惠、和。天下之民，谓之‘八元’。”这种记载，当出于史氏的附会。《国语·郑语》：“夫荆子熊严生子四人：伯霜，仲雪，叔熊，季纠。”这四个伯仲叔季为列的名字，亦不可信。）

2　《释文》：“騧，古花反。”《集注》：“騧，乌瓜反。”按：《集注》这音疑有误。译文阙。

卷十九 子张

子张曰："士，见危致命；见得思义[1]；祭思敬；丧思哀：其可已矣[2]。"

今注

1 《宪问》篇子路问成人章："见利思义；见危授命。"《季氏》篇君子有九思章："见得思义。"《曲礼》(上)："临财毋苟得；临难毋苟免。"《儒行》："儒有见利不亏其义；见死不更其守：其特立有如此者！"《荀子·不苟》篇："君子畏患而不避义死；欲利而不为所非。"

2 《集注》："言士能如此，则庶乎其可矣。"

今译

子张说："一个士，临难不避义死；临财不为苟得；祭不忘敬；丧能尽哀：就够好了。"

子张曰："执德不弘；信道不笃[1]：焉能为有！焉能为亡[2]！"

今注

1 执德弘，信道笃：可看作曾子所说的"弘、毅"。(《泰伯》

篇。)“仁以为己任”，自然就是执德弘；“死而后已”，亦是信道笃所致。

2 《释文》：“焉，于虔反，下同。亡，如字，无也。”《集注》：“亡读作无，下同。”这两语意同现在所谓“无足轻重”。

今译

子张说：“没有决心来担起至德；没有毅力来守住道义。这种人，有也可，没有也可！”

子夏之门人问交于子张[1]。子张曰：“子夏云何？”对曰：“子夏曰：‘可者与之[2]；其不可者距之[3]。’”子张曰：“异乎吾所闻！君子尊贤而容众；嘉善而矜不能[4]。我之大贤与[5]，于人何所不容！我之不贤与，人将距我；如之何其距人也[6]！”

今注

1 问交：问交友的道理。

2 可，有“合式”或“合意”的意思。

3 汉石经两“者”字中间缺四字，翟氏《考异》以为汉石经本没有“其”字。距从汉石经；皇本、正平本同。(《说文》没有“拒”字而有“距”“歫”字。“距”训“鸡距”；“歫”训“止也”。但古多用“距”为“拒”。唐石经、邢本、朱本、廖本都作“拒”。《释文》：“距，具吕反，本今作‘拒’；下同。”)

4 矜，今各本《论语》都作矜；但汉石经残碑“哀矜而勿喜”字作矜。段玉裁据石经这个“矜”字以证今本《说文》训矛柄的“矜”当为“矜”的误体。因为若从今为声，则韵部相隔应不能假为怜。(《毛诗鸿雁》传，矜，怜也。)

5　与，音余；下同。

6　子张和子夏所说的交友的目的不同：子夏主张交益友，而不和有损我们的人往来；子张所讲的，只是普通的交际。他们各有道理。（包曰："友交当如子夏；汎交当如子张。"）

今译

子夏的门人问子张交友的道理。子张说："子夏怎么说？"答道："子夏说：'可以做朋友的就跟他往来，不可以做朋友的就不跟他往来。'"子张说："这和我所听到的不同。一个受过教育的人，尊敬贤人而包容平常的人；嘉勉好人而哀怜低劣的人。我如果是个大贤的人，那我还有什么人不能包容！我如果是个不贤的人，人家将拒绝我；我怎么还能拒绝人家呢！"

子夏曰："虽小道[1]，必有可观者焉。致远、恐泥[2]；是以君子不为也[3]。"

今注

1　郑注："小道，如今诸子书也。"《集解》："小道，谓异端。"《集注》："小道，如农圃医卜之属。"按：子夏以小道为有可观，所以主张博学。

2　郑注："泥，谓滞陷不通。"

3　《汉书·艺文志》和蔡邕上封事引用这章都以为孔子的话。但汉石经则作"子夏曰"。古人引书，难免偶疏。

今译

子夏说："虽然是小道，也有可观的地方。但如专任小道，有许多地方恐怕难以行通；所以君子不去弄它。”

子夏曰：“日知其所亡[1]；月无忘其所能：可谓好学也已矣[2]。”

今注

1 《集注》：亡，读作无。皇疏：“亡，无也。所能，谓已识在心者也。既日日识所未知，又月月无忘其所能：此即是‘温故而知新’也。日知其所亡，是知新也；月无忘所能，是温故也。”（《为政》篇：“子曰：温故而知新，可以为师矣！”）

2 好，呼报切。

今译

子夏说：“每天能够学得一些不知道的东西；每月能够温习已学到的东西：这样，便可以说是好学了！”

子夏曰：“博学而笃志[1]；切问而近思[2]：仁在其中矣[3]。”

今注

1 博学，广求知识；笃志，笃志于道。

2 切问而近思，关于立身制行的事加以审问、慎思。

3 子夏以为，下了这些功夫，便会知道怎样为仁了。（道德源于知识，乃是孔门所共信的。《雍也》篇末章：“能近取譬，可谓仁之方也已。”子夏的近思，似即孔子的“近取譬”。）

今译

子夏说：“一个人能够广求知识而笃志于道；能够对于行己

立身的道理审问而慎思：也就可以为仁了。”

子夏曰：“百工居肆以成其事[1]；君子学以致其道[2]。”

今注

1 皇疏：“肆，作物器之处。”

2 赵佑《温故录》：“此学以地言；乃学校之学。对居肆省一‘居’字。《学记》：大学之教也，退息必有居学。”按：赵说亦有据；但子夏语意，似重学而不专要居学。百工非居肆不能成器；君子非学不能致道。“夫子焉不学！”固不必如百工的居肆的。

今译

子夏说：“工人在工厂里做成他的器物；君子必须求学以完成他的德业。”

子夏曰：“小人之过也必文[1]。”

今注

1 文，掩饰。文过，便没有改过的志虑：这是小人终于为小人的原因！

今译

子夏说：“小人犯过失，一定设法掩饰。”

子夏曰：“君子有三变：望之俨然；即之也温；听其言也厉[1]。”

今注

1　《述而》篇："子，温而厉；威而不猛；恭而安。"

今译

子夏说："一个君子，可以给人三种不同的印象：远看他，他像是很矜庄的；接近他，就觉得他是温和可亲的；听了他的话，又觉得他是很严正的。"

子夏曰："君子信而后劳其民；未信，则以为厉己也。信而后谏；未信，则以为谤己也[1]。"

今注

1　信，得到信任。厉，祸害。前节是说君子的临民；后节是说君子的事上。

今译

子夏说："君子必先立信然后役使百姓；如没有得百姓的信任就役使他们，那他们必以为是在害他们。君子必先立信然后谏诤君上；如没有得君上的信任就进谏，那君上必以为是在毁谤他。"

子夏曰："大德不逾闲[1]；小德出入可也[2]。"

今注

1　《集注》："大德小德，犹言大节小节。"《说文》："闲，阑也。"引申意义为规矩。

2　《韩诗外传・二》："孔子遭齐程本子于郯之间，倾盖而语终日。有间，顾子路曰：‘由，束帛十匹以赠先生。’子路曰：‘昔者由也闻之于夫子：士不中道相见；女无媒而嫁者，君子不行也。’孔子曰：‘大德不踰闲；小德出入可也。’”《外传》以这两语为孔子的话，并且以“士不中道相见”为小德。

今译

子夏说：“一个人在大节上不可逾越规矩；在小节上可以不必太拘泥。”

子游曰：“子夏之门人小子[1]，当洒埽[2]、应对、进退，则可矣；抑末也。本之则无，如之何！”子夏闻之曰：“噫，言游过矣！君子之道，孰先传焉？孰后倦焉？譬诸草木，区以别矣[3]。君子之道，焉可诬也[4]。有始有卒者，其唯圣人乎[5]！”

今注

1 门人小子连文，难解；或分属两句，亦不妥。译文姑从皇疏。

2 《说文》：“洒，汛也。（所蟹切。）”又：“洒，涤也。（先礼切。）古文以为洒埽字。”又：“埽，弃也。从土帚。（稣老切。）”按：今字，洒埽作洒扫；洒涤的洒字则多用洗。

3 别，彼列切。

4 焉，于虔切。

5 关于“先传”“后倦”“有始有卒”，各家的解释都难令人满意。倦，似宜读为劵。劵训劳、训勤；后倦，后从事。

今译

子游说："子夏的门人，在洒扫、应对、进退的仪文上，是很合适的；不过这些只是末事。没有学基本的道理，怎么可以？！"子夏听到这话，说："言游错了！君子的道理，哪一样应先教？哪一样应后学？就好比草木有种类的区别，分得很清楚。君子的道理，如果不依先后来传授，那岂不是诬罔！从始至终依着一定顺序的，难道只有圣人能做到吗！"

子夏曰："仕而优则学；学而优则仕[1]。"

今注

1 《集注》："优，有余力也。"按：仕者尽了职务而有余暇，便应致力于学问；学者有充足的知识，便应为社会做事。

今译

子夏说："做事有余暇，便应更求学问；学问充实，便应该做事。"

子游曰："丧致乎哀而止[1]。"

今注

1 致，极尽的意思。《八佾》篇："丧，与其易也宁戚。"《孝经》："毁不灭性。"

今译

子游说："居丧只要能尽了哀思也就可以了。"

子游曰："吾友张也，为难能也；然而未仁[1]！"

今注

1 包氏以"子张容仪难及"释难能；朱子以"子张行过高"释难能：他们可能都是从下章曾子的话推测而得的。

今译

子游说："我的朋友子张的成就，是很难得的；不过还没有达到仁！"

曾子曰："堂堂乎张也[1]；难与并为仁矣[2]！"

今注

1 《后汉书·伏湛传》："杜诗上疏曰：'湛，容貌堂堂，国之光晖。'"

2 容貌堂堂，不见得便难与并为仁；可能子张专务仪表，所以受曾子的轻视。《集注》："言其务外自高，不可辅而为仁，亦不能辅人之仁也。"这释"并为仁"似可通。

今译

曾子说："子张，容貌堂堂，很难和他相勉为仁。"

曾子曰："吾闻诸夫子：人未有自致者也[1]；必也亲丧乎！"

今注

1 自致，从"内心出发而专力以为"的意思。

今译

曾子说："我听老师说：人们没有出于自然而尽心力来做一件事的；如果有，那只是对于父母的丧事！"

曾子曰："吾闻诸夫子：孟庄子之孝也[1]，其他可能也，其不改父之臣与父之政[2]，是难能也。"

今注

1 孟庄子，鲁大夫仲孙速；是孟献子的儿子。

2 参《学而》篇"父在观其志"章注。

今译

曾子说："我听老师说：孟庄子的孝，别的事都还容易做到，独有不改变他父亲所用的人和他父亲所做的事，乃是很难做到的。"

孟氏使阳肤为士师[1]；问于曾子[2]。曾子曰："上失其道；民散久矣。如得其情，则哀而矜勿喜[3]。"

今注

1 包曰："阳肤，曾子弟子。士师，典狱之官。"

2 阳肤问。

3 马曰："民之离散，为轻漂犯法，乃上之所为，非民之过；当哀矜之，勿自喜能得其情。"参《子张》篇"子夏之门人"章注。

今译

孟氏任命阳肤做法官。阳肤向曾子请教。曾子说："国家政教不好，人民心里早已没有国家的法纪了。你审清一件案情时，不应以查出罪人为喜，而应哀怜罪人！"

子贡曰："纣之不善[1]，不如是之甚也[2]！是以君子恶居下流[3]；天下之恶皆归焉。"

今注

1　纣，商朝最后的君主，是古代著名的暴君。

2　如是，指前边所讲的或指大家所习闻的事情言。

3　恶，乌路切。《集注》："下流，地形卑下之处，众流之所归；喻人身有污贱之实，亦恶名之所聚也。子贡言此，欲人常自警省，不可一置其身于不善之地。"

今译

子贡说："纣的无道，未必像世人说的那么厉害！所以一个君子，最忌身犯污行，因为一有污行，什么坏事都会归到你的身上来。"

子贡曰："君子之过也，如日月之食焉：过也，人皆见之[1]；更也，人皆仰之[2]。"

今注

1　因为君子不会文过（掩饰自己的过失），所以大家都能看见他的过失。

2　更，古行切。《说文》："更，改也。"君子有过必改；改则大家仍仰望他。（皇疏："日月蚀罢，改阐更明，则天下皆瞻仰。君子之德，亦不以先过为累也。"）

今译

子贡说："君子的过失，就像日蚀月蚀一样：他有过失，大家都看得见；他过一改，大家仍都瞻仰他。"

卫公孙朝问于子贡曰[1]："仲尼焉学[2]？"子贡曰："文武之道，未坠于地[3]；在人！贤者识其大者[4]；不贤者识其小者：莫不有文武之道焉。夫子焉不学！而亦何常师之有！"

今注

1　朝，直遥切。马曰："公孙朝，卫大夫。"

2　焉，于虔切；下"焉不学"同。

3　坠，汉石经作隧。（《说文》："队，从高队也。"段注："队坠正俗字。"）

4　识，汉石经作志。

今译

卫公孙朝向子贡问道："仲尼是从什么地方求得他的学问的？"子贡说："文王、武王的道理，并没有失落；仍有人传着。贤能的人记得大的；次一点的人记得小的。他们多少都保有文王武王的道理。我的夫子到处都可学，却没有一定的老师。"

叔孙武叔语大夫于朝曰[1]："子贡贤于仲尼。"子服景伯以告子贡。子贡曰："譬之宫墙[2]：赐之墙也及肩，窥见室家之好；夫子之墙数仞[3]，不得其门而入，不见宗庙之美、百官之富[4]。得其门者或寡矣；夫子之云[5]，不亦宜乎！"

今注

1 语，鱼据切。朝，直遥切。马曰："鲁大夫叔孙州仇；武，谥。"

2 譬之，汉石经作"辟诸"。宫墙，房子外围的墙；等于现在的围墙。

3 《释文》："数，色主反。"七尺为仞（程瑶田《通艺录》说。）

4 宗庙之美、百官之富，用来比喻孔子学问道德的美盛。

5 《集解》："夫子，谓武叔。"

今译

叔孙武叔在朝中对大夫说："子贡比仲尼高明。"子服景伯把这话告诉了子贡。子贡说："拿房子的围墙来作比喻：我的围墙只不过像人肩那么高，从外面可以看到房子里的美好；老师的围墙却有好几仞高，如果不得从门户进去，那么，房子里面一切堂皇和富丽都看不到。能够从门进去的人可能很少；也难怪武叔说那样的话！"

叔孙武叔毁仲尼。子贡曰："无以为也！仲尼不可毁也。他人之贤者，丘陵也；犹可逾也。仲尼，日月也；无得而逾焉。人虽欲自绝[1]，其何伤于日月乎！多见其不知量也[2]。"

今注

1　《集解》："言人虽欲自绝弃于日月。"《集注》："自绝，谓以毁谤自绝于孔子。"按：子贡用"自绝"一词，乃专指要"逾日月"的人讲：一个人若一定要逾日月，终必自毁生命。

2　多，与祇同；意思是"适"，或"只"。（刑疏："古人多祇同音。'多见其不知量'，犹《左传·襄公二十九年》云'多见疏也'。服虔本作'祇见疏'；解云：'祇，适也。'晋宋杜本皆作多。"）量音亮。

今译

叔孙武叔毁谤仲尼。子贡说："不用这样做！仲尼是不可毁谤的。别的贤人，好比丘陵；人还可以越过。仲尼，好比日月；没有人能够越过。人们虽然想要自毁生命，这对日月又有什么损伤！只不过显出自己不能量力罢了。"

陈子禽谓子贡曰："子为恭也[1]；仲尼岂贤于子乎！"子贡曰："君子一言以为知[2]；一言以为不知：言，不可不慎也。夫子之不可及也，犹天之不可阶而升也。夫子之得邦家者，所谓立之斯立；道之斯行[3]；绥之斯来[4]；动之斯和[5]。其生也荣；其死也哀。如之何其可及也！"

今注

1　"为"，假装，装作。

2　知，音智；下同。

3　道，音导。皇本、正平本作导。

4　绥，安。

5 《集注》：“动，谓鼓舞之也。”

今译

陈子禽对子贡说：“你是客气呀！仲尼难道比你高明？”子贡说：“一个君子以一句话显出聪明；亦以一句话显出不聪明：说话是不可以不谨慎的。夫子的不可及，好像我们不能从扶梯爬上天一样。夫子如果能够得在一个国家当政，则扶植，诱导，安抚，鼓动，都必感应神速；并且生为人所尊敬，死为人所哀悼。这怎么可及呢！”

卷二十 尧曰

尧曰[1]："咨，尔舜！天之历数在尔躬。允执其中。四海困穷，天禄永终[2]。"

舜、亦以命禹[3]。

曰："予小子履，敢用玄牡，敢昭告于皇皇后帝：有罪不敢赦；帝臣不蔽。简在帝心。朕躬有罪，无以万方；万方有罪，罪在朕躬[4]。"

"周有大赉；善人是富[5]。虽有周亲，不如仁人。百姓有过，在予一人[6]！"

"谨权量；审法度；修废官：四方之政行焉。兴灭国；继绝世；举逸民：天下之民归心焉。所重：民食；丧、祭[7]。"

"宽则得众；信则民任焉；敏则有功；公则说[8]。"

今注

1 《尧曰》篇首一百五十余字，可以说都是残简断文。自"尧曰"至"在予一人"，好像是述尧、舜、汤、武的誓诰的。自"谨权量"至"公则说"，又好像通论治道的话；而谁人所说，已不可考了。现在略依文义分为六节。翻译从略。

2 "天之历数"四句，散见《尚书·大禹谟》中，而《尧典》里没有。《大禹谟》乃是伪书。《集解》："历数，谓列次也。"包曰："允，信也。困，极也。永，长也。言为政信执其中，则能穷极四海，天禄所以长终。"《集注》："历数，帝王相继之次第；犹岁时气节之先后也。中者，无过不及之名。四海之人困穷，则君禄亦永绝矣！戒之也。"按：四海二句，《集注》比包注本讲得合理。

3 《论语》一书里，没有提到尧舜禹禅让的事情；但上节好像是尧禅位给舜的命辞，而这节则记舜禅位给禹亦是用这个命辞的。

4 《程子遗书》："'曰'字上少一'汤'字。"《集注》："履，盖汤名。简，阅也。言：桀有罪，己不敢赦；而天下贤人，皆上帝之臣，己不敢蔽：简在帝心，惟帝所命。此述其初请命而伐桀之辞也。又言：君有罪非民所致；民有罪实君所为。见其厚于责己薄于责人之意。此其告诸侯之辞也。"

5 《集注》："此以下述武王事。赉，予也。武王克商，大赉于四海：见《周书·武成》篇。此言其所富者、皆善人也。"

6 《集注》："此《周书·大誓》之辞。孔氏曰，周，至也；言纣至亲虽多，不如周家之多仁人。"按：《集注》所称的《武成》和《大誓》，都是伪《古文尚书》的篇名；所称的孔氏，则指伪孔传的作者。

7 《汉书·历志》：周衰官失，孔子陈后王之法曰，谨权量，审法度，修废官，举逸民，四方之政行矣。

8 说，音悦。阮氏《校勘记》疑"信则民任焉"句为误衍。翟氏《四书考异》："四语与上文绝不蒙；与前论仁章文唯公说二字殊。疑子张问仁一章，原在古论子张篇首，而此为脱乱不尽之文。"按：翟氏《考异》说极有理。王若虚《论语辨惑》："此章编简绝乱，有不可知者。"陈天祥《四书辨疑》："自尧曰至公则说，语皆零杂而无伦序；又无主名，不知果谁所言。古今解者终不见有皎然明白之说。”

子张问于孔子曰[1]：“何如斯可以从政矣？”子曰：“尊五美；屏四恶；斯可以从政矣。”子张曰：“何谓五美？”子曰：“君子惠而不费[2]，劳而不怨；欲而不贪；泰而不骄；威而不猛。”子张曰：“何谓惠而不费？”子曰：“因民之所利而利之：斯不亦惠而不费乎！择可劳而劳之：又谁怨！欲仁而得仁：又焉贪[3]！君子无众寡、无小大、无敢慢。斯不亦泰而不骄乎！君子正其衣冠、尊其瞻视、俨然，人望而畏之。斯不亦威而不猛乎！”子张曰：“何谓四恶？”子曰：“不教而杀谓之虐；不戒视成谓之暴[4]；慢令致期谓之贼[5]；犹之与人也，出内之吝[6]，谓之有司[7]。”

今注

1 《汉书·艺文志》：“《论语》，古二十一篇，出孔子壁中，有两子张。”刘疏：“盖古论分《尧曰》下章‘子张问从政’别为一篇，而题以‘子张问’，与第十九篇之‘子张’篇题略同，故有两子张。如氏注以为篇名‘从政’，殆未然也。”

2 费，芳味切。子张只一问而孔子五事都答：皇疏以为孔子知道子张于其余四书都不明晓，所以不等更问；刘疏以为“统于首句‘何谓惠而不费’，凡诸问辞皆从略也”。两说都可。

3 焉，于虔切。

4 马曰：“不宿戒而责目前成，为视成。”《集注》：“暴，谓卒遽无渐。”刘疏：“言上于民当先告诫之，而后责成功也。”

5 《荀子·宥坐》篇：“……孔子曰，嫚令谨诛，贼也；今生也有时，敛也无时，暴也；不教而责成功，虐也。”《韩诗外传》：

“孔子曰，不戒责成，害也；慢令致期，暴也；不教而诛，贵也。君子为政避此三者。”《集注》：“贼者，切害之意。缓于前而急于后，以误其民而必刑之，是贼害之也。”

6 《释文》：“出，尺遂反；又如字。”内，如字；又音纳。本今作纳。吝，力刃反；旧力慎反。

7 皇疏：“有司，谓主典物者也；犹库吏之属也。库吏虽有官物，而不得自由；故物应出入者，必有所咨问，不敢擅易。人君若物与人而吝，即与库吏无异；故云‘谓之有司’也。”（俞樾《群经平议》：“出纳为人之恒言，故言出而并及纳。《史记·刺客传》：‘多人不能无生得失。’言失而并言得。《游侠传》：‘缓急人之所时有。’言急而并言缓。亦犹是矣。”按：“有司”一词，已见《泰伯》篇和《子路》篇，是当时官吏的通称；但这里似含有“官吏陋习”的贬意。）

今译

子张向孔子问道：“怎么样才可以从政呢？”孔子说：“尊崇五种美德；摒除四种恶习；就可以从政了。”子张说：“什么是五种美德？”孔子说：“君子惠而不费；劳而不怨；欲而不贪；泰而不骄；威而不猛。”子张说：“什么叫作‘惠而不费’？”孔子说：“人民以为有利的事情就让他们去做：这不就是惠而不费吗！选择可以劳役的人使他们劳役：谁还会怨！想要施行仁政而仁政已行：还有什么可贪！一个君子，无论对多数或少数人，无论对地位高或低的人，都不敢怠慢；这不就是泰而不骄吗！君子端正衣冠，慎重视瞻，仪容矜庄，使人见了就有敬畏的心理；这不就是威而不猛吗！”子张说：“什么叫作四种恶习？”孔子说：“不先施教导而便行诛杀，叫作‘虐’；不预先告诫而要责成功，叫作‘暴’；随便定个日期而迫使人民做好一件事，叫作‘贼’；始终要给人的，却不肯痛痛快快地给人，叫作‘有司’。”

孔子曰[1]：“不知命，无以为君子也[2]；不知礼，无以立也[3]；不知言，无以知人也[4]。”

今注

1 《释文》：“鲁论无此章；今从古。”

2 《论语·稽求》篇：“知命，陈晦伯作稽疑引《韩诗》及董仲舒《对策》为解；此真汉儒有师承之言。”按：近儒亦多引韩董。因他们意思的重要，谨并引于下而略加推论。《韩诗外传·六》：“子曰：‘不知命，无以为君子。’言天之所生，皆有仁、义、礼、智、顺善之心：不知天之所以命生，则无仁、义、礼、智、顺善之心；谓之小人。”照《外传》这个解释，则孔子这章的“君子”，乃专指道德纯备的人言。韩婴同时人董仲舒的说法则较详明。《汉书·董仲舒传》：“天令之谓命。人受命于天，固超然异于群生。故曰，天地之性人为贵。明于天性，知自贵于物；知自贵于物，然后知仁谊；知仁谊，然后重礼节；重礼节，然后安处善；安处善，然后乐循理；乐循理，然后谓之君子。故孔子曰：‘不知命，亡以为君子。’此之谓也。”又《春秋繁露·竹林》：“天之为人性命，使行仁义而羞可耻；非若鸟兽然，苟为生、苟为利而已。”韩婴和董仲舒曾论议于武帝前，但韩婴孝文时即为博士，似长于仲舒。而两人释孔子的“不知命”，义颇相似；可能这个说法，韩董以前的儒者已有了。孔子曾说：“五十而知天命。”韩董都以命即天命。《中庸》：“天命之谓性。”而韩董的天命，似即孟子所道的“性善”。孟子讲性善，亦曾引孔子的话为证。《孟子·告子上》："《诗》曰：天生蒸民，有物有则；民之秉夷，好是懿德。孔子曰：为此诗者，其知道乎！故有物必有则；民之秉夷也，故好是懿德。"孟子这个记述如可信，则孔子似亦是主张性善论的。但就《论语》所记的，孔子的意思，实和孟子的不相同。孔子说："性相近也；习相远也。"又说："中人，可以语上也；中人以下，不可以语上也。""性相近"一语，自然是指大多数的人而言。而这大多数的人以下，还有"不可以语上"的"下愚"。所以我们不能以孔子为主张性善论的人。但韩董的天命论虽未必合孔子的意思，乃是自战国中期以后儒家渐渐发展出来的一种有教育意义的学说。

3 《季氏》篇"陈亢问于伯鱼"章："不学礼，无以立。"

4 人和人相处，如没有知人的能力，则遗憾的事必会很多。孟子讲他自己"知言"的功夫："诐辞知其所蔽；淫辞知其所陷；邪辞知其所离；遁辞知其所穷。"《易·系辞》："将叛者其辞惭；中心疑者其辞枝；吉人之辞寡；躁人之辞多；诬善之人其辞游；失其守者其辞屈。"这些话差不多都是就观察坏人来讲的。就我们现在想起来，观察坏人固然重要，知道好人似更为重要。要知道一个人，必须仔仔细细地听他讲话；并需要使他得以从容不迫地把心里的话都说出来。这样，我们才可以从一个人说的话中了解这个人。

今译

孔子说："不懂得天命，就没有法子做一个君子；不懂得礼，就不知道怎样处世；不懂得一个人的话，就不能了解这个人。"